La marche des millénaires

À l'écoute de l'Histoire

Castor Poche Connaissances
Collection animée par
François Faucher et Martine Lang

Titre original :
THE MARCH OF THE MILLENNIA

Une production de l'Atelier du Père Castor

ISAAC ASIMOV - FRANK WHITE

La marche des millénaires

À l'écoute de l'Histoire

Texte français de
ROBERT GIRAUD

Castor Poche Flammarion

Isaac Asimov est né en 1920 en Russie. Il a suivi très jeune ses parents aux États-Unis, où il a fait des études de biochimie avant de devenir l'un des écrivains les plus féconds de notre siècle. A sa mort, survenue en avril 1992, il nous a laissé plus de quatre cents titres publiés dans des domaines aussi différents que la science, l'histoire, le langage, la Bible, la science-fiction. Il est surprenant de constater que de nombreuses anticipations d'Asimov, grâce à sa brillante imagination et à sa vaste érudition, se sont révélées prémonitoires. C'est là une des raisons de l'intérêt de ses livres. Son talent de vulgarisateur tient à son insatiable curiosité pour toutes les entreprises de l'esprit humain. Il croit au rôle civilisateur du progrès technique bien compris. S'il s'adresse si souvent aux jeunes, c'est qu'il veut leur inculquer la conception la plus riche, la plus constructive, la plus ouverte de ce progrès et leur éviter de tomber dans les nombreux pièges qui les guettent dans cette voie.

Frank White est l'un des principaux spécialistes américains des questions spatiales, auxquelles il a consacré plusieurs ouvrages, il participe à la direction de l'Institut d'études spatiales de Princeton, dans le New Jersey (États-Unis).

Robert Giraud, le traducteur, est né en 1935. Il voit dans son métier de traducteur le moyen d'aider les gens à mieux se comprendre, à communiquer entre eux malgré toutes leurs différences. Il est passionné par tout ce qui concerne la traduction, qu'il s'agisse de l'anglais ou du russe, des textes techniques ou littéraires, de l'interprétariat.

Robert Giraud a beaucoup aimé *La marche des millénaires.* Il y voit le testament d'Isaac Asimov, qui s'est hâté de l'écrire sans attendre l'approche de l'an 2000, comme s'il pressentait qu'il allait mourir en 1992. Asimov y réaffirme les valeurs qu'il considère comme les plus fondamentales : la promotion de la créativité humaine, le refus de l'intolérance, le respect de la femme, le souci de l'avenir des enfants et, par eux, de toute l'espèce.

La marche des millénaires :

Après une brève introduction sur l'an 2000 et les calendriers, Asimov prend l'évolution de l'humanité, millénaire par millénaire. Sans se laisser enfermer dans un cadre chronologique rigide, il effectue un vaste survol historique, par grandes époques, grandes civilisations, puis, à partir de notre époque, par grands pays ou groupes de pays. Chaque fois, avec le sens de l'essentiel qui le caractérise, il dégage les dates et personnages majeurs, les tendances marquantes.

A partir des lignes de force ainsi repérées dans les six premiers chapitres, il tente, au fil du septième, de les prolonger dans le millénaire à venir. Sa réflexion est bâtie autour de cinq sujets : population – énergie et écologie – guerre – conquête de l'espace – informatisation et développement intellectuel. Sur chacun, il part du bilan des siècles passés, avertit des problèmes les plus graves et indique les atouts qui permettront aux hommes, pour peu qu'ils le veuillent, d'aborder leur solution de façon constructive.

Sommaire

Introduction

L'an 2000 approche à grands pas.

Tous l'attendent, certains l'appréhendent. Annonce-t-il le passage à une ère nouvelle, plus heureuse, ou, au contraire, verra-t-il le monde s'engager dans une logique de misère croissante ? On nous prédit même parfois qu'il nous apportera la fin du monde...

Cette année-charnière, de toute façon, nous fournit une occasion unique pour nous poser ces questions, pour faire le bilan du passé et réfléchir à l'avenir. Nous allons en effet avoir le privilège, extrêmement rare pour un être humain, de vivre à la même seconde le début et la fin d'une année, d'une décennie, d'un siècle et d'un millénaire. Un tel événement mérite que l'on s'y prépare, et qui sait si un effort pour mieux comprendre ce qui s'est passé jusqu'à présent ne nous aidera pas à infléchir les événements à venir dans un sens plus favorable ?

Ce livre représente justement une sorte d'enquête sur le passé, dans l'espoir d'y trouver des raisons d'aborder le nouveau millénaire avec plus d'espoir que de crainte. Il n'essaie pas, évidemment, d'exposer tout le déroulement de l'histoire humaine. Ce serait une tâche disproportionnée. Il se borne à repérer, dans la succession des millénaires, depuis la date lointaine de 8 000 ans av. J.-C., un certain nombre de dominantes.

Prenons, par exemple, la population. On sait que le nombre d'habitants de la Terre n'a cessé de croître pendant toute cette période, et tout indique qu'il continuera à le faire. Quelles conséquences doit-on en tirer pour le prochain millénaire ?

Ou encore, l'utilisation de l'énergie. Elle a toujours conditionné, jusqu'à présent, le développement de la civilisation. Comment concilier cela, dans les mille ans à venir, avec la nécessaire protection de l'environnement ?

Mérite aussi d'être considérée la place

de l'innovation technique, qui s'est étendue considérablement dans la dernière période de l'actuel millénaire. Quelles directions empruntera-t-elle dans celui qui va bientôt commencer ?

Ce ne sont là que quelques-unes des questions auxquelles nous devons réfléchir en préparation du prochain millénaire. Mais nous ne pourrons le faire valablement que si nous avons une idée de la façon dont les choses ont évolué jusqu'à l'époque actuelle. Faute de savoir d'où nous venons, comment espérer découvrir où nous allons ?

Les premiers chapitres sont donc le fondement sur lequel se bâtira le chapitre de conclusion, consacré aux orientations du prochain millénaire et aux moyens que nous avons d'assurer à nos descendants un avenir favorable.

Mais avant de commencer notre enquête, ne faut-il pas nous demander pourquoi l'an 2000 s'est trouvé choisi pour incarner nos espoirs et nos craintes ?

Tout d'abord, c'est un chiffre rond. Nous accordons déjà une importance particulière à toutes les années qui se terminent par un zéro, car elles marquent la fin d'une décennie et le début d'une autre. Nous parlons des années 60, des années 80. Une année qui comporte deux zéros compte déjà beaucoup plus, car elle signale un changement de siècle. Mais avec trois zéros, elle occupe une place tout à fait exceptionnelle.

Cette conception populaire des choses, en réalité, n'est pas tout à fait correcte. En effet, si nous commençons à compter à partir d'une année 1, la dixième portera le numéro 10, et c'est la onzième qui marquera le début de la décade suivante.

Pareillement, c'est en l'an 101 qu'a commencé le 2e siècle et en l'an 1001 le deuxième millénaire. Ce qui veut dire que l'an 2000 sera la dernière année du 20e siècle et du deuxième millénaire, tandis que le 21e siècle et le troisième millénaire débuteront le 1er janvier 2001.

Inutile, cependant, d'espérer convaincre l'humanité de suivre cette logique mathématique. C'est bien le 1er janvier 2000 que retentiront les cris et le tintamarre qui signaleront le passage au nouveau millénaire. Les esprits pédants pourront toujours affirmer qu'il reste encore un an à attendre, ils auront bien peu de chances de se faire entendre.

Prenons-en donc notre parti, d'autant plus que même les gens bien informés acceptent eux aussi la valeur symbolique du chiffre 2000 et ne penseront guère à célébrer l'an 2001, bon tout au plus à faire le titre d'un film.

Mais, puisque la Terre a plusieurs milliards d'années d'âge, et l'Univers encore plus, comment se fait-il que le décompte des années en soit à un chiffre aussi petit ? La réponse est que les hommes choisissent arbitrairement pour point de départ une date relativement récente qui leur paraît particulièrement importante, cette importance variant évidemment selon les cultures.

Les révolutionnaires français d'il y a deux cents ans, par exemple, étaient fiers d'avoir fondé une nouvelle république et pensaient qu'elle inaugurait une ère de liberté, de fraternité et d'égalité. Ils décrétèrent donc que 1792 était l'an I de la République. Leur calendrier fut utilisé pendant près de quatorze ans et, s'il avait été conservé, ce qui sera pour nous l'an 2000 n'aurait encore été que l'an 208 de la République.

Dans certains documents officiels, les Américains, en plus du millésime couramment admis, mentionnent également le nombre d'années écoulées depuis l'indépendance des États-Unis, en 1776. Selon ce système, l'an 2000 deviendra, au 4 juillet, l'an 224 de l'indépendance américaine.

La communauté musulmane compte les années à partir du moment où le prophète Mahomet s'est enfui de La Mecque pour Médine, en 622 selon notre décompte. C'est ce qu'on appelle l'année de l'hégire (de l'arabe *hidjra,* qui veut dire « fuite »). De plus, les musulmans utilisent un calendrier lunaire, dans lequel l'année ne comporte que 354 jours. Pour eux, l'an 2000 correspondra à l'an 1421 de l'hégire.

Les Grecs d'Asie comptaient à partir de 312 av. J.-C., année du début du règne de Séleucos Ier. Ce calendrier est demeuré en usage un certain temps. D'après lui, l'année 2000 porterait le numéro 2312.

Les Romains ont essayé différents systèmes avant de prendre pour base de départ l'année de la fondation de Rome, qui se situe pour nous en 753 avant notre ère. C'était l'an I A.U.C. (en latin *ab urbe condita,* ce qui signifie « depuis la fondation de Rome»). Cette méthode de calcul demeura en usage en Europe pendant plusieurs siècles. À s'y tenir, le troisième millénaire aurait commencé en 1247, et 2000 ap. J.-C. serait 2753 A.U.C.

Théoriquement, nous pourrions décompter le temps à partir de la naissance de l'Univers, ou de celle de la Terre, mais les dates seraient alors exprimées en millions ou en milliards, ce qui serait bien peu commode. De plus, nous ignorons l'année exacte (et même le millénaire !) où l'Univers et la Terre ont commencé à exister. L'humanité n'a eu jusqu'à une époque récente aucune idée de la véritable ancienneté de ces naissances ; elle a longtemps cru qu'elles s'étaient produites dans un passé relativement récent.

Les rabbins juifs, par exemple, après une étude consciencieuse de la Bible, décidèrent que le début du monde se situait en 3760 avant notre ère. Si nous les suivions, notre an 2000 serait l'an 5760 de l'« ère du monde » judaïque, qui a fait commencer le troisième millénaire en l'an 1760 avant notre ère.

Au milieu du 17e siècle, un évêque anglican du nom de James Ussher proposa 4004 av. J.-C. comme date de création du monde. Cette date a longtemps été acceptée par les protestants, et de nombreuses bibles protestantes mentionnent cette date à côté du récit de la Création. Selon Ussher, l'an 2000 correspondrait à 6004 de l'« ère du monde » chrétienne.

Les origines de notre manière de compter remontent aux alentours de 1288 A.U.C., quand l'érudit Denys le Petit déduisit de l'analyse des textes évangéliques que Jésus-Christ était né 535 ans plus tôt, soit en 753 A.U.C.

Quelque 250 ans s'écoulèrent encore avant que Charlemagne, qui gouvernait alors la plus grande partie de l'Europe occidentale, décide qu'il convenait davantage à un bon chrétien de prendre pour origine des années la naissance de son sauveur plutôt que la fondation de Rome, initialement cité païenne. À 753 A.U.C. succéda ainsi 1 A.D. (en latin *Anno Domini*, « année du Seigneur »). Désormais, Rome avait été fondée en 753 av. J.-C.

L'usage de l'ère chrétienne se répandit rapidement à l'ensemble de l'Europe. Puis, après 1400, à mesure que les vaisseaux et les canons européens imposaient leur suprématie au reste du monde, le nouveau calendrier devint universel.

Malheureusement, Denys le Petit avait fait une erreur de calcul. Erreur bien compréhensible, car la Bible ne fournit pas de chronologie claire des événements. Selon l'Évangile, Jésus est né en Judée sous le règne d'Hérode Ier. Or nous savons aujourd'hui que ce dernier est mort en 749 A.U.C. Jésus ne pouvait donc naître, au plus tard, qu'en 4... av. J.-C.

Si nous comptions donc depuis la naissance de Jésus, l'année à laquelle nous donnons le numéro 2000 se situerait en fait entre 2004 et 2020, et l'humanité serait sans doute déjà entrée dans le troisième millénaire.

Ces petites incertitudes n'ont rien de bien gênant pour nous. Leur avantage est de nous rappeler la relativité des dates, même de celles auxquelles nous attachons une importance capitale. L'essentiel, aujourd'hui, est que l'an 2000 soit l'an 2000 pour tout le monde, suscitant curiosité et excitation.

Nous voyons aussi par là que plus nous remontons dans le passé et plus floue est la connaissance que nous en avons. Il a fallu que les hommes inventent l'écriture et puissent conserver une trace des événements pour que commence ce qui s'appelle l'histoire. Nous désignons les époques précédentes du terme de « préhistoire » et ne pouvons les étudier que de façon indirecte, en examinant, en particulier, des ruines de cités anciennes, des fragments de poteries et autres ustensiles.

On considère généralement que ce que nous appelons la civilisation a commencé aux environs de 8000 av. J.-C., ou comme on dit aussi couramment pour simplifier : -8000, ce qui est déjà fort loin dans la préhistoire. C'est donc par le millénaire qui va de –8000 à –7000 que nous débuterons notre survol.

Si éloignée que puisse nous sembler cette époque, elle l'est pourtant beaucoup moins que le début du monde. Aussi, pour mieux situer ce millénaire initial, nous devons mentionner au moins brièvement certains événements plus anciens.

1. Avant la civilisation

L'apparition de l'homme

L'apparition de l'humanité est un phénomène tout récent dans un Univers qui compte des milliards d'années d'âge. D'après l'opinion la plus répandue aujourd'hui parmi les scientifiques, l'Univers aurait commencé à partir d'un noyau de matière extrêmement concentré, qui a explosé avec une violence inouïe et une température extraordinairement élevée, et les effets de cette explosion, ou Big Bang, sont encore observables aujourd'hui.

Au début, on situait le Big Bang à seulement deux milliards d'années, mais la suite des recherches a abouti à le repousser de plus en plus loin dans le temps. La date la plus communément admise actuellement est celle de –15 milliards d'années.

Dans l'Univers, d'ailleurs, tout se compte

en milliards, qu'il s'agisse des amas d'étoiles, appelés galaxies, qui ont surgi assez rapidement après l'explosion initiale, ou des étoiles au sein de ces galaxies.

Le Soleil, son escorte de planètes et les autres corps du système solaire ont dû se former il y a environ 4,6 milliards d'années. La vie est apparue sur Terre relativement vite (toutes proportions gardées) après la constitution des planètes. En 1954, le savant américain Elso Sterrenberg Barghoorn a trouvé dans des roches anciennes les premières traces de ce qui paraît avoir été de minuscules bactéries. Il ressort de ses travaux que la vie existe sans doute sur la Terre depuis au moins 3,5 milliards d'années.

Pendant encore quelque 2 milliards d'années, il n'y a eu de vivant sur la Terre que différentes formes de bactéries. Des cellules plus élaborées ont commencé à se développer il y a environ 1,4 milliards d'années. C'étaient les eucaryotes, dont sont composés tous les êtres vivants – nous-mêmes y compris – d'un niveau de complexité supérieur à celui des bactéries.

Pendant longtemps, cependant, les formes de vie sont demeurées très rudimentaires, ne comportant que des organismes unicellulaires. Mais peu à peu, ces cellules se sont mises à s'associer en ensembles plus vastes, au sein desquels elles se sont spécialisées pour remplir des fonctions différentes. Les premiers pluricellulaires ont dû apparaître il y a à peu près 800 millions d'années. Tous les êtres vivants observables à l'œil nu sont des pluricellulaires. La constitution des pluricellulaires a représenté une étape capitale de l'évolution.

Les unicellulaires et les premiers pluricellulaires étaient mous, constitués principalement d'eau. À leur mort, ils se désintégraient sans laisser pratiquement de traces, ce qui explique que nous sachions très peu de choses sur eux.

C'est il y a environ 600 millions d'années que les organismes ont commencé à sécréter des parties solides, telles que les coquilles, puis les os et les dents, qui survivaient à l'animal et prenaient peu à peu l'aspect de la pierre, ou, comme disent les spécialistes, se fossilisaient.

Ce sont les fossiles qui ont permis de découvrir que la vie s'était modifiée par étapes au cours des âges, certains organismes disparaissant, d'autres changeant de forme. C'est ce qu'on appelle l'évolution des espèces, et les scientifiques ont cherché à savoir ce qui en était le moteur.

Le premier à formuler une théorie cohérente de l'évolution fut le biologiste anglais Charles Robert Darwin, qui publia ses conceptions en 1859. Darwin imputait principalement l'évolution à ce qu'il appelait la sélection naturelle. Les espèces s'adaptaient aux modifications de leur environnement, conservant et transmettant aux générations suivantes les caractères nouveaux qui les avaient aidées à survivre. Les individus moins chanceux mouraient avant d'avoir pu se reproduire. D'où l'expression, souvent mal comprise, de « la survivance du plus apte », à laquelle on a tenté de réduire la théorie de Darwin.

Depuis l'apparition des fossiles, on peut voir les organismes vivants se subdiviser en grands ensembles appelés phylums (ou phyla). Le phylum auquel appartient l'humanité est celui des cordés, dont les premiers spécimens sont apparus il y a environ 550 millions d'années.

Alors que notre planète avait déjà atteint les neuf dixièmes de son âge actuel, la vie était toujours confinée dans l'eau, et les terres émergées demeuraient désespérément désertes. Les premières plantes y apparurent il y a à peu près 450 millions d'années, développant des tiges, des racines et des feuilles, dans lesquelles vinrent ensuite se nicher des araignées et autres insectes, premiers animaux de terre ferme.

À l'époque, les plus évolués des cordés étaient les poissons. C'est alors, à une date qui se situe à peu près à –370 millions d'années, qu'un nouveau tournant capital fut pris : certains poissons sortirent de l'eau pour développer des formes adaptées à la vie terrestre.

Les premiers cordés terrestres durent retourner à l'eau pour pondre leurs œufs et élever leurs couvées. Puis, il y a environ 300 millions d'années, les œufs s'enveloppèrent dans des coquilles, ce qui permit aux naissances de s'effectuer sur terre. Les reptiles que nous connaissons sous le nom de dinosaures profitèrent de cette évolution pour dominer la Terre.

Les premiers des mammifères – classe à laquelle appartient l'homme – apparurent il y a à peu près 220 millions d'années. Ils étaient en général de petite taille et survivaient en demeurant hors de portée des dinosaures.

Puis, vers –100 millions d'années, les mammifères franchirent encore une étape importante avec le développement du placenta, qui permet de conserver le petit dans le corps de la mère pendant une période assez longue. Les petits naissaient ainsi relativement bien formés, ce qui avantagea les mammifères dans la suite de l'évolution.

À environ 70 millions d'années de nous apparurent les premiers membres d'un groupe de mammifères appelé l'ordre des primates. Nous en faisons partie. À l'époque, c'étaient toujours les dinosaures qui dominaient la Terre. Mais ces derniers disparurent brutalement il y a 65 millions d'années. La cause exacte de ce phénomène demeure mystérieuse, mais un nombre croissant d'indices tend à faire croire qu'il est lié à la chute d'une comète. Le choc a pu provoquer des raz de marée et des bouleversements, projetant dans la haute atmosphère une telle quantité de poussières que les rayons du Soleil ont été interceptés durant une longue période.

Cette catastrophe épargna cependant certaines espèces, tels les petits mammifères, et la disparition des dinosaures laissa le champ libre au développement de cette classe d'animaux. Certains d'entre eux conservèrent une taille modeste, mais avec un cerveau beaucoup plus volumineux que tous les autres êtres vivants. Ce fut le cas des primates, parmi lesquels les premiers singes apparurent il y a quelque 40 millions d'années, et les premiers anthropomorphes une dizaine de millions d'années plus tard.

À –5 millions, l'évolution fit un nouveau bond, avec l'apparition des premiers primates hominidés, plus proches des hommes contemporains que tous les singes anthropomorphes, vivants ou disparus. Tout comme nous, ils marchaient sur deux jambes. Les plus anciens des hominidés furent les australopithèques, dont les restes furent étudiés pour la première fois par l'anthropologue Raymond Arthur Dart à partir de 1924.

Pendant 3 millions d'années environ, les hominidés ne furent représentés que par différentes espèces d'australopithèques, toutes localisées dans l'est et le sud de l'Afrique. Puis, il y a quelque 2 millions d'années, se constitue une variété d'hominidé si proche de nous qu'on la range dans le même genre (ou groupe d'espèces) que les humains : le genre *Homo* (mot latin qui signifie « homme »). Cette nouvelle variété reçut le nom d'*Homo habilis* et ses restes ont été repérés pour la première fois dans les années 60 par l'anthropologue britannique Louis S. B. Leakey.

L'*Homo habilis* fut le premier des hominidés à pouvoir confectionner des outils de pierre. Armé de haches et de couteaux de pierre rudimentaires, il chassait les animaux et apprit à en découper la carcasse. Avant lui, pour se nourrir, les hominidés cueillaient les plantes et ramassaient les restes d'animaux tués par les grands fauves. Désormais, nos ancêtres étaient capables de tuer leurs proies.

Vers –1,6 million d'années apparut un nouvel hominidé, de plus grande taille, nommé *Homo erectus* (« homme debout »). Ce fut le premier à dépasser les limites de l'Afrique pour entrer en Asie, probablement pour poursuivre des troupeaux.

Finalement, il parvint au Pacifique et débarqua dans certaines des îles de l'Asie du Sud-Est. Les premières découvertes d'*Homo erectus* furent faites à Java en 1894 par le Hollandais Eugene Dubois. L'*Homo erectus* prit un vaste essor et, à l'orée du dernier million d'années, c'était le seul hominidé vivant sur la Terre.

Puis, il y a environ 600 000 ans, la Terre entra dans la première d'une série de périodes glaciaires. A mesure que la température à la surface de la planète tombait, d'énormes plaques de glace descendaient des régions nordiques. Au moment de la plus grande extension des glaciers,

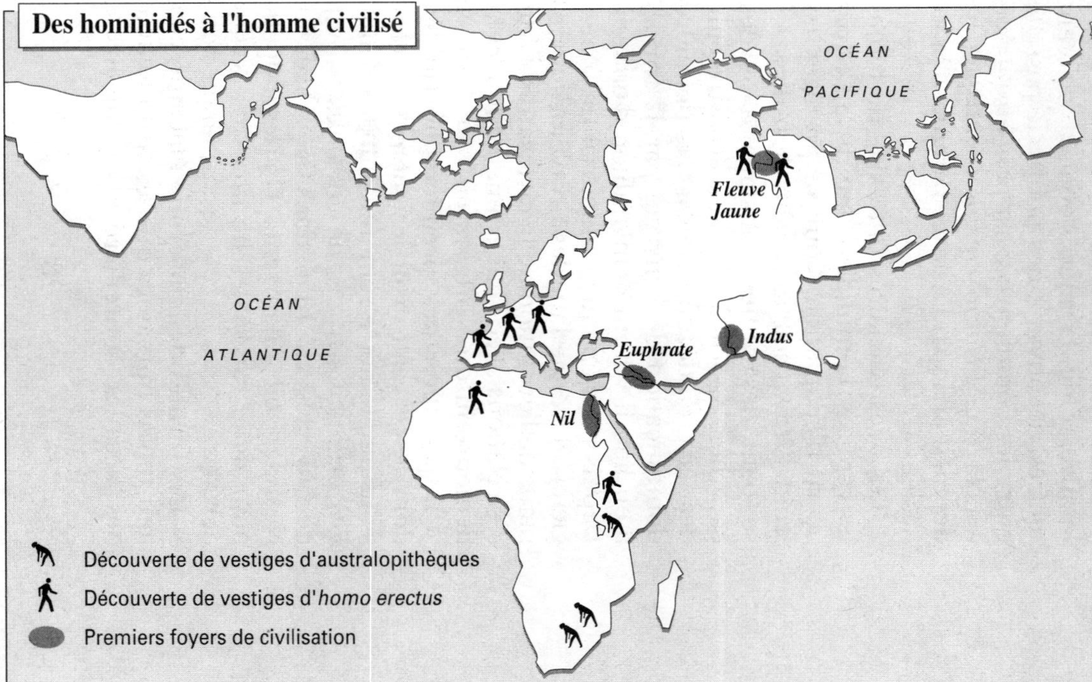
Des hominidés à l'homme civilisé
OCÉAN
PACIFIQUE
Fleuve
Jaune
OCÉAN
ATLANTIQUE
Indus
Euphrate
Nil
Découverte de vestiges d'australopithèques
Découverte de vestiges d'*homo erectus*
Premiers foyers de civilisation

le niveau de la mer s'abaissa de cent mètres, découvrant des points de passage entre les continents. C'est peut-être grâce à cela que l'*Homo erectus* a pu gagner, depuis l'Afrique, l'Asie et l'archipel indonésien.

Les âges glaciaires ont exigé de toutes les espèces, hominidés compris, un effort accru d'adaptation. Pour se protéger du froid, l'*Homo erectus* se vêtit de fourrures, se bâtit des huttes, s'installa dans des cavernes, apprit à allumer et entretenir des feux. La découverte du feu, première domestication de l'énergie par l'homme, a eu lieu il y a un demi-million d'années. Depuis cette époque, la maîtrise de l'énergie est devenue l'un des problèmes dominants de l'évolution de la civilisation et de ses relations avec l'environnement. Elle le demeure jusqu'à présent.

L'apparition des premiers hominidés dont le cerveau avait les mêmes dimensions que le nôtre remonte à 300 000 ans. Les premières traces de ces êtres furent découvertes en 1856 dans la vallée du Neander, en Allemagne. On les appela pour cette raison les hommes de Neandertal.

Les formes de leur crâne étaient pourtant moins humaines que les nôtres, avec des arcades sourcilières proéminentes, des dents épaisses, des mâchoires saillantes, un front fuyant et un menton rentrant. Les Néandertaliens étaient plus petits et plus râblés que nous, leur musculature était plus puissante. Néanmoins, malgré l'aspect de leur crâne, ils nous ressemblaient à un point tel que bien des chercheurs les considèrent comme une variété de notre propre espèce, celle de l'*Homo sapiens* (des mots latins qui signifient « homme raisonnable »).

C'est à –50 000 ans qu'apparurent des êtres humains parfaitement semblables à nous, tandis que les Néandertaliens s'éteignirent à –30 000 ans. La seule espèce d'hominidés à avoir survécu aux derniers 30 000 ans d'évolution est celle de l'homme moderne.

Au début, les hominidés n'habitaient que le bloc continental formé par l'Afrique, l'Asie et l'Europe, ainsi que quelques îles proches. C'est un peu avant –25 000 que les hommes profitèrent de la baisse du niveau des mers pour passer d'Asie du Nord-Est en Amérique du Nord, et des îles indonésiennes en Australie. Puis ils progressèrent sur ces nouvelles terres et en atteignirent les extrêmes limites : la Terre de Feu à la pointe méridionale de l'Amérique du Sud et la Tasmanie, au-delà des rivages sud-est de l'Australie.

Ces premiers ancêtres de l'homme étaient des humains au même titre que nous. Ils nous ont légué des peintures rupestres d'un niveau artistique qui n'a pas été dépassé depuis.

Les premières peintures de ce type furent découvertes en 1879 dans une caverne du nord de l'Espagne. Elles étaient si belles qu'il fallut la découverte d'autres cavernes pareillement décorées pour convaincre les incrédules de leur ancienneté. Certaines des plus remarquables ornaient les parois d'une caverne située près de Cro-Magnon, en France, d'où le nom d'hommes de Cro-Magnon donné aux premiers humains.

Les hommes d'avant la civilisation formaient des sociétés qui, à l'origine, ne comprenaient pas de représentants d'autres espèces. Le monde animal connaît des cas de coopération instinctive entre espèces : certaines fourmis, par exemple, adoptent des pucerons, dont elles utilisent les sécrétions. Mais l'homme fut le premier à pratiquer délibérément la domestication, c'est-à-dire à mettre des animaux à son service.

Les premiers animaux à être domestiqués furent les chiens, qui ont commencé à vivre dans la compagnie des hommes il y a 14 000 ans. Tous les chiens, même ceux qui leur ressemblent le moins, descendent des loups. Nous ignorons comment ceux-ci se sont laissés apprivoiser, et nous ne pouvons que constater le fait.

Les chiens, descendants d'animaux vivant en bandes, retrouvèrent dans l'homme leur chef de bande traditionnel. Le chien domestiqué accompagnait son maître à la chasse, l'aidait à pister et à tuer le gibier et acceptait de ne garder pour lui qu'une petite partie de la capture.

C'est sans doute ce premier succès qui poussa les hommes à répéter l'expérience avec d'autres animaux. La domestication des chèvres semble remonter à –12 000 ans environ, au Proche-Orient. Les hommes les nourrissaient, les soignaient et les encourageaient à se reproduire. Ils en obtenaient le lait, dont ils faisaient du fromage, et des abattages soigneusement dosés leur fournissaient un complément de viande.

A la différence de la domestication des chiens, dont la nourriture convenait à l'estomac humain, celle des chèvres, qui consommaient des herbes et autres substances peu familières à l'homme, permit de diversifier sensiblement l'alimentation de notre espèce.

Par la suite furent domestiqués d'autres animaux : les bœufs, les moutons, les chameaux, les poules et les oies. Les peuplades qui possédaient des troupeaux disposaient d'une source d'alimentation assurée. Elles avaient donc moins besoin de pratiquer la chasse, aux résultats toujours aléatoires. Leur existence se trouva ainsi facilitée, malgré les dangers qui guettaient le bétail : maladies, sécheresse et fauves.

Il faut bien voir que la civilisation est un acquis relativement récent. Même en la faisant commencer il y a 10 000 ans, c'est bien peu comparé aux longues phases qui en ont préparé l'éclosion. Espérons que c'est bien peu également par rapport à l'avenir qui attend l'humanité.

De toute façon, nous voici arrivés à 8000 av. J.-C., date que nous avons choisie pour commencer notre survol des millénaires.

2. Les millénaires de la préhistoire

De 8000 à 4000 av. J.-C.

8000 av. J.-C.
Le passage à l'agriculture

Transportons-nous 10 000 ans en arrière. Les glaciations qui ont si longtemps affecté la Terre approchent de leur fin. Les glaciers reculent et le climat de la planète commence à ressembler à ce qu'il est aujourd'hui.

La disparition des glaciers apporte des changements importants. Les zones de tempêtes et de pluies se retirent vers le nord. La sécheresse gagne du terrain, comme en Afrique septentrionale où se forme le désert du Sahara.

Avec la remontée du niveau des mers, les bandes de terre qui reliaient l'Asie à l'Amérique du Nord, d'un côté, et à l'Australie, de l'autre, sont recouvertes par l'eau, et les habitants des Amériques et de l'Australie se retrouvent coupés pour des milliers d'années du gros des terres émergées.

Les rivages de l'océan Glacial Arctique cessent d'être bloqués en permanence par les glaces, et les peuplades que nous connaissons sous le nom d'Inuit (Esquimaux), de Lapons et de Sibériens commencent à se répandre vers le nord.

À cette époque, de toutes les régions habitées par l'homme, celle qui possédait la plus grande avance technique était le Proche-Orient, en bordure de la Méditerranée orientale, de la Caspienne et du golfe Persique.

Les populations d'Asie occidentale, ou Asie antérieure, vivaient à l'âge de la pierre, comme tous les humains de la même période, car c'est à partir de ce matériau qu'elles fabriquaient encore leurs outils. Mais comme leurs techniques étaient plus évoluées, elles étaient parvenues à ce que nous appelons le Néolithique (d'après le grec, « nouvel âge de la pierre »). C'est au Proche-Orient qu'eurent lieu les premières domestications d'animaux et que furent réalisés d'autres progrès qui améliorèrent la sécurité des hommes et donc favorisèrent leur croissance numérique. C'est ce que l'on désigne parfois du terme de révolution néolithique, qui s'accompagna de la première explosion démographique.

Cette relation décisive entre le progrès technique, la sécurité et la croissance de la population est une constante qui va se retrouver au cours des millénaires suivants.

4 millions d'habitants sur la Terre

Le nombre d'humains peuplant la Terre a dû être de quatre millions en l'an 8000 avant notre ère, dont peut-être cinq cent mille, soit le huitième, au Proche-Orient. Nous ignorons pourquoi les peuples de cette région ont pris la tête du progrès ; cela peut tenir à des causes fortuites, par exemple à l'abondance d'animaux faciles à domestiquer. Nous verrons par la suite que le rôle prépondérant dans le développement de la civilisation a été joué successivement par des contrées différentes, sans qu'aucune d'elles puisse maintenir longtemps sa suprématie.

De toute façon, l'accroissement de population qui résultait de la révolution néolithique a favorisé de nouvelles avancées. Plus il y a d'hommes réunis, à n'importe quelle époque, et plus il y a de chances que l'un d'eux ait une idée de génie. Par ailleurs, plus les hommes sont nombreux, et plus leur organisation sociale est complexe, plus grand aussi est le besoin de trouver des solutions aux problèmes de la société.

Cela ne veut pas dire que la croissance démographique soit toujours bénéfique. Les avantages ne sont visibles que s'il y a assez de place pour caser tout le monde. Dès qu'une contrée compte plus d'habitants qu'elle ne peut en loger et en nourrir, les inconvénients ne tardent pas à l'emporter sur les avantages.

Avec le recul des glaciers et l'évolution du climat, les céréales sauvages couvrirent de vastes étendues d'Asie occidentale, suscitant un autre changement majeur, le plus important peut-être qu'ait connu l'humanité depuis la maîtrise du feu : la domestication des plantes.

C'est vers l'an 8000 av. J.-C. que les habitants de ce qui est maintenant le nord de l'Irak apprirent à cultiver le blé et l'orge, déposant les graines dans le sol, débarrassant celui-ci des mauvaises herbes, chassant les animaux qui auraient pu manger les récoltes, amenant de l'eau au moment où les plantes en avaient besoin. Puis, une fois les céréales mûres, ils les moissonnaient, mettaient de côté les graines des futures semailles et faisaient cuire le reste pour s'en nourrir.

Ils apprirent aussi à moudre les céréales pour obtenir de la farine, capable de se conserver longtemps sans se gâter, à condition qu'ait été éliminée l'enveloppe extérieure des épis. Avec la farine, ils pétrissaient des pains plats et durs, nourrissants et faciles à stocker.

Invention de l'agriculture

C'est avec la domestication des céréales que démarre l'agriculture (du latin : « travail des champs »). Le développement de l'agriculture, après celui de l'élevage, signifiait un accroissement de la nourriture disponible. Mais l'agriculture avait un énorme avantage sur l'élevage : les animaux transforment en viande les végétaux qu'ils consomment, mais en perdant une grande partie de l'énergie contenue dans ces végétaux. En consommant les plantes directement, les hommes peuvent récupérer beaucoup plus d'énergie qu'en se nourrissant des animaux qui ont mangé les plantes. Un même espace de terre, consacré à l'agriculture, peut nourrir beaucoup plus d'êtres humains que s'il est utilisé pour l'élevage.

La mise en culture du sol aboutit, partout où elle fut réalisée, à un accroissement notable de la population. Bien sûr, l'agriculture ne présentait pas que des avantages. C'était un travail pénible et fastidieux, qui n'offrait ni le piment de la chasse, ni les loisirs de l'élevage. Les paysans d'alors, obligés de trimer dur, éprouvaient sûrement de la nostalgie à écouter les récits palpitants d'aventures de chasse que leur avaient légués leurs aïeux ou à observer l'existence nonchalante de leurs voisins éleveurs. Ils se sentaient astreints à une corvée, que l'utilisation de bêtes de labour n'adoucissait que partiellement.

Ce sont donc, vraisemblablement, les premières communautés rurales qui se figurèrent le passé comme un « âge d'or », durant lequel les hommes s'adonnaient à la chasse et à la cueillette en toute liberté et dans une relative oisiveté. Elles se demandèrent dès lors ce qui avait bien pu les priver de cette félicité et les forcer à gagner leur pain à la sueur de leur front. La plus connue des explications qu'elles aient trouvées est la légende biblique du paradis terrestre et du péché originel qui entraîna la malédiction de Dieu sur l'homme, condamné à travailler la terre.

Cependant, l'humanité avait beau regretter la vie plus oisive et plus libre d'autrefois, elle ne pouvait plus revenir en arrière. La population d'une région convertie à l'agriculture se hissait rapidement à un niveau qu'elle n'aurait pu atteindre par aucun autre moyen. Le retour à la chasse et à l'élevage aurait provoqué des famines massives. La culture des plantes, malgré ses inconvénients, était le seul moyen de rassasier des populations nombreuses.

Grâce à cette incontestable supériorité, l'agriculture se répandit à toutes les régions où elle était praticable, empiétant ainsi sur le domaine de l'élevage et éliminant peu à peu la chasse. C'est cette évolution que traduit à sa manière le récit biblique de l'assassinat de l'un des deux premiers fils d'Adam et Ève, Abel le pasteur, par son frère Caïn le laboureur.

La pratique de l'agriculture apporta un autre changement considérable du mode de vie. Les hominidés étaient des êtres sans domicile fixe, qui parcouraient de vastes étendues à la recherche des plantes comestibles et du gibier. Les éleveurs, à leur tour, continuèrent à se déplacer pour trouver les meilleurs pâturages pour leurs troupeaux. Ils étaient des nomades, d'un mot grec qui signifie « pâtres ».

Chasseurs et éleveurs ne demeuraient jamais longtemps au même endroit, car ils en épuisaient petit à petit les ressources. Ils étaient donc contraints à explorer de nouveaux territoires et ne pouvaient revenir sur un ancien campement que lorsque le gibier s'y était reconstitué et que l'herbe y avait repoussé.

Les nomades ne possédaient d'autres biens que ceux qu'ils pouvaient emporter. Tout le reste était abandonné lors des migrations. Ils n'avaient donc pas de maisons, sinon à titre temporaire. Les premières implantations plus ou moins durables sont apparues là où des nomades ont tenté de faire pousser des plantes. Il leur fallait demeurer sur place jusqu'à ce que les récoltes aient mûri.

Avec la pratique systématique de l'agriculture, il n'était plus question d'habitat temporaire ou semi-permanent. Un champ défriché, planté et entretenu ne se déplace pas. Les cultivateurs, à la différence de leurs prédécesseurs, durent donc passer à un mode de vie sédentaire. La notion de propriété acquit dès lors une importance considérable.

L'agriculture entraîna un autre changement majeur. Les bandes de nomades, certes, se disputaient les meilleurs pâturages, mais ces affrontements étaient rarement très meurtriers : le groupe le plus faible préférait abandonner la place pour aller chercher fortune ailleurs. Les éleveurs n'allaient pas faire le sacrifice de leur vie pour une prairie dont l'herbe, de toute façon, ne tarderait pas à être broutée.

Cette situation allait se trouver radicalement bouleversée par l'arrivée de l'agriculture. Les paysans accumulaient pour l'hiver des réserves de céréales qui excitaient la convoitise des nomades. Par ailleurs, les agriculteurs, quand ils étaient attaqués, n'avaient pas la ressource de fuir en emportant leurs fermes avec eux. S'ils perdaient leurs terres, il ne leur restait qu'à mourir de faim ou à se vendre comme esclaves. Ils défendaient donc leurs exploitations avec l'énergie du désespoir.

Début de l'organisation militaire

L'agriculture apporta donc à de vastes populations la stabilité et une plus grande sécurité d'existence. Mais, en même temps, la guerre fit son entrée dans la vie de l'humanité, et elle y demeure jusqu'à présent.

Obligés de combattre, les cultivateurs durent s'organiser en conséquence. Les fermes isolées étant trop vulnérables, ils furent amenés à se grouper en bourgades, qu'ils quittaient le matin pour partir aux champs, et qu'ils regagnaient à la nuit ou en cas d'alerte, pour tenir tête ensemble à l'ennemi.

Une autre façon d'augmenter leurs chances de victoire était de bâtir leurs villages sur des hauteurs. Ils pouvaient ainsi tirer leurs projectiles de haut en bas, tandis que les assaillants étaient contraints d'expédier les leurs de bas en haut. Par ailleurs, les habitations devaient comporter un point d'eau et des greniers pour conserver les vivres. Une solution efficace était d'entourer les bourgades d'une muraille de protection, ou rempart.

Apparition des villes

Ainsi, le développement de l'agriculture mena tout droit à celui des villages, puis des villes. En ville, chacun a moins d'espace à sa disposition et moins de liberté de mouvement. Toute une organisation est nécessaire pour distribuer la nourriture, éliminer les déchets et assurer la défense commune, mais, au nom de leur sécurité, les hommes se résolurent à sacrifier une part de leur liberté.

La ville, avec les exploitations paysannes qui l'entouraient et appartenaient à ses habitants, formait une communauté distincte, que l'on appela plus tard la cité-État.

Une cité bien défendue et prospère produisait plus qu'elle ne consommait. Certains de ses membres pouvaient donc être dispensés des travaux des champs pour se consacrer à d'autres tâches utiles.

Ainsi apparurent les artisans, qui fabriquaient outils et parures, les soldats, les marchands, les gouvernants. En échange des services qu'ils rendaient aux paysans, ceux-ci les nourrissaient. C'est ainsi que se structurèrent les sociétés différenciées du type de celle que nous connaissons aujourd'hui.

À cette répartition des tâches tout le monde trouvait son compte, et le niveau de vie progressa rapidement. L'invention de l'agriculture avait donc suscité, dès le huitième millénaire avant notre ère, un mouvement vers l'urbanisation qui se poursuit aujourd'hui dans le monde entier à une vitesse stupéfiante.

Éveil de la civilisation

Avec l'éclosion des villes naît la civilisation au sens où nous l'entendons. Depuis lors, les grandes civilisations se sont toujours bâties autour de grands centres urbains. D'après l'étymologie latine, d'ailleurs, le citoyen est l'habitant de la cité, et l'adjectif *civilis* désigne tout ce qui se rapporte au citoyen, au citadin. La civilisation, donc, est le type de société qui se définit par la culture du sol et la vie en agglomérations.

La civilisation ne s'est pas répandue partout à la même époque. Concentrée initialement dans des foyers isolés du Proche-Orient, elle demeurait encore, en l'an 8000 av. J.-C., un phénomène marginal. On a découvert dans le nord de l'Irak, sur le site de Jarmo, les vestiges d'une très vieille cité, fondée autour de 8000 avant notre ère. Jarmo est un tertre peu élevé, dans lequel l'archéologue américain Robert J. Braidwood entama des fouilles en 1948. Il découvrit des restes de fondations d'habitations aux minces parois de boue tassée, qui étaient partagées en plusieurs petites pièces. La population de Jarmo devait comporter entre cent et trois cents personnes.

Une autre cité qui remonte peut-être aux premiers temps de l'agriculture est celle de Jéricho, près du Jourdain, connue d'après la Bible comme la ville dont les murailles tombèrent aux sons des trompettes des nomades hébreux conduits par le successeur de Moïse, Josué.

En résumé, la période qui s'écoule entre -9000 et -8000 se caractérise par un changement profond de l'existence des hommes, qui, de nomades, deviennent sédentaires. Ce changement est devenu possible par l'invention de quelque chose d'aussi banal pour nous aujourd'hui que l'agriculture. Sans elle, les innombrables innovations des millénaires suivants n'auraient jamais pu se produire.

7000 av. J.-C.
L'humanité étend son emprise

Initialement, on pratiqua l'agriculture dans des zones où l'on pouvait compter sur la pluie, au pied des montagnes par exemple. À proximité des massifs montagneux, en effet, l'air a tendance à monter et à se refroidir, libérant ainsi plus facilement l'humidité qu'il contient.

Or, avec l'achèvement de l'âge glaciaire, le Proche-Orient devenait de plus en plus aride, et les pluies s'y faisaient toujours plus capricieuses. Les zones cultivées eurent donc tendance à se rapprocher des fleuves au cours abondant, qui fournissent aux cultivateurs un approvisionnement en eau plus régulier que les pluies.

Le grand fleuve le plus proche, pour les premiers paysans du nord de ce qui est aujourd'hui l'Irak, était l'Euphrate, avec son jumeau le Tigre. Quant à la Palestine, autre terre d'élection de l'agriculture primitive, le grand cours d'eau le plus proche était le Nil.

Vers –7000, l'agriculture se développa le long de ces trois fleuves, favorisant l'extension de la civilisation à des zones toujours plus vastes. La première de ces zones se situait dans la vallée du Tigre et de l'Euphrate, que les Grecs devaient appeler la Mésopotamie (ou « terre d'entre les fleuves »). La seconde se trouvait sur le Nil et les Grecs anciens – toujours eux – lui donnèrent le nom d'Égypte, qui s'est conservé jusqu'à nos jours.

L'irrigation démarre

Si les rivières sont une source d'eau plus régulière que les pluies, celles-ci, en revanche, arrosent toute la surface du champ sans que le cultivateur ait à intervenir. Les rivières, elles, n'apportent pas leur eau à la terre, sauf dans le cas d'une inondation, aux conséquences parfois désastreuses.

Les agriculteurs anciens trouvèrent la solution en creusant des canaux d'irrigation. Mais leur entretien était un souci constant : il fallait les draguer pour qu'ils ne s'envasent pas et continuent à laisser circuler l'eau. Il était également nécessaire de construire des digues, pour contenir les flots quand le fleuve débordait. Une fois de plus, un travail harassant était le prix à payer pour une meilleure sécurité des approvisionnements. Par ailleurs, l'irrigation était un ouvrage éminemment collectif, qui exigeait organisation et contrôle. Le développement de cette technique aboutit donc à renforcer le rôle de coordination des activités humaines joué par la ville.

Les premières localités situées sur des fleuves commencèrent à apparaître vers –7000, et elles furent longtemps incapables de rivaliser avec les cités de fondation plus ancienne. À l'époque, la plus grande ville du monde était sans doute Jéricho, qui couvrait une superficie d'environ 4 hectares et comptait une population de quelque 2 500 personnes.

Même à ce stade embryonnaire, la civilisation présentait déjà les principaux traits qui devaient s'affirmer dans la suite de l'évolution. Elle représentait un effort de l'homme pour imposer sa volonté à la nature, au lieu d'en subir passivement les rythmes, et cet effort exigeait à son tour de nouvelles formes d'organisation sociale. Grâce à l'irrigation, toujours largement pratiquée de nos jours, les humains ont pu s'implanter dans des régions inhospitalières.

Les inventions techniques qui allaient suivre ne feraient que renforcer cette emprise de l'homme.

6000 av. J.-C.
L'essor des techniques

Autour de -6000, la pratique de l'agriculture s'est étendue, de l'ouest et du nord de la Mésopotamie, vers l'Asie Mineure et le sud-est de l'Europe, favorisant l'innovation et l'invention. C'est le moment aussi où démarra en Asie du Sud-Est la culture du riz, qui est devenu depuis l'un des principaux aliments de cette région du monde.

De nouvelles cités commencèrent à faire concurrence aux anciennes. Une ville située à proximité du site connu sous le nom de Çatal Hüyük, dans le centre sud de l'Asie Mineure, atteignit son apogée en -6000 et fut sans doute alors la plus grande ville du monde. Son emplacement fut reconnu à partir de 1961 par l'archéologue britannique James Mellaart ; il couvre une douzaine d'hectares.

Travail de la céramique

Les vestiges trouvés à Çatal Hüyük révélèrent une autre invention importante de l'humanité préhistorique : celle de la poterie. Celle-ci tient une place de premier plan parmi les vestiges livrés par les sites archéologiques, tout d'abord parce qu'elle était facile à fabriquer, et donc produite en grandes quantités. Par ailleurs, à la différence d'autres objets aussi courants, la poterie résiste bien au temps. Semblable en cela aux animaux dont la coquille dure s'est conservée sous forme de fossile, alors que leurs prédécesseurs à corps mou ont disparu, la poterie perdure, nous transmettant un témoignage direct sur les époques antérieures à l'écriture.

L'invention de la poterie répondait au besoin qu'avaient les hommes de pouvoir transporter les objets. Ils ne disposaient, comme récipient naturel, que de leurs mains et de leurs bras, mais ceux-ci n'ont qu'une contenance limitée. Les peaux, elles, sont malcommodes, raides et lourdes.

Les calebasses fournissent des récipients pratiques, mais elles ne poussent pas partout. Les hommes avaient bien appris à tresser des brindilles ou des roseaux pour en faire des paniers légers aux formes variées. Mais les paniers ne conviennent que pour les objets solides et secs, qui ne risquent pas de passer par les mailles de la vannerie. On ne peut donc les utiliser ni pour la farine, ni pour l'huile d'olive, ni, surtout, pour l'eau.

On imagina alors d'enduire les paniers d'argile humide, qui, en séchant, obturait les trous. Puis, si on exposait ces paniers à la chaleur du soleil, l'enduit argileux durcissait, et les paniers devenaient plus faciles d'emploi. Mais, au bout d'un certain temps, l'argile séchée finissait par se détacher.

Il a dû alors venir à l'idée de quelqu'un de se passer du panier. Pourquoi en effet ne pas modeler directement de l'argile à la forme voulue et la mettre à sécher au soleil ? On obtient alors un pot de terre crue. Malheureusement, la chaleur du soleil était insuffisante pour donner au pot la solidité et la résistance suffisantes. Il fallait aller plus loin.

Une solution était de placer l'argile dans un feu. On fabriqua ainsi des poteries dures, et ce fut la première utilisation technique du feu, qui ne servit plus seulement, désormais, à éclairer, à chauffer et à cuire les aliments.

En 6000 av. J.-C., la fabrication de la céramique s'était largement diffusée. Les objets en céramique permettaient non seulement de transporter les liquides, mais aussi de cuire les aliments. Les préparations culinaires devinrent plus variées.

La vannerie, de son côté, n'avait pas été abandonnée. Quelqu'un, un jour, eut l'idée d'en appliquer la technique à des fibres beaucoup plus fines, mais tout aussi résistantes, tel le lin, dont la culture a commencé bien avant -6000. Ce fut sans doute la première plante cultivée pour des raisons autres qu'alimentaires.

En tressant des fibres de lin, on obtient un fil continu. On peut supposer que le mot « ligne » vient du mot « lin », en raison justement de l'aspect rectiligne, nettement tracé des fils de lin.

Fabrication des tissus

L'agriculture de rivière prit de plus en plus d'importance, et les cours d'eau devinrent une composante essentielle de la vie des hommes. L'un des premiers usages du lin a pu être la confection de filets pour pêcher les poissons qui peuplaient les cours d'eau. Ensuite, les filets sont devenus de plus en plus fins, jusqu'à former des tissus. L'apparition des tissus de lin, puis d'autres fibres animales et végétales, comme le coton et la laine, a révolutionné l'habillement.

Les tissus ont pour eux la souplesse, la légèreté, la perméabilité, et ils se nettoient facilement. C'est pourquoi ils sont demeurés jusqu'à présent le matériau préféré pour la confection des habits.

Un cours d'eau est aussi une voie de communication. Sa surface est dépourvue des aspérités de la terre ferme, mais il faut trouver un moyen de s'y maintenir sans couler. Les hommes ont dû découvrir très tôt que le bois flottait sur l'eau et, en 6000 av. J.-C., ils savaient lier ensemble des troncs pour faire des radeaux.

Les radeaux permettaient à leurs occupants de demeurer indéfiniment à la surface de l'eau, de pêcher plus commodément que depuis le rivage et même, en pagayant (avec leurs mains, à défaut d'autre chose), de traverser de petites étendues d'eau.

La maîtrise de l'eau fut un nouveau moyen d'accroître le pouvoir de l'homme. La durée des voyages se trouva fortement raccourcie, et la difficulté de se déplacer considérablement réduite. Grâce à la navigation fluviale, des communautés séparées par des dizaines de kilomètres demeuraient en contact régulier, et de nouveaux espaces s'ouvraient à l'exploration.

Parallèlement, la domestication des animaux fit des progrès rapides, contribuant à accroître la stabilité et la sécurité de l'existence humaine. Elle s'étendit aux bœufs sauvages, qui sont à l'origine des bovins actuels. Ils fournirent à l'homme la viande, les produits laitiers et le cuir. Élevage et agriculture se rejoignirent pour assurer la subsistance des communautés humaines.

Grâce à l'ingéniosité humaine, qui permit à nos ancêtres de tirer toujours mieux parti de l'environnement naturel et des autres êtres vivants, nous voyons plus nettement, à l'approche de –5000, apparaître les contours de la société moderne.

5000 av. J.-C.
La prépondérance des cités

À l'aube du cinquième millénaire avant notre ère, la civilisation existait depuis quelque 3 000 ans dans la vallée du Tigre et de l'Euphrate et gagnait d'autres régions du monde ; grâce au développement des techniques, la qualité de la vie s'améliorait de façon sensible.

Arrivée des Sumériens entre le Tigre et l'Euphrate

À cette époque, un nouveau groupe d'hommes, les Sumériens, pénètre en Mésopotamie. Nous ignorons d'où ils venaient, pour la raison, entre autres, que leur langue n'était apparentée à aucune de celles que nous connaissons, ce qui nous empêche de suivre sa filiation.

Les Sumériens étaient très industrieux. Ils assimilèrent tous les acquis de leurs prédécesseurs et y apportèrent de nombreux perfectionnements. Ils furent à l'origine de la première grande civilisation.

La cité-État, forme principale de l'organisation politique

Au seuil de l'an 5000 av. J.-C., les Sumériens avaient fondé des cités-États sur le cours inférieur de l'Euphrate et étendu l'irrigation sur toute la surface accessible. Les plus grandes villes de l'époque étaient sumériennes.

On leur doit aussi des améliorations de la navigation. On sait qu'il est plus facile de laisser dériver un radeau au fil de l'eau que de lui faire remonter le courant. Il semble que ce soient les Sumériens qui aient les premiers tendu des voiles de tissu résistant pour capter le vent et en utiliser la force pour vaincre la résistance du courant.

Pendant cette période, la basse Mésopotamie est désignée sous le nom de Sumer, bien que la Bible en parle comme du pays de Shinéar. C'est à elle que se rattache la légende de la tour de Babel, et de nombreux peuples y situent le jardin d'Éden, ou paradis terrestre.

Les prêtres-rois à la tête des cités-États

On doit également aux Sumériens une notion politique capitale. À mesure que les cités-États prenaient de l'importance, leurs gouvernants sentirent que, pour diriger efficacement la société, ils avaient besoin d'être investis d'une autorité indiscutable. La solution fut de rattacher cette autorité à la divinité. Le chef devenait dès lors un prêtre-roi, capable d'intercéder auprès des dieux pour son peuple et d'obtenir ainsi succès et prospérité pour sa ville.

Une hiérarchie sacerdotale s'instaura, jouant dans la cité-État le rôle d'une bureaucratie. Les temples bâtis par les Sumériens étaient à la fois les demeures des dieux et des prêtres, les dépôts des archives gouvernementales et les magasins à céréales. La religion s'institutionnalisa et devint l'un des principaux soutiens du pouvoir. Pour une bonne part, elle le demeure jusqu'à présent.

C'est à la même époque que l'agriculture de rivière et les institutions religieuses qui lui étaient associées commencèrent à se développer le long du Nil. L'Égypte et Sumer étaient suffisamment proches géographiquement pour que des voyageurs puissent aller de l'une à l'autre, que des relations commerciales s'instaurent et que des informations circulent. Ces deux contrées se sont incontestablement emprunté l'une à l'autre un certain nombre d'idées.

Mais des progrès avaient lieu dans d'autres parties du monde. C'est le cas, par exemple, de la domestication du lama et de l'alpaga (cousins de petite taille du chameau d'Asie et d'Afrique) dans le nord des Andes, en Amérique du Sud. Les paysans du Mexique apprirent à cultiver le coton et l'avocat, tandis que la culture du dattier démarrait en Asie méridionale. Dans les steppes du nord de la mer Noire débuta la domestication du cheval, qui promettait des bouleversements des modes de transport comparables à ceux qu'avait entraînés la navigation fluviale.

5 millions d'habitants sur la Terre

Durant ces 1 000 ans, la cité-État, gouvernée par un chef divinisé, a fait ses preuves en tant que système d'organisation sociale et mis en œuvre de nouvelles techniques d'exercice des activités humaines sur la Terre.

4000 av. J.-C.
De la pierre au métal

D'après les calculs de James Ussher, la Terre et l'Univers auraient été créés peu avant -4000. Les recherches effectuées depuis ont prouvé qu'il était terriblement en dessous de la vérité. À cette date, en effet, la civilisation, apparue pourtant bien tardivement dans l'histoire de la Terre, avait déjà 4 000 ans d'âge.

Fondation d'Our

La ville sumérienne d'Our fut fondée justement aux alentours de -4000, à l'em-

Les grandes inventions antérieures à l'époque moderne

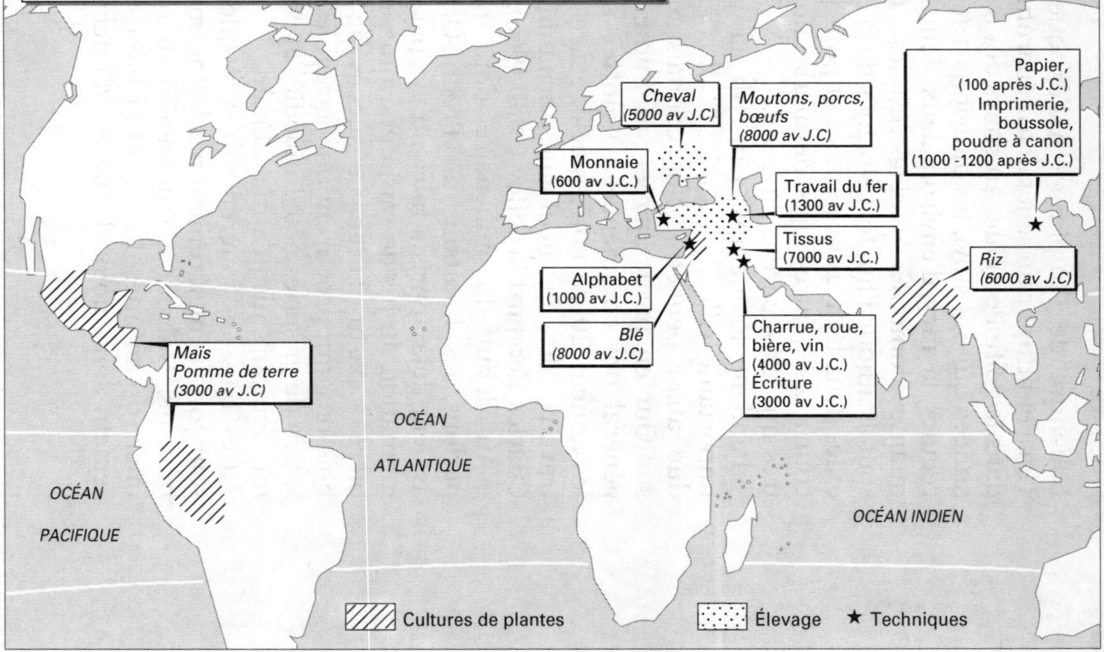

bouchure de l'Euphrate. À l'époque, le Tigre et l'Euphrate se jetaient séparément dans le golfe Persique. Au cours des 6 000 années qui ont suivi, les alluvions ont fait reculer la mer d'environ deux cent cinquante kilomètres. Aussi les vestiges d'Our sont-ils aujourd'hui fort éloignés de la côte et les deux fleuves se réunissent pour parcourir les quatre-vingts derniers kilomètres qui les séparent du golfe.

Pendant longtemps, Our fut la plus importante ville du monde, la plus étendue aussi peut-être. Nos connaissances sur Our en particulier et sur Sumer en général ont commencé à s'étoffer dans les années 20 de notre siècle, grâce aux travaux de l'archéologue britannique Charles Leonard Woolley (1880-1960).

Au début du millénaire dont nous parlons, les habitants du Proche-Orient avaient déjà appris à faire du vin par fermentation du jus de raisin et à brasser la bière à partir d'orge. Le succès de ces boissons, qui procurent une agréable sensation de griserie, a été immédiat et continue toujours jusqu'à maintenant.

Ces boissons jouèrent un rôle que ne soupçonnaient sûrement pas les premiers buveurs. L'alcool a tendance à tuer les micro-organismes. Le vin et la bière présentent donc moins de danger d'infection que l'eau, susceptible d'être contaminée par les rejets de l'homme et des animaux.

Ce qui a le plus marqué ce millénaire, pourtant, ce n'est pas la découverte des boissons alcoolisées, mais un bouleversement de la technique de fabrication des outils. Jusque-là, pendant deux millions d'années, les hommes et les hominidés qui les avaient précédés avaient confectionné leurs outils avec de la pierre ou des matériaux, comme la céramique, qui ressemblaient à la pierre. C'est pourquoi l'on donne souvent à toute la période de l'histoire humaine d'avant l'an 4000 le nom d'âge de la pierre, suivant l'expression lancée vers 60 avant notre ère par le poète romain Lucrèce (95-55 av. J.-C.) et reprise en 1834 par l'archéologue danois Christian Jurgenson Thomsen (1788-1865).

Les outils de pierre rendaient de nombreux services, mais ils avaient un certain nombre d'inconvénients. Les hommes d'alors étaient sûrement prêts à saisir toutes les occasions de les améliorer, et c'est ce qui s'est passé quand ils ont remarqué que certains cailloux étaient plus brillants et plus lourds que les pierres ordinaires, et que ces cailloux, frappés par un marteau de pierre, ne se fendaient pas et n'éclataient pas, mais changeaient simplement de forme. Autrement dit, qu'ils étaient malléables.

Ces corps aux propriétés étranges étaient des métaux. Nous connaissons plusieurs dizaines de métaux, mais la plupart sont toujours, au sein des roches, combinés à des substances non métalliques. On a des chances de rencontrer à l'état pur les seuls métaux qui répugnent à s'associer à d'autres éléments. Les trois métaux inertes fréquents à l'état libre – le cuivre, l'argent et l'or – sont relativement rares, comme l'indique le mot même de métal, dérivé d'un verbe grec qui signifie fouiller, creuser.

Les pépites de métal furent d'abord utilisées exclusivement comme ornements, auxquels on donnait la forme désirée en les martelant. Pour trouver aux métaux d'autres usages, il était nécessaire d'en obtenir des quantités plus importantes, ce qui impliquait que l'homme apprenne à les extraire des minerais.

Le cuivre est plus répandu que l'argent et l'or, et il se rencontre dans des minerais beaucoup plus fréquemment qu'eux. Le minerai de cuivre le plus commun est un carbonate de couleur bleue, dans lequel le cuivre est associé au carbone et à l'oxygène.

La découverte des minerais métalliques est sans doute l'effet du hasard. Un feu a dû être allumé sur un lit de roches qui se trouvaient contenir du minerai de cuivre. Sous l'action de la chaleur, le carbone contenu dans le bois et dans le minerai s'est combiné à l'oxygène pour former du gaz carbonique qui s'est dégagé, tandis que demeurait le cuivre métallique.

Certains des hommes qui entouraient le brasier, bons observateurs, ont alors aperçu au milieu des cendres des granulés de cuivre qui ne se trouvaient pas là précédemment. Ils ont réfléchi à leur découverte, l'ont mise en relation avec la présence du feu et se sont mis à rechercher les mêmes minerais pour en tirer le métal.

Invention de la métallurgie

Le feu trouvait ainsi une autre application capitale, et grâce à lui, autour de -4000, la métallurgie a acquis droit de cité, sonnant le glas de l'âge de la pierre.

Comme pour toutes les autres techniques nouvelles, ce nouvel art se répandit à partir de son lieu d'origine (vraisemblablement au Proche-Orient), mais sans pouvoir franchir l'océan. Aussi il demeura inconnu de l'Amérique et de l'Australie, dont les habitants ne l'avaient pas découvert par eux-mêmes.

Parallèlement, la civilisation continuait à gagner du terrain. Des cités-États étaient apparues dès avant –4000 dans une troisième vallée fluviale, celle de l'Indus, située dans ce que nous appelons aujourd'hui le Pakistan. En 1921 et 1922, un archéologue britannique, John Humbert Marshall (1876-1958), y découvrit les vestiges d'une très ancienne civilisation.

7 millions d'habitants sur la Terre

Quand commence le quatrième millénaire avant notre ère, l'empreinte de l'homme sur la Terre est devenue considérable. Il a suffi à l'humanité de 4 000 ans pour jeter sur notre planète les bases solides de la civilisation.

3. L'histoire commence

De 3000 à 1000 av. J.-C.

3000 av. J.-C.
La révolution de l'écriture

Plusieurs transformations majeures se sont produites entre 4000 et 3000 av. J.-C. L'invention de la métallurgie a amené le monde à l'âge du bronze, et l'usage de la roue a commencé à se répandre. Mais aussi importantes qu'aient pu être ces innovations, l'apparition de l'écriture nous paraît tout particulièrement digne d'attention, car elle va transfigurer la connaissance que nous avons du passé.

Revenons d'abord à la diffusion de l'emploi du bronze. À l'origine du bronze, il y a eu le cuivre. Une fois que l'on eut appris à extraire celui-ci des minerais, de grandes quantités en devinrent disponibles, mais ce métal se prêtait mal à la fabrication d'outils.

L'arête d'un couteau de pierre mettait longtemps à s'émousser, mais il fallait la retailler longuement pour lui redonner son tranchant. Dans le cas d'un couteau de cuivre, il suffisait de quelques coups de marteau, en revanche l'opération devait être répétée très fréquemment.

Avec le temps, les hommes découvrirent que toutes les sortes de cuivre ne se comportaient pas de la même façon. Certains minerais permettaient d'élaborer un métal d'une dureté supérieure. En fait, il s'agissait de minerais dans lesquels le cuivre est associé à différentes substances. On obtient à partir de ces minerais un mélange de plusieurs métaux, ou alliage.

Les hommes finirent ainsi par s'apercevoir qu'en mélangeant du cuivre et de l'étain dans des proportions déterminées, ils avaient un alliage aux propriétés particulières. Cet alliage fut appelé bronze, peut-être d'après le mot persan qui signifie cuivre. Comme la pierre, le bronze conservait bien son tranchant et, en même temps, on pouvait lui rendre facilement sa forme quand il l'avait perdue.

Début de l'âge du bronze

En l'an 3000 avant notre ère, les Sumériens et leurs voisins faisaient déjà un si large usage de ce métal que l'on peut dire que l'Asie occidentale avait accédé à l'âge du bronze.

On doit aussi aux Sumériens, décidément fort habiles, une autre invention décisive, celle de la roue. Sa première application a peut-être été le tour du potier. Initialement, celui-ci formait la motte d'argile à la main, mais les objets qu'il obtenait étaient alors bosselés et bancals.

Le tour consistait en une plaque de pierre reposant sur un pivot. On plaçait sur la plaque la motte d'argile et on la faisait tourner rapidement. Une simple pression de la main sur l'argile en rotation permettait de lui donner la forme voulue, avec une surface parfaitement lisse et symétrique. L'usage du tour permit de produire rapidement de belles poteries.

Utilisation de la roue pour les transports

Puis, les hommes imaginèrent de prendre quatre roues et de les disposer verticalement aux quatre coins d'un chariot, en les fixant deux par deux sur des moyeux, un pour l'avant et un pour l'arrière, qui étaient attachés eux-mêmes au chariot par des courroies de cuir. Ainsi, le chariot se déplaçait à mesure que ses roues tournaient. C'était incomparablement plus commode, pour le transport des objets lourds, que de les traîner à la surface du sol, où ils butaient contre les aspérités, ou que de les faire glisser sur des rouleaux, car il fallait sans cesse ramener ceux-ci devant le chargement à transporter.

Naturellement, pour que les roues tournent bien, il fallait que le sol soit relativement uni. On aménagea donc des voies en les débarrassant de la végétation et des pierres. Autrement dit, les chariots firent naître les routes. En l'an 3000 avant notre ère, les uns et les autres étaient déjà largement répandus en Asie occidentale.

Les voyages par eau demeuraient plus faciles, mais les rivières ne suivaient pas toujours la bonne direction, le courant n'allait pas forcément dans le sens voulu et le vent ne soufflait pas régulièrement. Au début du troisième millénaire, cependant, les Sumériens savaient déjà se servir de rames pour faire remonter le courant à un bateau, même en l'absence d'un vent favorable.

Les Sumériens imaginèrent encore les premières charrues, très rudimentaires, appelées aussi araires. Tiré par des ânes ou des bœufs, l'araire grattait le sol, l'ameublissait et y faisait pénétrer l'air. Les semences déposées dans un sol ainsi labouré levaient mieux et plus vite que si on les plaçait au fond d'un trou creusé dans du sol dur.

Avec toutes ces innovations, les Sumériens avaient déjà apporté une contribution inappréciable au développement de la civilisation. Mais ils devaient faire encore bien davantage.

Grâce à tous les progrès réalisés, la vie avait atteint à Sumer un niveau poussé de complexité. Il devenait nécessaire de noter les quantités de grain produites et vendues, les autres produits fabriqués, les impôts versés à la caisse commune.

La quantité de chiffres à retenir par cœur ne cessait d'augmenter, et les Sumériens cherchèrent un moyen de les matérialiser. Le plus simple, à première vue, était de faire des marques pour, disons, chaque panier de fruits, puis de compter ces marques pour savoir combien de paniers avaient été livrés.

Les Sumériens se mirent donc à faire des marques, selon un système toujours plus élaboré. Ils divisèrent les marques de nombres en groupes différents, certains désignant des objets individuels, d'autres des douzaines ou des soixantaines. Jusqu'à maintenant, nous continuons à compter par douzaines certains objets, comme les œufs, et nous divisons l'heure en soixante minutes et la minute en soixante secondes.

L'écriture est inventée par les Sumériens

On affecta ensuite des signes à la désignation des différents êtres et objets : fruit, grain, homme, et ainsi de suite. En 3000 av. J.-C., les Sumériens disposaient déjà d'un système tout à fait original qui leur permettait de noter tout ce qu'ils désiraient. Ce fut le premier système d'écriture du monde.

Les Sumériens traçaient leurs signes en enfonçant la pointe d'un stylet dans une tablette d'argile molle, puis ils cuisaient l'argile pour rendre le message ineffaçable. Les signes ainsi obtenus avaient une forme de coin, et c'est pourquoi cette écriture a reçu le nom de cunéiforme (du latin *cuneus* : « coin »).

Au début, les signes reproduisaient la forme des objets qu'ils désignaient, puis, avec le temps, leur tracé se simplifia et perdit son aspect figuratif. Néanmoins, chaque symbole, en principe, correspondait à un mot ; il y avait donc des centaines et des milliers de signes qu'il était indispensable d'apprendre par cœur pour savoir lire et écrire.

En raison de la complexité de ce système, le nombre de lettrés était extrêmement réduit ; ils constituaient une catégorie peu nombreuse mais très respectée :

celle des scribes, dont toute la population utilisait les services.

L'écriture représente une avancée décisive dans l'évolution de la société humaine. Les pensées, les histoires, à condition d'être notées fidèlement, acquéraient la durée. L'écrit assurait une transmission plus précise et rapide à chaque génération de l'expérience et de la sagesse des précédentes, et donc une accélération du progrès.

Enfin, il devenait possible de garder une trace des événements vécus par les hommes, avec les noms, les lieux, les détails. Une société dotée de l'écriture entre dans l'histoire, puisqu'elle prend note de celle-ci, et celles qui ne savent pas le faire sont dites préhistoriques. C'est donc avec Sumer, un peu plus de 3 000 ans av. J.-C., que commença véritablement l'histoire humaine. Les 5 000 années de civilisation qui avaient précédé restèrent en dehors, tandis que les 5 000 années écoulées depuis lui appartiennent.

Les Sumériens jouissaient d'une situation exceptionnelle à proximité du Tigre et de l'Euphrate ; les Égyptiens, eux, avaient le Nil. Les fleuves étaient une irremplaçable source d'eau pour des terres qui manquaient de pluie depuis la fin des âges glaciaires ; ils débordaient tous les ans, fertilisant le sol par une sorte d'irrigation naturelle.

Le cours du Nil était paisible, ce qui facilitait la navigation. De plus, il coule à peu près toujours vers le nord, alors que le vent dominant est dirigé vers le sud. Les bateaux pouvaient donc utiliser le courant pour descendre le fleuve, puis le remonter à la voile.

L'Égypte était dépourvue de forêts, mais les roseaux (appelés papyrus) y étaient abondants, et les habitants apprirent à les lier pour construire des embarcations : d'après le récit biblique, Moïse bébé fut justement placé dans une corbeille en papyrus abandonnée au cours du Nil.

La facilité des communications aboutit à instaurer des relations suivies entre les différentes cités-États des bords du Nil. Elles partageaient la même langue, la même culture, la même vision du monde. Elles s'enrichissaient toutes à commercer les unes avec les autres, et la région connut ainsi des périodes de paix plus longues que nulle part ailleurs.

Les cités-États du delta du Nil – une zone triangulaire au nord du pays – formaient la Basse-Égypte (dans la basse vallée du Nil), tandis que celles de la partie étroite de la vallée du fleuve, au sud du delta, reçurent le nom de Haute-Égypte.

Les unions de cités étaient fréquentes. Les travaux d'irrigation étaient plus aisés à réaliser en coordonnant les efforts de plusieurs communautés, plutôt qu'en les laissant développer des projets incompatibles. L'intérêt de tous voulait également que chaque cité se consacre aux productions qu'elle réussissait le mieux, et qu'elle en échange les excédents contre les produits de ses voisines. Un pouvoir commun à tous pouvait imposer une harmonisation des activités commerciales.

Cette tendance à l'unité était contrebalancée par les ambitions dominatrices de chaque cité-État, ou par l'envie qu'inspiraient aux autres les communautés considérées à tort ou à raison comme mieux loties. Quand les cultures des différentes cités étaient proches, la tendance à l'unité pouvait l'emporter, surtout si elle était incarnée par un dirigeant plus décidé ou plus doué que les autres.

Ce rôle fédérateur fut joué en Égypte, vers 3000 av. J.-C., par Narmer (Ménès pour les Grecs), premier personnage non légendaire dont l'histoire ait retenu le nom. Comme il gouvernait l'ensemble de l'Égypte, il établit sa capitale à Memphis, à la limite entre la Basse et la Haute-Égypte, de façon à ne pas donner l'impression que l'une des deux régions avait pris le pas sur l'autre.

Narmer fonda en Égypte la Ire dynastie, ou succession de rois appartenant tous à la même famille. C'est à un prêtre égyptien, Manéthon, qui écrivit une histoire d'Égypte vers 250 av. J.-C., que l'on doit le groupement des souverains du pays en trente dynasties. Ce système est utilisé jusqu'à maintenant.

Si nous connaissons Narmer, c'est que, de son temps ou peu après, les Égyptiens apprirent des Sumériens la technique de l'écriture. À la différence de leurs maîtres, ils choisirent d'utiliser des pinceaux pour tracer sur des lamelles de papyrus d'élégants caractères, qui doivent leur nom de hiéroglyphes (du grec : « gravures sacrées ») à ce que les plus beaux étaient gravés sur pierre dans les temples égyptiens. Une deuxième région du monde accédait ainsi à l'histoire.

L'Égypte unifiée devient la première nation-État

Parallèlement, les formes d'organisation politique des premières civilisations se diversifièrent. Lorsque plusieurs cités-États de langue et culture semblables passaient sous la domination d'un même prince, elles constituaient une nation-État ou, plus simplement, une nation. L'Égypte fut la première nation de l'histoire, qui existe encore aujourd'hui, au bout de 5 000 ans. Personne ne peut lui disputer le record de l'ancienneté.

Ailleurs, la civilisation continuait à s'étendre, même si l'écriture n'avait pas encore dépassé les limites de l'Égypte et de Sumer. À l'est de Sumer, l'Élam, avec Suse pour capitale, entrait seulement en contact avec la civilisation sumérienne. Plus loin à l'est, les cités du cours de l'Indus développaient leurs propres structures politiques et sociales.

Vers le début du troisième millénaire avant l'ère chrétienne, des cités-États commencèrent à apparaître sur les rivages orientaux de la Méditerranée, dans la région nommée Canaan par la Bible et la Phénicie par les Grecs (c'est en terre de Canaan que Jéricho avait existé pendant des milliers d'années). Les Cananéens-Phéniciens jouèrent le rôle d'intermédiaires commerciaux entre l'Égypte et Sumer.

En Asie Mineure également, où Çatal Hüyük avait été à une époque la plus grande ville du monde, on trouvait des cités-États, mais qui n'avaient pas le niveau de celles de Sumer et d'Égypte. C'est dans le nord-est de l'Asie Mineure que prit naissance une cité qui devait connaître une gloire considérable sous le nom de Troie.

Et enfin vint le tour de l'Europe, quand, 3 000 ans av. J.-C., des cités-États commencèrent à se créer dans l'île de Crète.

La Chine du Nord connut elle aussi des cités-États sur le Huanghe (que les géographes occidentaux ont longtemps désigné sous le nom de fleuve Jaune). Tandis que Sumer et l'Égypte constituaient le pôle à partir duquel la civilisation allait gagner toute l'Asie occidentale et la zone méditerranéenne, la Chine allait représenter un autre pôle distinct, d'où la civilisation rayonnerait sur l'Asie de l'Est et du Sud-Est.

14 millions d'habitants sur la Terre

Jusque-là, la population de la planète avait crû lentement. D'environ quatre millions en 8000 av. J.-C., elle était passée à cinq en 5000, puis à près de sept en 4000. Mais durant le millénaire qui va de 4000 à 3000 avant notre ère, grâce, principalement, aux inventions sumériennes de la métallurgie, du transport sur roues, de la rame et de la charrue, le mouvement s'accélère brusquement. La population double, atteignant quatorze millions de personnes, et c'est au Proche-Orient que se produit l'essentiel de cet accroissement.

Les bases sont prêtes pour un nouvel essor au millénaire suivant.

2000 av. J.-C. *Multiplication des noyaux de civilisation*

Entre 3000 et 2000 av. J.-C., la présence humaine sur la Terre prit un aspect nouveau. La civilisation, précédemment confinée dans des foyers isolés, était désormais implantée dans de nombreux centres, ouverts sur l'extérieur et en liaison les uns avec les autres. Certains des centres anciens conservaient leur prospérité, d'autres dépérissaient, supplantés par de nouvelles sociétés plus vigoureuses.

L'Égypte représenta la région la plus avancée dans les siècles qui suivirent sa constitution en nation. Au début, la population des rives du Nil pouvait représenter un million d'habitants. En 2000 avant notre ère, ce chiffre atteignit déjà deux millions et demi.

Cette croissance s'explique par l'aptitude des Égyptiens, formés en nation, à utiliser les crues annuelles du Nil et à amasser d'énormes excédents de nourriture, qui pouvaient être cédés à d'autres pays pour un prix avantageux quand ces pays connaissaient de mauvaises récoltes. L'histoire biblique de Jacob et de ses fils, dans la deuxième moitié de la Genèse, décrit des famines au pays de Canaan qui contraignirent les habitants, pour survivre, à aller acheter du blé aux Égyptiens.

L'importance capitale des inondations amena les Égyptiens à réviser leur calendrier. Les Sumériens mesuraient l'écoulement du temps en comptant les mois lunaires (de nouvelle lune à nouvelle lune). Il fallait un peu plus de douze de ces lunaisons pour retrouver le cycle annuel des saisons. Une année comportait donc douze mois lunaires, auxquels on ajoutait de temps à autre un treizième, selon un système extrêmement compliqué qui permettait de faire coïncider, sur des périodes plus ou moins longues, le début de l'année avec le retour d'une même saison.

Les cultivateurs avaient un besoin impérieux d'un calendrier précis, pour savoir quand semer et quand moissonner. La plupart des civilisations anciennes, celles des Hébreux et des Grecs entre autres, suivirent l'usage sumérien, qui régit jusqu'à aujourd'hui l'année liturgique juive.

Les Égyptiens, eux, dont toute l'existence dépendait des crues du Nil, constatèrent qu'elles se répétaient en moyenne tous les 365 jours. C'est donc cette durée qu'ils assignèrent à l'année, et ils divisèrent celle-ci, sans tenir compte des phases de la Lune, en douze mois de trente jours chacun, avec un reliquat de cinq jours, qui n'était rattaché à aucun mois. Ce calendrier solaire a dû être mis au point autour de 2800 av. J.-C., et, avec quelques modifications, il est toujours utilisé jusqu'à nos jours.

La prospérité de la nation égyptienne permit de prélever une partie des fruits du travail du peuple pour permettre à certains d'exercer des activités non alimentaires. De grands travaux furent entrepris pour affirmer la grandeur et flatter la vanité du monarque et, par suite, de la nation.

Ces réalisations étaient destinées à impressionner tout autant les étrangers que les générations futures. Les rois d'Égypte se firent construire de fabuleux palais, qui leur valurent le surnom de pharaons, d'après la forme grecque d'un mot égyptien qui signifiait « grande maison ». Ils édifièrent aussi en prévision de leur mort des tombeaux de plus en plus somptueux, qui prirent des dimensions colossales à partir du règne de Djoser, premier pharaon de la IIIe dynastie, qui monta sur le trône vers 2650. Celui-ci se fit ériger à Saqqarah une sépulture constituée d'un entassement de blocs de pierres sur six niveaux, en retrait les uns par rapport aux autres. Ce monument existe encore, et c'est le plus vieil édifice conservé dans le monde.

Construction de la Grande Pyramide de Chéops

Les successeurs de Djoser construisirent des tombeaux toujours grands, ayant eux aussi la forme de pyramides à base carrée, mais aux faces lisses. Ces constructions gigantesques connurent leur apogée avec Chéops, de la IVe dynastie, qui, vers 2530, fit édifier la Grande Pyramide. Celle-ci, une fois terminée, atteignit une hauteur de 147 m, pour 227 m de côté et une surface à la base de plus de 4 hectares. Elle était composée de 2 300 blocs de pierre d'un poids moyen de deux tonnes et demie.

Puis la mode des pyramides passa, en même temps que diminuait la puissance égyptienne. Ce déclin était dû à des difficultés internes. Dans tous les royaumes, les principaux dignitaires (les nobles), qui administraient au nom du roi les différentes provinces du pays, eurent tendance à contester l'autorité centrale.

Si le roi était faible, les nobles décidaient à leur guise, sans tenir aucun compte de la volonté royale, ce qui affaiblissait encore plus le trône et accélérait l'érosion du pouvoir. On applique à ces périodes de toute-puissance de la noblesse et de faiblesse du gouvernement central le terme de féodalisme, d'un vieux mot germanique qui signifie « biens, possession » ; en effet, c'étaient les domaines leur appartenant qui faisaient la puissance des nobles.

L'histoire nous montre que les nations où l'autorité est centralisée sont d'ordinaire plus fortes économiquement et militairement que celles qui ont un régime féodal, car ces dernières souffrent des luttes intestines sans fin entre féodaux.

À partir de 2200 av. J.-C., l'Égypte passa par deux siècles de féodalisme, jusqu'à ce qu'un souverain de la XIe dynastie, Mentouhotep II, soit en état de reprendre en mains le pays. En 2000, le trône passa à son fils et successeur, Mentouhotep III, et la puissance de l'Égypte s'accrut encore.

L'évolution de Sumer fut, elle, bien différente. Au début, les deux pays avaient progressé parallèlement. Sumer avait une population de 1,25 million d'habitants et d'importantes ressources alimentaires. Sa principale cité, Ourouk, soutenait la comparaison avec Memphis en Égypte.

Les Sumériens élevaient eux aussi des temples monumentaux appelés ziggourats, construits en briques. Moins colossaux que les pyramides égyptiennes, ils produisaient cependant une forte impression, avec leurs escaliers extérieurs que les prêtres gravissaient pour y célébrer sacrifices et autres cérémonies. Le récit biblique de la tour de Babel relate la construction d'une ziggourat d'une hauteur exceptionnelle, et l'échelle que Jacob a vue en rêve dressée entre terre et ciel, avec des anges qui montaient et descendaient, symbolisait peut-être ces édifices sacrés.

Le Déluge en Mésopotamie

C'est alors que se produisit une terrible catastrophe naturelle, la première, à notre connaissance, qui ait mis en péril une civilisation. Ce ne devait pas être la dernière. Vers 2800 av. J.-C., l'Euphrate et le Tigre débordèrent. Tous les cours d'eau peuvent avoir des crues, et les civilisations qui se bâtissent sur leurs rives doivent bien s'en accommoder. Mais cette crue-là eut un caractère exceptionnel. À en juger par le limon qu'elle a laissé, et qui fut découvert et décrit par Leonard Woolley, le flot, sur le territoire de Sumer, a dû atteindre une hauteur de huit mètres.

Des milliers de Sumériens périrent, et des dommages incalculables furent causés aux biens. Sumer fut sûrement longue à se remettre du sinistre, et l'Égypte en profita pour prendre une avance décisive dans la compétition entre les deux civilisations.

Les Sumériens survivants ont dû penser, vu les limites de leurs connaissances géographiques, que le monde tout entier avait été submergé, et qu'il s'agissait donc d'un déluge universel. Les légendes concernant ce déluge en ont encore exagéré les manifestations. Celle que nous connaissons le mieux est l'histoire de l'arche de Noé, qui est relatée dans le livre biblique de la Genèse.

À la suite du déluge, les cités sumériennes tentèrent de se rétablir. Mais l'inondation avait effacé leurs frontières, et chacune chercha à élargir son territoire au maximum. Un état de guerre permanent s'instaura entre elles, sans qu'aucune puisse s'assurer un avantage définitif.

Sumer parut incapable d'instaurer entre ses villes une union relativement pacifique, telle que l'Égypte en avait connu quelques siècles plus tôt. Certes, l'Égypte avait l'avantage d'être bornée à l'est et à l'ouest par le désert, au nord par la mer et au sud par les forêts tropicales. Cela renforçait l'homogénéité culturelle de sa population et la mettait à l'abri des invasions. Sumer, en revanche, était ouverte aux migrations des tribus nomades de l'est et de l'ouest.

Arrivée des Akkadiens en Mésopotamie

Quelque temps avant le déluge, justement, des envahisseurs avaient pénétré en Mésopotamie, parvenant aux frontières nord de Sumer. C'étaient les Akkadiens, qui venaient de la péninsule arabique à l'ouest. Leur langue était tout à fait différente du sumérien. Elle appartenait à ce que nous appelons aujourd'hui le groupe des langues sémitiques, car les peuples qui les utilisaient sont décrits dans la Bible comme descendant de Sem, l'aîné des fils de Noé.

Les Akkadiens reprirent certains éléments de la culture de Sumer, l'écriture en particulier, qu'ils adaptèrent aux particularités de leur propre langue.

Malgré tout, les Akkadiens, conscients de leur identité, ne se fondirent pas avec les Sumériens. Ils représentaient un apport étranger, et l'on peut penser qu'ils observèrent sans déplaisir les conflits internes qui affaiblissaient les cités sumériennes.

Sargon crée le premier empire

Finalement, vers 2340 avant notre ère, un chef akkadien énergique du nom de Sargon vainquit les armées des cités sumériennes et s'empara de tout le pays. Il fit aussi la conquête de l'Élam à l'est et des contrées du nord-ouest et de l'ouest. Il parvint à étendre sa suprématie sur un territoire qui allait de la Méditerranée, à l'ouest, à la Caspienne, au nord, et au golfe Persique, au sud, et qui regroupait donc toutes les terres civilisées de l'Asie occidentale.

Les victoires de Sargon s'expliquaient sans doute par des progrès dans l'art de la guerre. Contre les Sumériens armés de lances, qui leur servaient à transpercer l'adversaire, les soldats de Sargon lançaient des flèches à l'aide d'arcs, ce qui leur permettait de commencer le combat avant que leurs ennemis se soient suffisamment rapprochés pour riposter.

Sargon fut le premier grand conquérant de l'histoire, qu'il marqua de son empreinte pour une longue période. Comme il gouvernait des peuples de langues et de cultures différentes, son royaume ne représentait pas une nation au sens que ce mot avait pris en Égypte. Ce regroupement de peuples hétérogènes est ce qu'on appelle un empire. Sargon fut donc le premier bâtisseur d'empire, le premier « impérialiste ».

L'empire akkadien continua à prospérer sous les premiers successeurs de Sargon et atteignit son apogée sous le petit-fils de Sargon, Naram-Sin, qui régna de 2281 à 2254 avant notre ère.

Les empires, cependant, sont par nature instables, car ils représentent toujours une forme d'oppression d'un groupe de population (dans ce cas précis, les Akkadiens) sur d'autres. Les groupes dominés essaient de secouer le joug, et les empires doivent consacrer une bonne part de leurs forces à réprimer les révoltes.

D'autre part, les tribus qui nomadisent le long des frontières d'un empire cherchent à y pénétrer pour y glaner du butin. Normalement, la meilleure organisation et la technologie plus avancée de l'empire lui permettent de repousser ces raids, mais, bien souvent, les peuples qu'il domine refusent de combattre et vont même parfois jusqu'à se joindre aux pillards. L'empire, attaqué à la fois de l'extérieur et de l'intérieur, peut s'effondrer.

Tel fut le sort de l'empire akkadien vers 2180 av. J.-C., moins de quarante ans après la mort de Naram-Sin. Délivrées de l'emprise des Akkadiens, les cités sumériennes purent relever la tête et reprendre leur liberté d'action. Au seuil du deuxième millénaire avant notre ère,

Premières cités-États et premiers pays

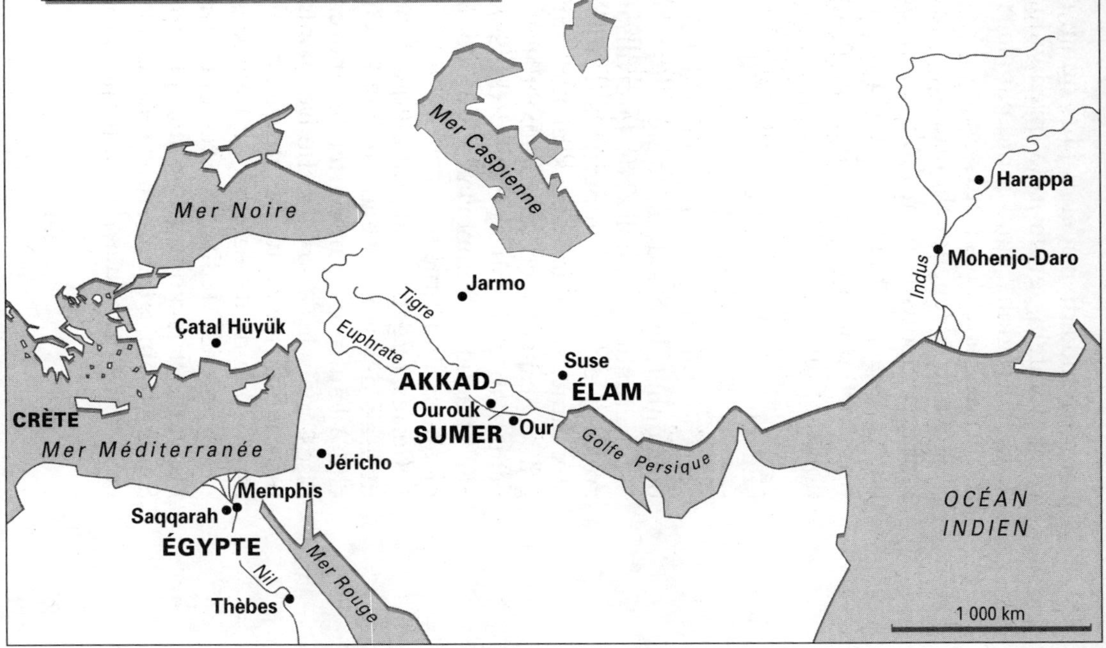

l'empire akkadien n'était plus qu'un souvenir lointain, et le rôle prédominant, dans la région, était joué par la ville d'Our, au faîte de sa puissance.

Suivant la légende hébraïque, Abram, fondateur, sous le nom d'Abraham, de la nation israélite, était natif d'Our, et c'est vers 2000 qu'il quitta cette ville en direction de Canaan, à l'ouest.

Au moment de la suprématie de l'Égypte et de Sumer, les deux superpuissances de l'époque, d'autres civilisations commençaient à se former. Ce fut, en particulier, le cas de la Crète.

La grande originalité de la civilisation crétoise est d'être apparue sur une île aux dimensions modestes, et non sur de grands espaces continentaux. Par suite, beaucoup plus que l'Égypte ou Sumer, elle attacha de l'importance aux communications maritimes.

Certes, l'Égypte, tout autant que Sumer, utilisait des voies d'eau pour aller d'une cité à l'autre et transporter les marchandises, mais les eaux des fleuves sont calmes, leurs rives toujours proches et il est impossible de s'y égarer.

La mer Méditerranée, qui borde l'Égypte, et le golfe Persique, qui baigne Sumer, sont autrement capricieux. Sur ces vastes étendues d'eau, il est presque inévitable de perdre la côte de vue. Faute d'avoir des repères à terre pour se guider, on risque fort de ne jamais arriver à destination. Les tempêtes sont bien plus dangereuses en mer que sur un fleuve, et les naufragés ont beaucoup moins de chance de pouvoir regagner la rive.

Et pourtant, les voyages par mer étaient parfois inévitables. Prenons l'exemple des Égyptiens qui, n'ayant pas de forêts, devaient faire venir le bois de cèdre des rivages de Canaan. Il leur était incomparablement plus facile de transporter les énormes troncs par bateau que de les déplacer par voie de terre. Mais les navigateurs égyptiens longeaient le rivage au plus près, en en suivant tous les contours entre Canaan et l'Égypte.

Pour commercer avec l'Égypte, la Crète, placée au milieu de la Méditerranée, dut construire des navires capables de franchir les deux cents milles qui la séparaient de la côte africaine, le long de laquelle ils pouvaient ensuite atteindre l'Égypte.

Grâce aux relations avec ce pays, la Crète développa sa propre civilisation, que l'on désigne du nom de minoenne, d'après Minos, l'un des rois de Crète dans les mythes grecs. La Crète porta ensuite la civilisation minoenne dans les îles de la mer Égée et même en Grèce continentale.

Comme ni les Égyptiens ni les Sumériens ne disposaient de vaisseaux qui puissent affronter la haute mer, la Crète n'avait pas d'invasion à redouter. Ses cités, unies par la même culture, se groupèrent pacifiquement en une nation unique et n'eurent jamais besoin de bâtir de remparts.

Le contrôle des échanges commerciaux de Méditerranée orientale fit la prospérité de la Crète, qui devint ainsi, à l'aube du deuxième millénaire avant notre ère, la première thalassocratie, c'est-à-dire un empire de la mer, pour lequel il est plus important d'avoir une flotte qu'une armée.

La civilisation de l'Indus à son apogée

L'an 2000 av. J.-C. marqua aussi le sommet de la civilisation de l'Indus. Deux villes ont été mises au jour dans les sites de Mohenjo-Daro, sur le bas Indus, et de Harappa, plus en amont. Ces deux cités avaient un plan en damier, des habitations en briques, une citadelle sur une colline en leur centre et des fermes qui les entouraient, avec un système ramifié de canaux. Cette civilisation, cependant, demeura à l'écart, sans pratiquement aucun contact avec Sumer, déjà assez éloigné, et, à plus forte raison, avec l'Égypte, qui l'était encore plus.

Vers 2000, une nouvelle peuplade arriva en Asie Mineure. C'étaient les Hittites. Leur langue n'avait aucune parenté avec les parlers sémitiques des Akkadiens ou des Arabes modernes. Elle se rangeait plus vraisemblablement parmi les langues que nous qualifions d'indo-européennes parce qu'elles sont utilisées de nos jours en Inde, en Iran et dans presque toute l'Europe. Les Hittites furent le premier peuple de langue indo-européenne à faire son entrée dans l'histoire.

Ainsi, à mesure que notre rétrospective se rapproche de l'ère chrétienne, nous voyons des changements considérables se produire sur notre planète. Des régions de plus en plus nombreuses parviennent au stade des cités-États, et les premiers empires font leur apparition. Les pyramides sont déjà debout, témoins de la puissance des pharaons anciens, et le déluge a eu lieu, rappelant aux hommes que la nature a toujours le dernier mot.

27 millions d'habitants sur la Terre

Mais le plus important peut-être à noter, c'est que les hommes, accumulant depuis –3000 inventions et innovations, doublent une fois encore leur nombre. En 2000 av. J.-C., ils sont déjà sans doute vingt-sept millions à peupler la Terre.

1000 av. J.-C.
L'évolution s'accélère

L'avant-dernier millénaire avant notre ère va voir la société humaine hâter encore le rythme des changements. Des inventions capitales, telles celles du char, du fer, de la monnaie, de l'alphabet, concourent à bouleverser les relations entre nations et peuples. Les empires se font et se défont, la population s'accroît, le savoir connaît un essor extraordinaire. Partout dans le monde l'humanité explore des voies nouvelles.

Durant cette période se manifesta une aspiration accrue des hommes à la stabilité, ce qui les amena à s'interroger sur la forme de gouvernement la plus souhaitable. La monarchie n'était pas remise en question, mais l'on s'interrogeait sur l'étendue des pouvoirs du monarque : valait-il mieux avoir un roi fort ou relativement faible ? Toutes les sociétés qui en avaient la force crurent améliorer leur sécurité en créant des empires et en se soumettant leurs voisins, mais elles aboutirent ainsi, à long terme, au résultat opposé.

Comme nous l'observons encore maintenant, les sociétés humaines utilisaient plus souvent leurs ressources techniques pour développer leur puissance militaire que pour améliorer la vie de leurs citoyens.

Comment ces différentes tendances se sont-elles manifestées dans les différentes contrées ?

Commençons par l'Égypte. La longue période de paix dont avait joui ce pays se termina quand les envahisseurs indo-européens venus d'Asie centrale apprirent à atteler les chevaux, récemment domestiqués, à des véhicules munis de deux grandes roues et portant un conducteur et un lanceur de flèches ou de javelots. Ce fut l'apparition de la charrerie. Les premiers chars n'étaient que de légères plates-formes où deux personnes seulement pouvaient trouver place, mais ils représentaient une véritable révolution dans l'art du combat.

Sur le champ de bataille, la nuée de chars qui fondait sur les fantassins des régions civilisées les mettait en fuite, puis les rattrapait, les transperçait, les écrasait, les dispersait. Les troupes montées sur chars triomphèrent de toutes les contrées civilisées auxquelles elles s'attaquèrent.

Vers 1720 av. J.-C., ces envahisseurs traversèrent la presqu'île du Sinaï et atteignirent l'Égypte. Des distances éprouvantes pour des hommes à pied furent rapidement franchies à bord des véhicules attelés, et ce fut la fin du splendide isolement de l'Égypte.

Les chars de guerre à l'assaut de l'Égypte

Les Hyksos, grâce à leurs chars, ne rencontrèrent guère de résistance. Ils mirent en déroute les Égyptiens, qui n'avaient rien à opposer à la nouvelle arme, s'emparèrent de l'Égypte du Nord et adoptèrent la culture égyptienne. Certains Cananéens en profitèrent alors, vraisemblablement, pour pénétrer en Égypte, où ils furent bien reçus par les Hyksos. C'est cet épisode qui a sans doute inspiré l'histoire biblique de Joseph et de ses frères.

Plus haut dans la vallée du Nil, à Thèbes, les Égyptiens conservèrent leur indépendance et apprirent à leur tour à utiliser des chars attelés. En 1570, sous la conduite du roi Ahmosis, de la XVIIIe dynastie, ils chassèrent les Hyksos, dont ils subissaient la domination depuis un siècle et demi. Ils les poursuivirent dans le Sinaï et à Canaan, dont ils firent un glacis protecteur contre de nouvelles invasions.

Désormais, l'Égypte étendait son autorité sur des peuples non égyptiens. Elle était devenue un empire. Son territoire allait du haut Nil jusqu'aux approches de l'Euphrate. Sous Thoutmosis III, qui régna de 1504 à 1450, l'empire atteignit son apogée, avec une population de peut-être trois millions d'âmes.

Le règne d'Aménophis IV, qui gouverna de 1379 à 1362, marqua un tournant. Les rois, jusque-là, fondaient leur légitimité sur leur relation avec les dieux ; le pouvoir du monarque était donc proportionnel, dans une certaine mesure, à celui de la divinité dont il se réclamait. Aménophis, lui, se mit à célébrer un dieu unique, celui du Soleil, le considérant comme supérieur à tous les autres dieux égyptiens de l'époque.

Début du règne d'Akhenaton en Égypte

Ce roi fut le premier monothéiste déclaré. Puisqu'il croyait au dieu du Soleil, Aton, il changea son nom en Akhenaton (qui signifie « serviteur du Soleil ») et fonda une nouvelle capitale entre Memphis et Thèbes, qu'il appela Akhetaton (« lieu de la puissance d'Aton »). Il se heurta à l'opposition de la caste sacerdotale, mais aussi du bas peuple, qui tenait à ses dieux et cultes traditionnels. En raison de ces dissensions, la défense des frontières se relâcha, la résistance aux incursions des tribus étrangères fléchit, et l'empire égyptien commença à décliner.

Après lui, les rois de la XIXe dynastie reprirent la situation en main. Le plus fameux d'entre eux fut Ramsès II, qui régna de 1304 à 1237 et étendit largement sa domination en Asie. Il livra aux Hittites en 1298 une grande bataille qui affaiblit grandement les deux nations. D'après la tradition biblique, c'est sous Ramsès que les Hébreux furent réduits en esclavage et c'est à sa cour que grandit Moïse. Mais le témoignage de la Bible n'est confirmé par aucune autre source.

On doit constater que les efforts même qui visent à maintenir un empire par la force n'aboutissent souvent qu'à accélérer son déclin. Les guerres épuisent aussi les vainqueurs, qui perdent une bonne part de leurs meilleures troupes, les vaincus guettent l'occasion de se révolter, et leur maintien dans l'obéissance devient toujours plus coûteux et difficile. Il suffit alors parfois d'une chiquenaude pour renverser tout l'édifice. Telle était précisément la situation en Égypte après les campagnes de Ramsès II. C'est sous le règne de son successeur affaibli, Mineptah, qu'est supposé avoir eu lieu l'exode des Hébreux sous la conduite de Moïse. Mais là encore, aucune autre source ne vient confirmer le récit biblique.

Ramsès III, de la XXe dynastie, gouverna l'Égypte de 1188 à 1156, et il eut à affronter d'autres envahisseurs turbulents, auxquels les Égyptiens donnèrent le nom de Peuple de la Mer. L'Égypte réussit à les repousser, mais elle y laissa ses dernières forces. Quand survint l'an 1000 avant notre ère, ce pays, qui avait survécu à deux invasions et était demeuré durant trois siècles l'empire le plus grand et le plus puissant du monde, était devenu, sous la XXIe dynastie, un royaume de second ordre.

Pendant les huit premiers siècles du deuxième millénaire, Sumer, qui ne s'était pas remis du choc du déluge, ne cessa de décliner. De nouveaux venus prirent le contrôle de la Mésopotamie, assumant les acquis de la culture sumérienne et les enrichissant d'éléments nouveaux. Une tribu connue sous le nom d'Amorrites et qui parlait une langue sémitique s'empara vers 1800 av. J.-C. d'une petite cité akkadienne, Bab-îloum (en akkadien, « la porte du dieu »), et en fit sa capitale. Cette ville, promise à un prodigieux avenir, fut la Babel des Israélites et la Babylone des Grecs. À cause d'elle, toute la vallée inférieure du Tigre et de l'Euphrate reçut le nom de Babylonie. Dès lors, Sumer disparut définitivement de la scène.

Règne d'Hammourabi, qui rédige le premier code de lois

Le roi de Babylone, de 1728 à 1686, fut Hammourabi qui étendit son autorité à l'ensemble de la Babylonie. Il est principalement connu de l'histoire par une stèle de pierre qui a été conservée jusqu'à nos jours et sur laquelle est gravé un code de lois.

La rédaction d'un code écrit représentait une nouvelle avancée importante de la société humaine. Initialement, la vie des communautés était réglée par des coutumes, que transmettaient les anciens. Mais la mémoire n'est jamais parfaite, et le simple peuple pouvait soupçonner les gouvernants d'interpréter les coutumes à leur seul avantage. Un code écrit s'imposait, et celui d'Hammourabi est l'un des plus anciens que nous connaissions. C'est en tout cas le premier qui nous soit parvenu intégralement sous sa forme originale.

En haute Mésopotamie, les Amorrites fondèrent un autre royaume qui reçut le nom de sa capitale, la cité akkadienne d'Assour. Les Grecs en tirèrent le mot d'Assyrie, qui leur servit à désigner toute la vallée supérieure du Tigre et de l'Euphrate.

Hammourabi fit la conquête de l'Assyrie, mais vers 1530 l'ensemble de la Mésopotamie tomba au pouvoir d'un peuple qui utilisait des chars de guerre, et que les historiens postérieurs appelèrent les Kassites.

En général, les tribus d'envahisseurs adoptent la culture des pays civilisés dont elles s'emparent. Mais il n'en est pas toujours ainsi. La civilisation du peuple conquis dépérit alors sous le joug de ses nouveaux maîtres incultes. La technique, l'art et la littérature régressent, et la contrée replonge dans la nuit de l'ignorance. Tel fut le sort réservé à la Mésopotamie pendant les deux siècles qui suivirent la chute de l'empire d'Hammourabi sous les coups des Kassites.

L'Assyrie fut la première à se relever. Elle retrouva du moins assez de forces pour se lancer périodiquement dans des guerres de conquête. Sous le règne de Toukoulti-Ninourta Ier, de 1280 à 1245, ses troupes commencèrent à faire preuve d'une cruauté délibérée visant à saper le moral de l'ennemi et à en triompher sans avoir à livrer bataille. Avec Téglath-Phalasar Ier, l'Assyrie prit le contrôle de la totalité de la Mésopotamie.

Mais après la mort de ce roi, des tribus araméennes et chaldéennes renversèrent l'empire assyrien, replongeant toute la région dans la barbarie.

Puis vinrent les Hourrites, équipés de chars de combat, qui s'établirent à l'ouest de l'Assyrie, dans les parties est et sud-est de l'Asie Mineure, où ils fondèrent le royaume de Mitanni. Plus à l'ouest, le reste de l'Asie Mineure se trouvait intégré à un puissant royaume hittite, dont le premier monarque important fut Labarnas Ier *(1680-1650 av. J.-C.*)*.

Les Hittites, sous la conduite de leur roi Souppilouliouma *(1380-1346)*, vainquirent et annexèrent le Mitanni. Il existait désormais un empire hittite, désireux de s'étendre vers le sud, dans la région que nous appelons aujourd'hui la Syrie. Il s'y heurta aux Égyptiens commandés par Ramsès II. Malgré tout leur courage, les Hittites eurent finalement le dessous.

De nouveaux envahisseurs (le Peuple de la Mer des Égyptiens) ravagèrent alors l'Asie Mineure et l'Égypte et, avant 1200 av. J.-C., le royaume hittite succomba sous leurs coups.

* Les dates entre parenthèses imprimées en italique sont celles des règnes et celles qui figurent en caractères romains sont celles de la vie des souverains. (*Note de l'auteur.*)

Les Hittites inaugurent l'âge du fer

Mais, avant de disparaître de l'histoire, les Hittites avaient réalisé un progrès considérable en apprenant à travailler le fer.

Pendant quinze cents ans, les hommes avaient combattu avec des armes de bronze, bien qu'ils connussent déjà une substance plus dure et plus résistante. Il existait, en effet, un métal gris-bleu qui, une fois forgé, donnait des socs, des épées, des poignards ou des pointes de lance bien supérieurs à ceux qui étaient fabriqués en bronze. Ce métal se présentait sous forme de blocs, qui étaient en fait des météorites formés d'un alliage de fer et de nickel d'une exceptionnelle dureté.

Le fer pouvait certes être élaboré, comme le cuivre et l'étain, à partir de minerais, mais il fallait pour cela des températures élevées, qu'il est plus facile à obtenir avec du charbon qu'avec du bois. D'autre part, le fer ainsi formé, sans nickel, n'était pas assez dur pour les usages auxquels on le destinait. Il était nécessaire de lui ajouter du carbone pour le transformer en acier.

La technique de fusion du fer et d'introduction de carbone dans le métal fut mise au point vers 1300 avant notre ère, dans les contreforts du Caucase, au nord-est de l'Asie Mineure. Ce territoire faisait alors partie de l'empire hittite, dont les souverains s'efforcèrent de préserver leur monopole sur la nouvelle technique, dont l'importance militaire était indéniable.

C'est ainsi que débuta l'âge du fer. Une fois l'empire hittite détruit, les autres peuples purent avoir accès, aux alentours de 1200 av. J.-C., aux secrets de la métallurgie du fer.

Siège de Troie

À l'extrême nord-ouest de l'Asie Mineure, la maîtrise de l'étroit passage maritime (les Dardanelles et le Bosphore, comme on les désigne aujourd'hui, ou, plus simplement, les Détroits), qui permettait aux cités grecques de la mer Égée de recevoir les céréales des terres fertiles du nord de la mer Noire, avait fait la fortune de la ville de Troie. Les Grecs comprirent qu'ils pouvaient réduire leurs coûts d'approvisionnement en prenant le contrôle des Détroits. Ils mirent donc le siège devant Troie, qu'ils prirent et détruisirent vers 1200 av. J.-C.

Le siège de Troie n'a peut-être pas été un événement si marquant pour les contemporains, mais, quelques siècles plus tard, le poète grec Homère le relata dans L'*Iliade* et L'*Odyssée*, lui donnant pour les temps à venir une éclatante célébrité.

Pour Homère, d'ailleurs, la guerre de Troie ne s'expliquait pas par des raisons économiques, mais par la beauté de la femme du roi grec Ménélas, Hélène, qui avait, comme le prétend Homère, « un visage à faire appareiller mille vaisseaux ».

Avec la disparition des Hittites du Mitanni et de Troie, l'Asie Mineure se retrouva sans maître. De nouvelles tribus venant du sud-est de l'Europe, les Phrygiens, en profitèrent pour y fonder un nouveau royaume. En l'an 1000, la Phrygie atteignit un niveau de richesse qui impressionna fortement les Grecs, alors beaucoup plus pauvres. Les mythes grecs ont ainsi gardé la trace d'un roi phrygien, Midas, qui aurait été capable de changer en or tout ce qu'il touchait.

Durant cette période, la Crète, au faîte de sa puissance, dominait le bassin de la mer Égée. Vers 1600 av. J.-C., des tribus venues du nord envahirent le pays que nous appelons aujourd'hui la Grèce. C'est d'elles que descendent les Grecs. Elles-mêmes appelèrent le pays Hellade et se donnèrent le nom d'Hellènes. Le nom de Grèce est, lui, d'origine romaine.

La principale cité grecque était Mycènes, au nord-est du Péloponnèse, la presqu'île qui forme le sud de la Grèce. La Crète, au plus haut de sa force, exerçait son autorité sur les Grecs de Mycènes. D'où la légende grecque bien connue du tribut annuel d'otages que la Crète réclamait à Athènes jusqu'à ce que le héros mycénien Thésée d'Athènes mette un terme à ce joug.

La Crète, cependant, devait subir, comme Sumer précédemment, un grave cataclysme qui interrompit brutalement son développement. L'île de Théra, à cent dix kilomètres au nord de la Crète, était le centre d'une civilisation minoenne florissante. Mais, pour son malheur, elle représentait le sommet d'un volcan sous-marin, qui ne manifestait aucun signe d'activité et dont personne ne pouvait soupçonner le danger.

Éruption de Théra et déclin de la civilisation crétoise

Aux alentours de 1500, ce volcan explosa dans un grondement terrifiant. Ce fut la plus violente des éruptions enregistrées à l'époque historique. Une pluie de cendres s'abattit sur la Crète, dont les rivages furent dévastés par un gigantesque raz de marée, qui déferla également sur les côtes de Grèce, donnant naissance aux légendes grecques du déluge. À la place de Théra ne subsista qu'un chapelet d'îlots en pleine mer. L'île semblait avoir été engloutie par le flot, et il est possible que cet événement ait inspiré la légende grecque de l'Atlantide.

Profondément ébranlée par le sinistre, la civilisation minoenne dépérit et ne tarda pas à disparaître. Vers l'an 1300, les Mycéniens établirent leur domination sur la Crète et toute la Grèce. Cependant, la prise de Troie marqua leur dernier succès. La vague d'invasions qui causa le déclin de l'Égypte et la perte de l'empire hittite jeta sur la Grèce de nouvelles tribus, de langue grecque elles aussi, les Doriens. Ceux-ci possédaient des armes de fer, récupérées lors de l'effondrement de l'empire hittite, et les Mycéniens, qui ne connaissaient que le bronze, ne purent leur résister.

Les Doriens conquirent le sud et l'est du Péloponnèse, y compris la vieille cité mycénienne de Sparte, patrie légendaire de la fameuse Hélène dont le charme aurait causé la guerre de Troie. Ils s'emparèrent également d'Argos, ville de Diomède, autre héros homérique, et de la Crète. Mycènes se retrouva évincée.

Un certain nombre de Grecs prédoriens se maintinrent, cependant, dans la partie orientale du pays, à Athènes en particulier. D'autres prirent la mer et s'établirent dans les îles égéennes et sur les rivages d'Asie Mineure, dont la partie centrale reçut alors le nom d'Ionie.

La Grèce et la Mésopotamie dans la nuit

En l'an 1000 av. J.-C., les civilisations crétoise et mycénienne avaient disparu, et la Grèce, comme la vallée du Tigre et de l'Euphrate, connut un retour à la barbarie.

Les Cananéens ne furent pas épargnés par cette succession d'invasions. Ils furent d'abord soumis par les Hyksos, puis par l'empire égyptien. Le Peuple de la Mer, en frappant l'Égypte, débarqua également sur les rivages méridionaux de Canaan aux environs de 1200 av. J.-C. Il y fonda des cités qui constituèrent le pays des Philistins. C'est de ces Philistins, qui parlaient une langue indo-européenne, que provient le nom grec de Palestine.

Nous savons par la Bible que les Philistins étaient les ennemis des Hébreux, qui avaient envahi Canaan par l'est, s'emparant de l'arrière-pays.

Ceux des Cananéens qui refusèrent de se soumettre se trouvèrent rejetés sur la côte nord-est de leur pays, autour des cités de Tyr, Sidon et Byblos. Ils sont mieux connus sous leur nom grec de Phéniciens. Sur un territoire aussi exigu, ils ne pouvaient bâtir leur prospérité que grâce au commerce. Cela les amena à perfectionner l'art de la navigation en haute mer, dans lequel ils surpassèrent même les Crétois. Dans la journée, ils se guidaient sur la position du Soleil, qui se lève à l'est, se couche à l'ouest et, au midi, indique toujours le sud. À partir de là, ils pouvaient se diriger sur mer aussi bien que sur terre. Restait le problème de la navigation nocturne. Les Phéniciens furent sans doute parmi les premiers à remarquer que le groupe des sept étoiles qui composent la Grande Ourse se situait toujours au nord. Ainsi donc, un bateau qui gardait toujours la Grande Ourse à main droite allait vers l'ouest, et vers l'est si cette constellation demeurait sur sa gauche. Au début du dernier millénaire avant notre ère, les Phéniciens devaient à ce système d'avoir parcouru en tous sens la Méditerranée, devenant les plus grands négociants du monde antique.

Les besoins du négoce les amenèrent à apporter un perfectionnement décisif à une autre invention, celle de l'écriture. Placés comme ils l'étaient entre la Babylonie, qui avait hérité de Sumer les caractères cunéiformes, et l'Égypte aux hiéroglyphes tout aussi complexes, les Phéniciens comprirent que leurs opérations commerciales seraient grandement facilitées s'ils arrivaient à transcrire aisément les langues de leurs grands voisins.

Le tout était de trouver un mode de notation simplifié.

Les Phéniciens inventent l'alphabet

Des tentatives avaient déjà été faites en ce sens dès l'année 1400, mais elles n'avaient pas été pleinement couronnées de succès. Autour de l'an 1000, par contre, les Phéniciens réussirent à créer un véritable alphabet, dans lequel chaque lettre correspondait à une consonne, ce qui permettait de noter facilement n'importe quelle langue.

Des systèmes d'écriture ont été mis au point de façon totalement indépendante dans des régions et à des époques différentes : à Sumer, en Chine, dans le sud du Mexique, par exemple. L'alphabet, lui, n'a été créé qu'une fois : tous les alphabets en usage de nos jours dérivent de celui des Phéniciens.

Quand les Israélites envahirent Canaan en 1200, ils s'emparèrent de Jéricho, qui existait comme ville depuis près de 6 000 ans. À l'issue d'une bataille rendue célèbre par le récit biblique des trompettes de Josué qui firent tomber les murailles de la ville, les Israélites détruisirent Jéricho, qui fut effacée de la carte pour quelque temps, et remportèrent une série de succès sur les Philistins de la côte.

Les Philistins reprirent le dessus grâce aux armes de fer, jusqu'à ce que leurs adversaires, autour de l'an 1000, s'en fabriquent à leur tour. David, chef de la tribu de Juda, dans le sud du pays, affirma rapidement son autorité sur toute la nation d'Israël et succéda sur le trône au roi Saül. Il infligea une défaite décisive aux Philistins, dont on n'entendit pratiquement plus parler par la suite.

David instaura un empire hébreu qui allait de l'Égypte, au sud, à l'Euphrate supérieur, au nord. Mais la population israélite, qui ne devait pas dépasser alors trois cent mille âmes, ne suffisait pas à maintenir un empire, même de taille aussi réduite que celui de David. Les succès de celui-ci s'expliquent principalement par la crise que traversaient la Mésopotamie et l'Asie Mineure et par la faiblesse persistante de l'Égypte.

Dès que l'une de ces régions eut retrouvé assez de vigueur, l'empire de David s'écroula. Mais la gloire de David, pour brève qu'elle eût été, devait laisser une trace indélébile dans la conscience de la tribu de Juda, appelée plus tard les Juifs, ce qui eut d'importantes conséquences pour l'ensemble du monde.

Les Aryens envahissent l'Inde

Les peuples qui, avec leurs chars de guerre, avaient déjà causé partout tant de ravages, envahirent l'Inde dans la période précédant 1500 av. J.-C., mettant un terme à la civilisation de l'Indus, qui avait dû compter, à son apogée, un million d'habitants. Les envahisseurs se donnaient le nom d'Aryens, d'un mot qui signifiait « noble », et ils parlaient une langue indo-européenne : le sanscrit.

En 1000 av. J.-C., ces tribus indo-européennes s'étaient déjà répandues le long du Gange et avaient commencé à étendre leur emprise sur ce vaste sous-continent. Comme les autres régions du monde, l'Inde abordait une période de brusques mutations.

La Chine aborde l'âge du bronze

La Chine entra dans l'âge du bronze vers 1500, alors qu'elle était gouvernée par la dynastie des Shang, la première dynastie chinoise historiquement attestée. Le pays se dota d'un système d'écriture aussi complexe que ceux des Sumériens et des Égyptiens. Les Chinois n'ont jamais adopté l'alphabet et leur écriture a gardé sa difficulté jusqu'à maintenant, avec des milliers de signes différents au lieu de quelques dizaines de lettres.

Avant l'an 1000, la dynastie des Zhou succéda à celle des Shang. L'importance des nobles grandit et la Chine devint pour des siècles une société féodale. Elle parvint à demeurer à peu près à l'écart des changements qui affectaient les autres régions du monde. Dès alors, elle se hissa à la première place dans un domaine où elle demeure jusqu'à maintenant sans rival : celui du nombre d'habitants.

La Chine compte 5 millions d'habitants

La population de la Chine dépassait déjà largement cinq millions, soit plus qu'aucun des royaumes occidentaux. Un être humain sur cinq, à peu près, était chinois, et cette proportion s'est maintenue jusqu'à l'époque actuelle.

À la fin du deuxième millénaire avant notre ère, des habitants d'Asie Mineure, fuyant les Phrygiens, atteignirent les côtes ouest de l'Italie. Ils se firent connaître plus tard sous le nom d'Étrusques, donnant à l'Italie sa première civilisation attestée. Leur langue n'ayant jamais été déchiffrée, nous savons infiniment moins de choses sur eux que sur leurs successeurs, les Romains.

Une civilisation surgit également aux Amériques, où les Olmèques commencèrent à bâtir des villes. Partout, la passion d'explorer étendait la présence humaine. Dans l'océan Pacifique, les peuplades d'Asie du Sud-Est gagnèrent les îles proches, et ceux que l'on devait désigner ultérieurement sous le nom de Polynésiens finirent par coloniser les plus reculées. Ils couvrirent des milliers de milles sur leurs frêles esquifs, réalisant un des plus remarquables exploits que le monde ait vu, étant donné leur niveau technologique.

Ainsi, les mille ans qui vont de 2000 à 1000 av. J.-C. représentent une étape importante de l'évolution de plus en plus rapide de l'humanité. Ils furent marqués par les ruées des chars de guerre, qui n'épargnèrent aucune nation, aucun empire. Des civilisations entières furent dévastées, d'autres s'édifièrent sur leurs ruines. Les hommes inventèrent les religions monothéistes, les lois écrites, la monnaie et les armes de fer. Toutes ces innovations, et bien d'autres, contribuèrent à accélérer le progrès.

De l'âge du bronze, on passa à l'âge du fer, impitoyable pour ceux qui le subirent. Les catastrophes naturelles, telle l'éruption volcanique de Théra, continuaient à jouer un grand rôle dans l'histoire en ralentissant ou en arrêtant même le développement de sociétés avancées. Des civilisations qui avaient dominé les millénaires précédents, comme celle des Sumériens, disparurent de la scène, cédant la place à de nouvelles sociétés plus dynamiques.

Au moment où nous abordons le dernier millénaire avant notre ère, il nous semble, avec le recul du temps, que l'humanité portait en elle l'attente de nouveaux événements. Mais nos ancêtres, alors, éprouvaient-ils le même sentiment ?

4. Vers le changement d'ère

De 1000 av. J.-C. à l'« année du Seigneur »

Voici la période par excellence de la création d'empires. Elle a vu en effet la montée de Rome, qui devait prendre la tête de l'un des plus formidables empires que le monde ait connus. Mais déjà avant elle, d'autres nations et d'autres chefs, tel Alexandre le Grand, avaient tenté d'étendre leur suprématie sur des territoires sans cesse plus vastes. Les progrès techniques étaient mis au service de ces ambitions, et les conquérants espéraient qu'ils leur assureraient le gouvernement du monde.

On ne saurait pourtant oublier que ce millénaire a également produit la démocratie athénienne, brillant exemple d'une forme d'organisation politique qui garde jusqu'à aujourd'hui sa valeur d'exemple.

C'est aussi une période d'approfondissement de la pensée philosophique et religieuse. Pour la philosophie, c'est encore Athènes qui s'est trouvée à l'avant-garde, avec des penseurs tels que Platon et Aristote, qui illuminèrent le paysage intellectuel de leur temps. Le Moyen-Orient, lui, vit éclore une nouvelle religion, le zoroastrisme, et s'affirmer toujours plus l'originalité du culte du dieu des Juifs, Yahvé.

Et puis, évidemment, c'est la dernière période dont les dates comportent la mention « avant Jésus-Christ ». Quelle que soit la signification que l'on attribue à la personnalité de Jésus, il n'en reste pas moins que sa naissance a marqué le point pivot de notre vision de l'histoire.

L'Asie occidentale redresse la tête

Les ténèbres qui avaient recouvert la Mésopotamie commencèrent à se dissiper, et l'Assyrie à se remettre de son brutal déclin. Après l'an 900, les Assyriens mirent les derniers progrès de l'art de la guerre et leur sadisme légendaire au service de nouvelles conquêtes.

L'Assyrie apprit d'abord à tirer le meilleur parti du fer. Pour la première fois, toutes les pièces de l'équipement des soldats d'une armée entière – lance, épée et bouclier – étaient fabriquées avec ce métal. Par ailleurs, les Assyriens avaient appris à monter à cheval. L'importance de la charrerie commença à décroître au profit de la cavalerie, plus rapide et plus habile à manœuvrer.

Sous Téglath-Phalasar III, qui régna de 745 à 727, l'Assyrie finit par déboucher sur la Méditerranée, s'emparant de la Syrie en cours de route. Ses successeurs Salmanasar V *(726-722)* et Sargon II *(722-705)* écrasèrent Israël et en dispersèrent les habitants. Seul vestige de l'empire de David, la tribu de Juda conserva quelque indépendance.

En 701, Juda fut attaqué à son tour par Sennachérib *(705-681)*. Jérusalem résista, mais Juda dut accepter de payer tribut à l'Assyrie. Le monarque assyrien suivant, Assarhaddon *(680-659)*, conquit l'Égypte. Au faîte de sa puissance, en 670 av. J.-C., l'empire assyrien devint le plus redoutable que l'Asie occidentale ait jamais connu.

La capitale de l'Assyrie, Ninive, fondée par Sennachérib, se hissa alors au rang de première ville du monde. Le successeur d'Assarhaddon, Assurbanipal, l'embellit et l'agrandit encore. Il construisit la plus grande bibliothèque de l'époque, qui comptait plus de vingt-deux mille tablettes d'argile.

Mais deux siècles de guerres presque incessantes épuisèrent l'Assyrie. Or elle avait des voisins turbulents qu'elle n'était pas parvenue à soumettre, tels les Mèdes qui habitaient à l'est dans ce qui est maintenant l'Iran. À l'intérieur, les Chaldéens de Babylonie ne cessaient de se révolter, malgré des défaites répétées.

Quinze ans après la mort d'Assurbanipal, les Chaldéens s'allièrent aux Mèdes pour attaquer Ninive, qu'ils détruisirent en 612. L'empire assyrien se défit alors à une vitesse stupéfiante. Une dizaine d'années plus tard, il n'était plus qu'un souvenir.

Les Chaldéens prirent sa place en Mésopotamie et sur la côte méditerranéenne, mais ils laissèrent l'Égypte recouvrer sa liberté. Quand la Judée tenta de se révolter, le souverain chaldéen Nabuchodonosor II (630-562) prit Jérusalem et rasa son temple. Ainsi s'éteignit la lignée des rois descendants de David.

Début du règne de Nabuchodonosor en Chaldée

C'est sous Nabuchodonosor que l'empire chaldéen parvint à son apogée. Babylone était désormais la plus grande ville du monde. Nabuchodonosor acheva la construction d'une ziggourat qui était demeurée longtemps en chantier sous la domi-

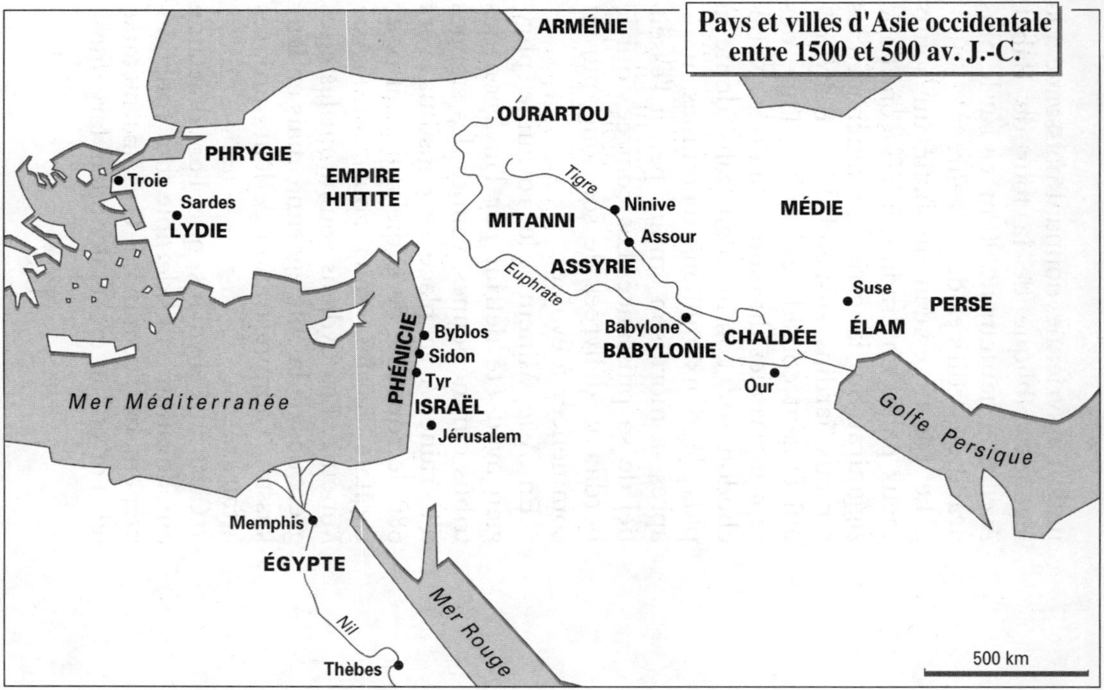
Pays et villes d'Asie occidentale
entre 1500 et 500 av. J.-C.
ARMÉNIE
OURARTOU
PHRYGIE
Troie
Sardes
LYDIE
EMPIRE
HITTITE
MITANNI
Tigre
Ninive
Assour
ASSYRIE
Euphrate
MÉDIE
Suse
PERSE
ÉLAM
Babylone
BABYLONIE
CHALDÉE
Our
Golfe Persique
PHÉNICIE
Byblos
Sidon
Tyr
ISRAËL
Jérusalem
Mer Méditerranée
Memphis
ÉGYPTE
Nil
Thèbes
Mer Rouge
500 km

nation assyrienne, donnant naissance à la légende biblique de la tour de Babel. Avec une hauteur de 90 m, ce fut le plus grand des édifices de ce genre.

Le roi fit également bâtir un somptueux palais en gradins, à la façon d'une ziggourat. Sur la terrasse, il aménagea les fameux jardins suspendus de Babylone qui étaient considérés comme l'une des sept merveilles du monde antique. Nabuchodonosor commandait sans doute à plus de deux millions d'hommes, mais, après sa mort, son empire perdit l'essentiel de sa puissance. Les contrées qui le bordaient, délivrées de son joug, purent commencer à évoluer.

En Asie Mineure, le royaume phrygien avait été détruit par l'invasion des tribus cimmériennes, venues des steppes d'Ukraine. À sa place se constitua, vers 680, le royaume de Lydie, qui avait pour capitale Sardes, dans l'ouest de l'Asie Mineure. Les Lydiens soumirent les cités grecques de la côte égéenne, mais en leur laissant l'administration de leurs propres affaires.

C'est aux Lydiens que l'on doit une amélioration considérable du fonctionnement de l'économie. Certains métaux, tels l'or et l'argent, étaient déjà largement utilisés comme moyen d'échange. Leur valeur venait de ce qu'ils étaient rares ; de petites quantités, facilement transportables, de ces métaux pouvaient être échangées contre de grandes quantités d'autres biens.

Cependant, les morceaux d'or et d'argent devaient être pesés avant chaque transaction, de façon à en déterminer la valeur exacte. Il y avait toujours le risque que la balance soit faussée, ou que l'or et l'argent aient été mêlés à des métaux de moindre valeur.

Les Lydiens inventent la monnaie

La solution trouvée par les Lydiens fut d'utiliser des morceaux d'or ou d'argent, ou d'un mélange des deux, d'un poids et d'une valeur déterminés. Ainsi apparurent les pièces de monnaie, qui portaient l'effigie du souverain, ou un autre emblème qui confirmait leur caractère officiel et leur pureté. L'introduction de la monnaie donna une forte impulsion au commerce et contribua aussi grandement à la prospérité de la Lydie. Crésus, qui gouverna ce pays de 560 à 546, était tellement vanté pour sa richesse que les Grecs lancèrent l'expression « riche comme Crésus », qui est toujours en usage de nos jours.

La circulation de la monnaie gagna rapidement l'ensemble du monde civilisé d'alors, car elle facilitait considérablement les transactions. Pour nous, l'utilisation de l'argent paraît aller de soi, mais il n'en a pas moins fallu que quelqu'un l'invente un jour.

À l'est de la Lydie et de la Chaldée s'étendait l'empire des Mèdes, qui englobait l'Iran et l'Afghanistan d'aujourd'hui. Cet empire doit entre autres sa célébrité à une bataille qui n'a pas eu lieu. Au moment où l'armée mède faisait face à celle des Lydiens, une éclipse totale de soleil se produisit. Les deux adversaires y virent un sinistre présage, une mise en garde des dieux, et préférèrent faire la paix.

Le premier événement de l'histoire dont la date exacte est connue

Les astronomes ont calculé la date de cette éclipse et ont trouvé qu'elle s'était produite le 28 mai 585 av. J.-C. Cette bataille manquée est le premier événement de l'histoire humaine que l'on soit parvenu à dater au jour près.

Les Mèdes ont marqué beaucoup plus fortement leur empreinte sur l'histoire en donnant au monde Zarathoustra (628-551), un réformateur religieux appelé Zoroastre par les Grecs. Zarathoustra prêcha une nouvelle religion dans laquelle l'Univers était partagé entre deux forces de même puissance : Ahura-Mazda, qui représentait la lumière et la bonté, et

Ahriman, émanation des ténèbres et du mal. Selon Zarathoustra, aucun de ces deux principes éternellement affrontés n'obtenait jamais de victoire définitive, mais l'intervention des hommes pouvait faire pencher la balance plutôt d'un côté ou plutôt de l'autre.

Ces conceptions, qui reçurent le nom de zoroastrisme, ou mazdéisme, se répandirent dans tout l'empire des Mèdes et dans les États qui lui succédèrent. On en trouve des traces dans plusieurs religions modernes, tout particulièrement dans le christianisme.

Cyrus crée un nouvel empire perse

La force qui devait venir à bout de l'empire mède prit corps au sud-est du territoire qu'il contrôlait, dans une région que les Grecs désignaient du nom de Perse. Un jeune général de talent, Cyrus, devint le chef des Perses vers 558, se révolta contre l'empereur des Mèdes et, en 550, s'empara de sa capitale, donnant ainsi naissance à un nouvel empire.

Avec Cyrus, la Perse s'engagea, comme tous les empires qui l'avaient précédée, dans la voie de l'expansion. Cyrus attaqua et absorba la Lydie en 546, puis la Chaldée en 539. Il mourut en 529 au cours d'une expédition en Asie centrale. Son fils Cambyse poursuivit son œuvre et réussit à conquérir l'Égypte. Un autre chef de valeur, Darius Ier (550-486), lui succéda. Il soumit à la Perse le nord-ouest de l'Inde et, en Europe, la Thrace, au nord de la Grèce.

C'est sous Darius que l'empire perse parvint à son apogée, vers 500 avant notre ère. Par la taille, il dépassait tous ses prédécesseurs d'Asie occidentale. Sa superficie approchait celle des États-Unis actuels, et sa population a pu atteindre treize millions d'hommes.

Les revers qui guettent inévitablement tous les empires commencèrent, pour les Perses, quand ils s'acharnèrent à soumettre un ennemi déterminé et courageux, en l'occurrence la cité grecque d'Athènes. Les Grecs étaient bien inférieurs en nombre, mais beaucoup mieux organisés et, surtout, ils avaient quelque chose à défendre : un régime politique dans lequel le gouvernement est responsable devant le peuple.

La première expédition de Darius contre les Athéniens se solda par une défaite. Son fils Xerxès (519-465) connut la même infortune et, dès lors, l'initiative passa aux Grecs. L'empire perse ne cessa de s'affaiblir.

L'avènement d'Alexandre III de Macédoine, un royaume de langue grecque situé au nord des grandes cités de la Grèce centrale, sonna le glas de la puissance perse. La vie d'Alexandre fut brève, mais, pour le malheur des Perses, bien remplie. Entre 334 et 324, il parvint à conquérir la totalité de leur empire à l'issue d'une campagne éblouissante qui lui valut le surnom d'Alexandre le Grand. Regroupant toute la Perse et la Grèce, son empire comptait quelque vingt millions de sujets. Mais sa mort prématurée fut suivie de la désagrégation rapide de son empire, que se disputèrent les propres généraux du chef disparu.

L'ère séleucide

La plupart des possessions asiatiques d'Alexandre passèrent entre les mains de Séleucos Ier (356-281), dont nous avons parlé dans l'introduction à propos des différents systèmes de calendrier. Il créa un empire dont la fondation marqua justement le début de l'ère dite séleucide.

Les monarques qui succédèrent à Séleucos (les Séleucides) s'intéressaient avant tout à la Grèce et négligeaient les portions orientales de leur empire, ce dont les populations locales profitèrent pour reprendre leur liberté. Ce fut en particulier le cas des Parthes, qui habitaient une lointaine province à l'est de l'empire, et qui parvinrent vers 248 à une indépendance de fait.

Les Séleucides combattirent pendant un siècle pour ramener les Parthes dans l'obéissance, mais, aux environs de 140, ils furent défaits par le chef parthe Mithridate Ier qui s'empara de la totalité de la Mésopotamie. L'empire parthe fut en quelque sorte la résurrection de l'empire perse ; il dominait la partie orientale du territoire autrefois soumis à Darius.

Les Parthes accrurent leurs forces à mesure que diminuaient celles des Séleucides et ils furent en mesure de résister aux Romains, une fois que ceux-ci se furent rendus maîtres des vestiges de l'empire séleucide. En 53 av. J.-C., les troupes parthes infligèrent une cinglante défaite au général romain Marcus Licinius Crassus (115-53). En 40, elles atteignirent même la Méditerranée et détinrent un moment la Judée.

Quand survint l'an 1 de notre ère, l'Asie occidentale avait vu se succéder les Assyriens, les Chaldéens, les Lydiens, les Mèdes et les premiers Perses. Elle était désormais le champ de bataille où s'affrontaient les Romains et les Parthes, continuateurs des Perses. Plus heureux en cela que bien des peuples plus anciens, les Perses avaient ainsi survécu à leurs défaites et continuaient à lutter pour la suprématie dans cette région du monde.

La lutte d'Israël pour son identité

Début du règne de Salomon

En Israël, les choses prenaient un cours assez différent. Le fils et successeur de David, Salomon, avait renoncé à étendre le royaume. À la différence des autres rois de l'époque, il choisit de vivre en paix avec ses voisins et de s'illustrer davantage par sa sagesse que par ses conquêtes. Il dirigea la construction d'un temple au dieu des Israélites, Yahvé. Ce temple avait la particularité, unique elle aussi pour l'époque, de ne contenir, comme le voulait la tradition juive, aucune représentation sculptée de la divinité.

Après la mort de Salomon, son royaume se scinda. L'empire de David avait duré moins de quatre-vingts ans. Les tribus du nord, qui avaient toujours supporté difficilement la prépondérance de la Judée, s'en détachèrent pour former le royaume d'Israël, qui prit ultérieurement Samarie pour capitale. Le royaume de

Juda, plus petit, avec Jérusalem pour capitale, continua à être gouverné par les successeurs de David.

La scission affaiblit les deux royaumes, qui eurent le plus grand mal à résister aux attaques de leurs voisins. Dans l'un comme dans l'autre se manifestèrent des tendances polythéistes que combattit opiniâtrement en Judée un fort noyau attaché à Yahvé Dieu unique.

Certains des prophètes de Yahvé, comme Amos et Isaïe, furent de zélés propagandistes des conceptions monothéistes, et leurs idées furent consignées dans des livres qui font partie de la Bible.

Quand les Assyriens soumirent Israël en 722, son aristocratie fut déportée dans des territoires sous domination assyrienne. Le fait inspira dans les siècles suivants bien des légendes sur les dix tribus perdues d'Israël, mais ces tribus ont dû, en fait, après la déportation, s'intégrer aux populations locales.

Juda survécut en tant que vassal des Assyriens, et sous Josias, qui régna de 640 à 609, le yahvisme y remporta une victoire totale, au moins pour un temps, après la découverte dans le Temple d'un antique livre de lois attribué à Moïse (on suppose maintenant qu'il devait s'agir du Deutéronome).

Destruction du Temple de Jérusalem

Cependant, Josias fut tué au combat, et Jérusalem prise par Nabuchodonosor, roi de Chaldée, en 586 av. J.-C. Le Temple fut détruit et les notables juifs emmenés, une fois de plus, en exil.

À la différence des déportés précédents, néanmoins, ceux-ci ne perdirent pas leur identité nationale. Grâce à la relative tolérance des autorités chaldéennes, ils connurent même une certaine prospérité. C'est en exil, sous l'impulsion du prophète Ézéchiel, que le yahvisme s'imposa définitivement. Les écrits historiques et prophétiques des Hébreux furent alors réunis dans ce que nous appelons aujourd'hui la Bible. Les anciennes légendes bibliques sur la création du monde, le déluge et la tour de Babel trahissent l'influence de la science et de la culture chaldéennes.

Les Juifs revendiquèrent également l'héritage de l'antique Sumer en situant les origines d'Abraham dans la cité d'Our. C'est de la même façon que les Romains voulurent se rattacher à la tradition grecque en s'imaginant un ancêtre, Énée, originaire de Troie.

Une fois que Cyrus eut soumis la Chaldée, il autorisa les Juifs qui le désiraient à retourner en Judée. Un petit temple fut alors reconstruit à Jérusalem en 515, et les Juifs firent de leur mieux pour rétablir leur nation, cette fois sous la protection des Perses. Un dignitaire perse d'origine juive, Néhémie, fit relever les murailles de Jérusalem en 438, tandis que le scribe Esdras engageait une renaissance religieuse fondée sur une nouvelle version des textes bibliques.

Parallèlement, un prophète anonyme, connu comme le Deutéro-Isaïe ou Second Isaïe, prêcha l'universalité de Yahvé, affirmant qu'il n'était pas que le Dieu unique des Juifs, mais aussi le seul Dieu qui ait jamais existé. C'est depuis le Deutéro-Isaïe que le monothéisme s'est véritablement établi chez les Juifs, qui le transmirent ensuite aux chrétiens et aux musulmans.

Juda vécut paisiblement sous le pouvoir des Perses, intégrant au passage certains éléments de la mythologie zoroastrienne. Tout en maintenant fermement l'unicité de Dieu, le seul Seigneur de l'Univers, les Juifs admirent l'existence d'un principe du mal, personnifié par Satan. Celui-ci, incapable de jamais vaincre Dieu, pouvait en revanche remporter des victoires sur les humains, ce qui le rendait extrêmement dangereux. C'est ainsi que la dualité zoroastrienne entre le Bien et le Mal pénétra le judaïsme, puis, à travers lui, le christianisme.

La Bible traduite en grec

Après la mort d'Alexandre le Grand, la Judée se retrouva sous le pouvoir débonnaire de Ptolémée Ier (365-283), qui était devenu roi d'Égypte. De nombreux Juifs émigrèrent alors vers ce pays, et surtout dans sa nouvelle capitale, Alexandrie. Ptolémée II (308-246) patronna un projet de traduction de la Bible en grec. Le travail, accompli selon la légende par soixante-dix lettrés, donna naissance à la Bible des Septante, du vieux mot français qui signifie soixante-dix.

Dès 250, la Bible pouvait être lue par toute personne qui comprenait le grec, c'est-à-dire qui avait accès à la culture la plus avancée de l'époque. C'était un pas capital vers la transformation du judaïsme, par l'intermédiaire des religions qui en dérivent, en une foi universelle.

Cependant, cette période d'ouverture dura peu. En 198, la Judée passa du pouvoir des Ptolémées d'Égypte à celui des Séleucides de Syrie, beaucoup moins tolérants. Antiochus IV (215-164 av. J.-C.) entreprit de forcer les Juifs à renoncer à leurs croyances pour adopter la culture grecque.

Sous la conduite de Judas Macchabée et de ses frères, les Juifs se révoltèrent en 168. Les Séleucides étant trop faibles pour réprimer la révolte, les Juifs conquirent leur indépendance en 151 sous Jean Hyrcan Ier et Alexandre Jannée.

La Judée des Macchabées parvint à une certaine puissance, puis la perdit à cause de querelles dynastiques qui débouchèrent sur une guerre civile. En 63 av. J.-C., le général romain Cnaeus Pompeius, ou Pompée (106-48), s'empara du pays, en fit une province romaine et nomma Hérode (73-4 av. J.-C.) roi de Judée. Hérode, pour se gagner les Juifs, adopta leurs coutumes et reconstruisit leur Temple, mais il était d'origine iduméenne et ami des Romains, deux bonnes raisons pour susciter l'inimitié des leaders juifs les plus conservateurs.

Bien des Juifs, qui se rappelaient la réussite de la révolte des Macchabées et les prédictions des prophètes, rêvaient d'un Messie (« oint de Dieu »), descendant de David, qui prendrait la tête d'une insurrection victorieuse contre Rome. Ils attendaient un chef autant politique que religieux, qui les libérerait de toute oppression étrangère.

Naissance de Jésus (date estimée)

Au seuil de notre ère, donc, les Juifs s'attendaient à voir surgir un sauveur qui transformerait leur existence. C'est juste à ce moment, selon le récit biblique, que naquit à Bethléem un enfant présenté comme un descendant de David, ou aussi comme le fils de Dieu. Son nom grec de Jésus-Christ signifie Jésus le Messie.

Prospérité et décadence des Phéniciens

Les cités phéniciennes, qui avaient été conquises par l'Assyrie, surent résister aux Chaldéens, mais tombèrent par la suite sous la domination perse.

En dépit de ces aléas, les Phéniciens poursuivirent leurs missions de commerce et d'exploration dans le bassin méditerranéen. On pense même qu'avant 900, ils s'étaient déjà aventurés au-delà du détroit de Gibraltar, dans l'océan Atlantique. Les mines d'étain d'Asie occidentale commençant à s'appauvrir (premier cas connu d'une ressource minérale complètement épuisée), on pense que les Phéniciens sont allés jusqu'en Cornouailles (à l'extrémité sud-est de l'Angleterre) pour trouver de nouveaux gisements. Ils prirent de telles précautions pour garder cet emplacement secret et en préserver le monopole que sa localisation n'est toujours pas connue avec certitude.

Ils essaimèrent également en plusieurs

parties de la Méditerranée : à Chypre, sur la côte nord-africaine, en Sicile et en Espagne. La plus importante de leurs colonies fut Carthage, située près de l'actuelle Tunis et fondée, selon la légende, en 814 av. J.-C. Quand la domination des Assyriens, puis des Perses mit fin à la puissance politique des Phéniciens, Carthage, suffisamment éloignée pour échapper aux influences étrangères, continua à gagner en force.

En 650, Carthage disposait déjà de sa propre flotte et, grâce à ses fructueuses opérations commerciales, d'une importante armée de mercenaires. La ville prit le contrôle de toutes les colonies phéniciennes et s'affirma comme la principale puissance de Méditerranée occidentale.

Les Phéniciens fournirent la force maritime de l'empire perse et réalisèrent, aux alentours de 500, le premier voyage autour de l'Afrique, qui dura trois ans. Mais Alexandre le Grand, durant sa guerre contre les Perses, vint mettre le siège devant Tyr, la principale cité des Phéniciens, et la détruisit complètement. L'influence phénicienne ne survécut pas à ce désastre. Seule Carthage continua à jouer un rôle dans l'histoire.

Carthage avait combattu les Grecs en Sicile durant des siècles sans qu'aucune des deux parties remporte un avantage décisif. Mais les Carthaginois durent bientôt faire face à un nouvel et implacable ennemi. En 264, Rome, qui était parvenue à dominer l'ensemble de l'Italie, prit la place des Grecs. La première guerre punique, qui se prolongea vingt-trois ans, se termina par la défaite de Carthage, qui dut céder la Silice aux Romains.

Malgré cet échec, les Carthaginois continuèrent à étendre leurs possessions en Espagne, et les Romains intervinrent. Hannibal, l'un des plus remarquables généraux de l'histoire, était à la tête des forces de Carthage en Espagne, et il paraissait en mesure de battre les Romains où et quand il le voudrait. En 218, il envahit l'Italie par voie de terre, à la surprise des Romains qui l'attendaient plutôt du côté de la mer. Il traversa la Gaule méridionale et escalada les Alpes avec son armée, qui comprenait de nombreux éléphants de guerre.

Durant cette deuxième guerre punique, Hannibal remporta trois victoires successives. La dernière, à Cannes en 215, fut l'un des plus terribles désastres subis par les Romains, mais ceux-ci ne se laissèrent pas démoraliser et poursuivirent le combat.

Malheureusement pour Hannibal, les

dirigeants de Carthage lui marchandaient leur soutien ; beaucoup d'entre eux redoutaient davantage les ambitions de leur général que les attaques de l'ennemi romain. Malgré toute son habileté, Hannibal ne pouvait conclure victorieusement sa campagne d'Italie sans un approvisionnement régulier. En 201, les Romains parvinrent à le battre et imposèrent à Carthage une paix ruineuse.

Mais la cité avait de la ressource. Dépouillée de toutes ses possessions extérieures, harcelée par ses voisins et par Rome, Carthage retrouva quand même la prospérité. Redoutant la renaissance de sa rivale, Rome, impitoyable, déclencha en 149 une troisième guerre punique. Au bout de près de trois ans d'une résistance héroïque, les Carthaginois furent submergés, et leur ville rasée en 146 av. J.-C.

Ainsi, avant même la fin du millénaire, il ne restait plus rien de l'influence des peuples phéniciens, qui avaient joué un rôle si important en Canaan, à Tyr et à Carthage. De même qu'avant eux les Sumériens et d'autres civilisations, ils avaient beaucoup donné à l'humanité, mais cela ne suffit pas à assurer leur survie.

La Grèce invente la démocratie

Au début de l'histoire, les communautés humaines avaient à leur tête des rois. Si ceux-ci en avaient la force, ils se soumettaient leurs voisins et devenaient des empereurs. Initialement, ils s'attribuèrent des pouvoirs divins, puis, avec les progrès de l'art de la guerre, ils ne comptèrent plus que sur la force pour asseoir leur domination.

Mais l'inventivité des hommes ne jouait pas que dans le domaine matériel. Durant le dernier millénaire avant notre ère, des progrès furent également accomplis dans l'organisation politique. Et le mérite en revint tout particulièrement à la Grèce.

Lorsqu'il émergea de la barbarie dans laquelle l'avaient plongée les invasions doriennes, le pays était divisé en cités-États dispersées sur le territoire de ce que nous appelons aujourd'hui la Grèce et sur les rivages asiatiques de la mer Égée. Ce territoire était compartimenté par des chaînes de montagnes, et chaque cité régnait sur sa petite vallée. La géographie faisait donc obstacle à leur réunion en un seul ensemble, tel celui qui se constitua en Égypte, mais aussi à la constitution d'empires. Et effectivement, durant toute l'histoire de la Grèce antique, les cités ne parvinrent jamais à l'unité, et les empires ne durèrent pas. Les Grecs attachaient le plus grand prix à leur liberté, et des guerres incessantes opposaient entre elles les différentes cités.

Les Grecs se dotèrent d'une infanterie lourdement armée (les hoplites), qui agissait en masse, les fantassins se soutenant et se protégeant les uns les autres. C'était un progrès considérable sur l'exploit individuel qui avait prévalu à l'époque de la guerre de Troie. Pendant toute une période, les hoplites n'eurent pas de rivaux. Puis les voisins de la Grèce, qui, eux, étaient réunis en nations cohérentes et en empires, reprirent les techniques de combat des Grecs et se trouvèrent en mesure de les vaincre.

La désunion des Grecs n'était pas totale. Ils avaient en commun la langue, les poèmes homériques et les jeux Olympiques, ouverts à tous sans distinction et pour la durée desquels s'instaurait une trêve. De ces liens, les jeux, tenus pour la première fois, selon la tradition, en 776 av. J.-C., étaient sans doute le plus fort.

La population grecque, une fois dégagée de la barbarie, connut un fort essor démographique, atteignant un chiffre

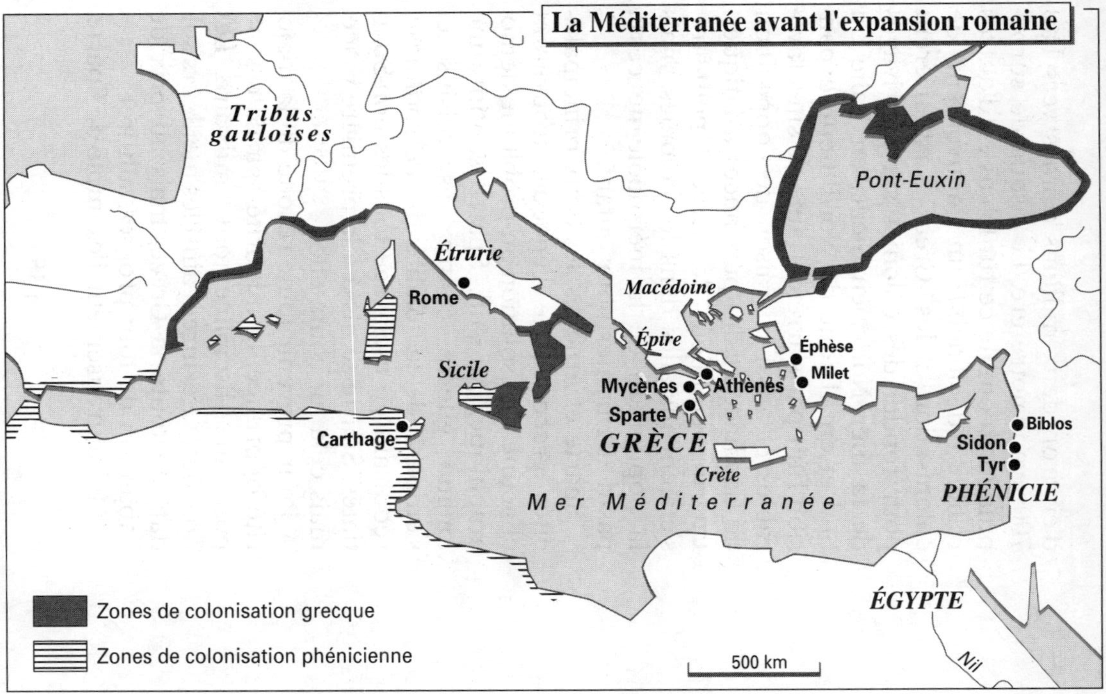
La Méditerranée avant l'expansion romaine
Tribus gauloises
Pont-Euxin
Étrurie
Rome
Macédoine
Épire
Éphèse
Milet
Sicile
Mycènes
Athènes
Sparte
Carthage
GRÈCE
Crète
Biblos
Sidon
Tyr
PHÉNICIE
Mer Méditerranée
ÉGYPTE
Nil
500 km
Zones de colonisation grecque
Zones de colonisation phénicienne

d'environ deux millions d'âmes vers l'an 700 avant notre ère. Le risque de surpopulation, comme ce fut le cas en d'autres régions, déclencha un mouvement de colonisation : les Grecs s'expatrièrent pour fonder des colonies sur les rivages de la mer Noire, en Sicile, en Italie du Sud et en Afrique du Nord. Cette expansion finit par s'arrêter, faute de sites favorables et aussi en raison de l'opposition de Carthage et des puissances asiatiques. Un demi-million de Grecs, peut-être, s'étaient installés dans les colonies, mais la population de la métropole ne cessa pas d'augmenter pour autant.

Sparte et Athènes, les deux principales cités grecques de l'époque, trouvèrent chacune une solution au problème démographique. Au sud, Sparte soutint une longue guerre contre ses voisins et s'empara de la totalité du Péloponnèse, réduisant en esclavage tous les non-Spartiates. Sparte se hissa à la première place, mais cela lui coûta cher.

Pour prévenir toute révolte de la majorité opprimée, la minorité spartiate s'imposa une discipline toute militaire. Les Spartiates devinrent ainsi les meilleurs soldats de toute la Grèce, mais au prix de l'abandon de tout progrès culturel.

Malheureusement, l'exemple de Sparte,

en dépit des risques d'instabilité qu'il entraînait, a été repris ultérieurement par d'autres sociétés confrontées au même problème.

Athènes, qui était située dans la partie centre-est de la Grèce, emprunta une autre voie. Les Athéniens réunirent autour d'eux toute la péninsule de l'Attique et devinrent, en importance, la deuxième ville de Grèce. Mais leur prospérité était due davantage au commerce qu'à la guerre, et c'est le commerce qui les aida à faire vivre une population de plus en plus nombreuse. De plus, au cours de leurs expéditions dans toute la Méditerranée orientale et la mer Noire, ils se frottèrent à une multitude de cultures et acquirent les éléments qui leur permirent d'établir la plus remarquable des sociétés grecques.

À la différence de la plupart des autres civilisations de l'époque, les cités grecques avaient presque toutes abandonné la monarchie. Sparte avait bien deux rois, mais ils étaient plutôt des chefs militaires que des dirigeants politiques. Ce rejet du régime monarchique ne représenta pas tout de suite un véritable progrès. Le gouvernement passa aux mains d'un groupe de familles nobles et reçut le nom d'« oligarchie », ou pouvoir d'un petit nombre.

Le simple peuple, se sentant frustré, donna alors sa confiance à des politiciens qui lui promettaient de mieux tenir compte de ses intérêts. Ce fut l'avènement des tyrans (d'un mot qui signifie « maître »), qui étaient pratiquement des rois sans trône. Certains commirent de tels abus que le terme de tyran en est venu à désigner un gouvernant cruel et corrompu.

Tous les tyrans de l'époque étaient loin d'être tyranniques au sens où nous l'entendons maintenant. Ni leur régime, ni les périodes de domination étrangère ne firent obstacle au rapide essor de la culture qui suscite jusqu'à présent notre émerveillement et qui a mérité le nom de « miracle grec ». Même les cités ioniennes de la côte d'Asie Mineure, comme Éphèse et Milet, qui étaient sous la domination lydienne ou perse, produisirent une série de penseurs qui ont jeté les bases de la philosophie occidentale.

Ces penseurs, étudiant le monde qui nous entoure, essayèrent de dégager les lois qui le régissent sans avoir à recourir à des explications surnaturelles. C'était une rupture radicale avec les conceptions précédentes, qui attribuaient pratiquement tout ce qui se passait dans le monde à l'intervention d'un ou de plusieurs dieux. L'humanité devrait encore attendre plus de mille ans avant de voir se produire une véritable révolution scientifique, mais ses premiers germes prirent racine sur le sol rocailleux de la Grèce préchrétienne.

Naissance de Thalès de Milet, premier philosophe de la nature

La tradition fait de Thalès de Milet (625-547) le premier de ces philosophes de la nature. Il est aussi le premier savant dont le nom nous soit resté. Sous son impulsion, les Grecs sont demeurés, pendant mille ans, à la tête du progrès scientifique et mathématique.

Cet effort de réflexion fut interrompu par la révolte des cités ioniennes contre les Perses et la défaite qu'elles subirent. Cependant, comme nous l'avons déjà noté, les idées sont durables et mobiles. La philosophie renaquit donc à Athènes, où elle s'épanouit.

Naissance de Solon, législateur et promoteur de la démocratie

Athènes, profitant des travaux de ses propres penseurs, se trouva désormais à la pointe de l'innovation dans de nombreux domaines. Elle essaya, par exemple, d'instaurer un système économique plus équitable pour tous ses citoyens. Solon (630-560) limita la quantité de terre que pouvait posséder un même propriétaire et donna aux pauvres des possibilités accrues de donner leur avis sur le gouvernement de la cité. Il réforma également la monnaie, pour encourager le commerce, et mit en vigueur un code pénal moins répressif. En même temps, il sut réaliser toutes ces mesures sans devenir un tyran.

Ces différentes réformes firent évoluer Athènes vers un nouveau régime politique appelé « démocratie » ou gouvernement du peuple. La démocratie aborda le problème de la légitimité politique d'une façon diamétralement opposée à celle de la monarchie. Les rois prétendaient tenir leur pouvoir d'en haut, grâce à une relation spéciale avec les dieux. Les leaders démocratiques, à Athènes comme de nos jours, déclarent être investis par la volonté du peuple.

Cette forme de gouvernement, considérée comme idéale par de nombreux Athéniens, eut de fait des conséquences très bénéfiques. Grâce à la libération de la pensée et de la parole, elle permit à la cité de porter la philosophie, les mathématiques, la science et la littérature à un niveau où le monde occidental puise jusqu'à maintenant son inspiration.

Il n'y avait pourtant pas que des démocrates à Athènes. Les conservateurs combattirent les réformes de Solon et la situation se détériora à un point tel que les Athéniens en vinrent à souhaiter eux-mêmes le retour au gouvernement d'un tyran.

Ce tyran fut Pisistrate, qui gouverna Athènes presque sans interruption de 567 à 521. Il s'agissait d'un tyran relativement débonnaire, qui conserva les réformes de Solon, protégea les paysans, maintint la paix et encouragea le commerce et l'industrie. On lui doit l'édition écrite des poèmes homériques que nous utilisons encore actuellement. Néanmoins, après sa mort, les Athéniens bannirent son fils et rétablirent la démocratie.

Cette première démocratie du monde civilisé avait ses limites. Seuls étaient reconnus citoyens ceux dont les deux branches de la famille étaient de souche athénienne. Les étrangers n'avaient que des droits restreints. Quant aux nombreux esclaves, ils n'avaient pas de droits du tout.

Athènes avait également bien des soucis d'origine extérieure. La ville avait aidé les cités ioniennes dans leur révolte désespérée contre la Perse en 499, et Darius se promit d'en tirer vengeance. En 490, il envoya une expédition en mer Égée, avec pour mission de débarquer en Attique et de s'emparer d'Athènes. Ce fut le début des guerres persiques.

Les Grecs battent les Perses à Marathon

Les Athéniens demandèrent l'aide de Sparte, mais les Spartiates étaient prudents et évitaient de prendre des initiatives politiques précipitées. Les Athéniens se trouvèrent donc pratiquement seuls face aux Perses près de la localité de Marathon, à 42 km d'Athènes. Les hoplites bien entraînés parvinrent à mettre en déroute un ennemi largement supérieur en nombre.

Un messager porta la bonne nouvelle à Athènes et, depuis, les coureurs disputent des marathons, d'une longueur égale à la distance parcourue alors par le messager entre Marathon et Athènes.

Le fils de Darius, Xerxès, reprit à son compte les projets de son père. En 480, il réunit des forces considérables pour venir enfin à bout de la Grèce. Malgré le sacrifice de trois cents Spartiates, qui bloquèrent un moment les envahisseurs dans l'étroit défilé des Thermopyles en Grèce du Nord, Xerxès poursuivit sa route, prit et brûla Athènes.

Cette victoire se révéla illusoire. Au cours des dix années écoulées depuis la bataille de Marathon, les Athéniens, sous la conduite de Thémistocle (524-460), s'étaient dotés d'une puissante flotte. La population de la ville s'était repliée sur les îles proches, et les navires d'Athènes, avec le concours des autres cités grecques, détruisirent ceux des Perses à la bataille de Salamine en septembre 480. Puis, en 479, les Spartiates remportèrent une victoire terrestre à Platées, un peu au nord d'Athènes.

Dès lors l'initiative passa aux Grecs. Athènes s'employa à libérer les cités de la côte égéenne sous domination perse et à les regrouper autour d'elle au sein d'une sorte d'empire athénien. Des remparts furent également dressés autour d'Athènes et de son port Le Pirée, les deux localités étant reliées par des « longs murs ».

Gouvernement de Périclès à Athènes

À partir de 460, le gouvernement d'Athènes fut exercé par un noble libéral, Périclès (495-429), sous lequel la littérature, les arts et la philosophie connurent un véritable âge d'or. Ce fut le siècle de Périclès.

Athènes et les autres cités grecques atteignirent alors leur apogée, avec une population totale de plus de trois millions de personnes. Athènes, à elle seule, comptait environ cinquante mille citoyens et quelque cent mille esclaves.

Mais cette félicité ne résista pas aux rivalités des cités grecques. Sparte, qui avait aidé Athènes à vaincre les Perses, prit ombrage de sa puissance croissante. Le déclenchement du conflit fut retardé par la lenteur traditionnelle des Spartiates à se décider et surtout par un violent tremblement de terre qui, en 464, détruisit une bonne partie de la cité. Les esclaves en profitèrent pour se révolter, et il fallut quinze ans à Sparte pour se remettre du cataclysme. C'est justement pendant cette période qu'Athènes édifia ses remparts.

Début de la guerre du Péloponnèse

Athènes, effectivement, abusait de sa position dominante. Elle opprimait ses vassaux et puisait généreusement dans les ressources communes pour son propre embellissement. C'est ainsi que fut construit le Parthénon, le plus bel édifice, peut-être, de tous les temps. Les cités grecques se tournèrent vers Sparte et, en 431, celle-ci engagea les hostilités contre Athènes. Ce fut le début de la guerre du Péloponnèse.

Les Spartiates envahirent le territoire d'Athènes, et les Athéniens se retirèrent derrière leurs remparts. La surpopulation et le manque d'hygiène favorisèrent une épidémie de peste, qui emporta de nombreux habitants, à commencer par Périclès, et affaiblit gravement la cité.

La guerre dura vingt-sept ans, épuisant les deux belligérants. La Perse commença à verser des subsides à Sparte en échange de la promesse de laisser les Perses reprendre le contrôle des cités grecques d'Asie Mineure, mais cette aide ne suffit pas à assurer la défaite des Athéniens. Tant que ceux-ci conservaient leur flotte, ils étaient invulnérables. Mais Sparte finit par trouver un bon amiral, Lysandre, qui détruisit la flotte athénienne en 404 à Aegos Potamos, non loin du site de l'ancienne Troie. Athènes fut forcée de capituler, de raser ses murailles, de rétablir l'oligarchie et d'accepter la suprématie de Sparte.

Le joug de Sparte fut aussi pesant que l'avait été auparavant celui d'Athènes. Profitant du mécontentement qui gagnait tout le pays, les Athéniens rejetèrent la domination spartiate et, en 393, ils reconstituèrent leurs remparts et leur régime démocratique. Certes, la ville ne retrouva jamais sa puissance d'antan, mais elle demeura un pôle culturel malgré la guerre et les épreuves, donnant naissance à Platon (428-348) et à Aristote (384-322), deux des plus grands philosophes de tous les temps.

Naissance de Platon et d'Aristote

Début des conquêtes d'Alexandre

Platon fonda son académie, l'ancêtre de nos universités, et consacra à son maître Socrate une série de dialogues qui constituent l'essentiel de son œuvre.

Malgré l'apport considérable d'Athènes et du reste de la Grèce au monde, les divisions chroniques du pays entraînèrent sa décadence.

Pendant toute une période Sparte domina Thèbes, mais celle-ci se souleva sous la conduite de Pélopidas (mort vers 364) et d'Épaminondas (410-362). Ce dernier mit au point un ordre en profondeur dans lequel les hoplites étaient organisés en une phalange (ou poing) capable d'enfoncer n'importe quelle troupe adverse.

En 371, la phalange thébaine se heurta aux Spartiates à Leuctres. Les Spartiates ne surent pas modifier leur ordre de bataille face à la disposition inhabituelle des Thébains et ils essuyèrent une terrible défaite. Seule la mort d'Épaminondas dans une autre bataille empêcha Thèbes de s'emparer de Sparte.

La défaite de Sparte ne mit pas un terme aux guerres intestines. Un vide se créa, que finirent par remplir les Macédoniens. Philippe de Macédoine, qui avait été prisonnier à Thèbes, avait observé la phalange en action. Il réorganisa l'armée macédonienne et apporta à la phalange thébaine des améliorations considérables.

Philippe donna à son armée un entraînement remarquable et la dota de forces de cavalerie, de catapultes et autres machines de siège. Grâce à la découverte de mines d'or en Macédoine, Philippe soudoya des politiciens adverses. Ne cessant d'accroître sa puissance, il écrasa une armée coalisée d'Athéniens et de Thébains à Chéronée, à l'ouest de Thèbes.

Grâce à cette victoire, Philippe domina l'ensemble de la Grèce. Il s'apprêtait à attaquer la Perse quand il fut assassiné en 336, léguant son grand dessein à son fils Alexandre, âgé seulement de vingt et un ans.

Nous avons déjà relaté les victoires d'Alexandre sur les Perses, mais le jeune roi avait d'abord dû affronter les Grecs. En effet, à la mort de Philippe, les territoires qu'il avait soumis se soulevèrent contre son successeur. Mais celui-ci manifesta un véritable génie militaire, se déplaçant à marches forcées et triomphant de ses adversaires un par un.

Mort d'Alexandre le Grand

La conquête de la Perse mit aux pieds d'Alexandre l'ensemble du monde civilisé d'alors, à l'exception de Carthage et des colonies grecques de Sicile et d'Italie du Sud. Il ne perdit jamais une seule bataille de toute sa carrière militaire, et il est difficile d'imaginer comment le monde aurait pu évoluer s'il avait vécu plus longtemps. Mais Alexandre mourut en 323, à l'âge de trente-trois ans, après une orgie.

L'éclatement de son empire eut pour effet bénéfique de répandre la langue et la culture grecques sur tout le pourtour de la Méditerranée. Les descendants d'Antigone, l'un des généraux d'Alexandre, ou Antigonides, régnèrent sur la Macédoine et presque toute la Grèce, tandis que les Séleucides gouvernaient une grande partie de l'Asie et que les Ptolémées dominaient l'Égypte. Tous ces États constituaient ce que l'on appela les royaumes hellénistiques.

Commença alors une migration des élites, les Grecs et Macédoniens les plus entreprenants allant chercher fortune dans les nouveaux royaumes. Mais cette hémorragie entraîna une chute trop forte de la population, qui contribua au déclin du pays.

Les Grecs, qu'ils fussent demeurés en métropole ou eussent émigré, continuèrent à déployer une vigoureuse activité intellectuelle, conservant pour des siècles le monopole des sciences et des mathématiques. Cependant, leur capacité d'innovation faiblissait, et leur culture se repliait toujours plus sur son passé. Ne devons-nous pas en conclure, observant comme nous le faisons leur formation et leur évolution, que les civilisations s'usent à vouloir trop briller ?

Malheureusement, les nouveaux royaumes hellénistiques avaient hérité des anciennes cités leur humeur querelleuse. Les guerres incessantes qu'ils se livraient les affaiblirent. Les territoires du royaume des Séleucides furent en grande partie conquis par les Parthes tandis que tous les autres, peu à peu, passaient sous la coupe de Rome.

Au dernier siècle précédant notre ère, de tous les royaumes hellénistiques ne subsistait plus que l'Égypte des Ptolémées. Sans égaler, loin de là, celle des Pharaons, elle avait néanmoins atteint un niveau tout à fait honorable. Le Nil assurait d'aussi abondantes récoltes que par le passé, et les Égyptiens, durs à l'épreuve, avaient su maintenir leur culture sous toutes les dominations.

Dans l'intervalle entre la domination assyrienne et la conquête perse, une vingt-sixième dynastie égyptienne avait gouverné le pays, redonnant vie, pour un siècle et demi, à l'art et à la littérature d'inspiration locale. Vers la fin de l'époque perse, l'Égypte se retrouva libre pour une cinquantaine d'années, mais elle fut reconquise, et définitivement cette fois, en 343.

L'Égypte fit bon accueil à Alexandre le Grand, qui y laissa ce qui est sans doute son legs le plus durable, à savoir la ville d'Alexandrie qu'il fonda sur la rive occidentale du delta du Nil. L'Égypte passa ensuite tout aussi paisiblement sous l'autorité des Ptolémées. Les trois premiers de ceux-ci étaient des princes modérés et habiles, et le pays retrouva alors, pour un siècle, une prospérité qu'il n'avait plus connue depuis l'époque de l'Empire, neuf cents ans plus tôt.

Alexandrie préfigurait déjà ce que sont nos grandes métropoles modernes. Bien que située en Égypte, elle n'était pas purement égyptienne, et les cultures les plus diverses s'y côtoyaient. Les Ptolémées embellirent la ville et y bâtirent un Musée, ou temple des Muses, les divines inspiratrices des artistes et des savants. Ce Musée avait déjà bien des traits de nos universités d'aujourd'hui, et grâce à lui Alexandrie ne tarda pas à devenir le plus grand centre intellectuel de l'époque.

Les Ptolémées adjoignirent au Musée une bibliothèque appelée à devenir la plus grande du monde. À son apogée, elle contenait plusieurs milliers de rouleaux de papyrus. Malheureusement, elle fut détruite par le feu, nous privant par là même d'une mine incomparable de renseignements sur le savoir antique.

La population d'Alexandrie fut longtemps très mêlée. À côté des Grecs et des Égyptiens, elle comptait nombre de Juifs et de représentants d'autres peuples. La ville était également célèbre pour le phare, d'une hauteur d'environ 130 m qui se dressait dans son port. On y entretenait toute la nuit un feu qui guidait les navires. Ce phare, de même que les jardins suspendus de Babylone, était l'une des sept merveilles du monde antique.

L'Égypte des Ptolémées atteignit son apogée en 230 ; elle était alors, avec près de quatre millions d'habitants, la plus prospère et la plus forte des nations du monde occidental. Mais, à partir de 221, date de la mort de Ptolémée III, des gouvernants sans envergure laissèrent péricliter le pays. L'Égypte, qui avait préservé son indépendance par une politique d'alliance avec la puissance romaine en pleine ascension, finit elle aussi, en 30 av. J.-C., par tomber sous sa coupe.

À mesure que nous nous rapprochons du changement d'ère, la Grèce qui, pendant un siècle, a tenu le flambeau de l'intelligence, puis, pendant encore un siècle, répandu sa culture dans l'ensemble du monde civilisé, n'est plus qu'une province romaine parmi d'autres. Elle végète au milieu des restes d'un passé qui fut le plus glorieux de l'histoire de l'humanité.

Tandis que s'élève le soleil de Rome, la Grèce, suivant l'exemple de l'Égypte et de toutes les grandes civilisations du passé, recule dans l'ombre.

Sous la férule de Rome

Si, des deux cultures, celle des Grecs est plus intellectuelle et inventive, les Romains doivent être crédités, en revanche, du meilleur sens de l'expérimentation politique. Ils passèrent de la royauté à la république, puis tâtonnèrent longtemps avant de faire de l'empire un régime politique viable. Mais finalement ils échouèrent à résoudre la vieille opposition entre civilisation et tribus barbares, et la chute de Rome est encore considérée aujourd'hui comme une lourde perte pour le monde.

Fondation de Rome

Selon la tradition, Rome fut fondée en 753 av. J.-C. Pendant plusieurs siècles, elle fut gouvernée par des rois et subit l'influence de la culture étrusque. Les Étrusques, qui habitaient les régions situées plus au nord, parvinrent au faîte de leur puissance en 535, quand, alliés à Carthage, ils vainquirent une flotte grecque à la bataille d'Alalia, au large de la

Corse. Cette bataille, qui stoppa la colonisation grecque en Méditerranée, fut la première bataille décisive livrée sur mer.

Après cela, la civilisation étrusque déclina sous la poussée des tribus celtes (les Gaulois) venus du nord des Alpes. Rome profita de l'occasion pour s'affranchir de la domination étrusque et renverser la monarchie en 509.

Les Romains renversent la monarchie étrusque

Rome se dota d'une république, initialement gouvernée par une oligarchie, avec deux consuls élus annuellement. Les Romains considéraient que le partage du pouvoir entre deux hommes empêchait chacun d'eux de prendre trop d'importance. Les consuls avaient pour mission de commander les armées, tandis que l'appareil gouvernemental demeurait entre les mains du sénat, composé des membres de la noblesse (les patriciens).

Le petit peuple, connu sous le nom de plèbe, tenait tête à l'oligarchie. Cette lutte entre riches et pauvres prit la même importance à Rome que précédemment en Grèce, mais le génie politique des Romains fut de trouver un moyen d'atténuer ces tensions. Dans des circonstances analogues, les cités grecques plongeaient dans la guerre civile ou avaient recours à la tyrannie. Les Romains, eux, élaborèrent des compromis, qui accordaient aux plébéiens une part suffisante aux affaires pour les dissuader de se révolter.

Les Romains étaient férus de légalité. Dès 450, ils disposaient d'un code écrit qui contribua beaucoup à stabiliser la société et servit de modèle à d'autres peuples au cours des âges. Rome prit également la tête d'une ligue latine qui réunissait les cités du sud du Tibre, pour contrebalancer le groupement constitué par les Étrusques au nord.

Les Gaulois, entre-temps, continuaient leurs incursions au cœur de l'Italie. En 390, ils occupèrent même Rome, ce qui freina pour quelque temps le développement de la ville et laissa des traces profondes dans la mentalité de ses habitants. Il fallut attendre une quarantaine d'années pour que Rome se remette tout à fait de cette invasion.

L'une des clés des succès de Rome est fournie par la légion, force combattante souple qui s'adaptait beaucoup mieux aux terrains accidentés que la phalange. La légion pouvait se grouper pour frapper de front, mais aussi se scinder en petites formations plus mobiles capables de contourner les obstacles.

Grâce à la légion et à un système efficace de gouvernement qui permettait d'adopter des décisions judicieuses dans les situations difficiles, Rome remporta de nombreuses victoires sur les autres cités d'Italie centrale. En 290, elle avait sous son contrôle tout le milieu de la péninsule.

Son art politique allait également se manifester dans la manière d'administrer les ennemis vaincus. D'ordinaire, Rome autorisait ses conquêtes à conserver leurs chefs et leurs coutumes ; elle savait faire les concessions susceptibles de prévenir les révoltes ou de calmer celles qui avaient éclaté. Souvent, les cités soumises trouvaient qu'elles vivaient mieux sous l'ordre romain que quand elles étaient indépendantes.

L'un des grands avantages de la domination romaine est qu'elle apportait la paix, alors que la liberté se traduisait souvent par des guerres continuelles entre les cités.

Une fois que Rome eut assuré son emprise sur l'Italie centrale, les cités grecques du sud se sentirent menacées. Les royaumes hellénistiques existaient déjà, et les Grecs d'Italie firent appel au plus proche d'entre eux, celui d'Épire, qui était situé juste en face de la botte italienne. Il était dirigé par un général nommé Pyrrhus (319-272). Celui-ci débarqua en Italie du Sud en 280 avec sa phalange macédonienne et plusieurs éléphants de guerre (une innovation rencontrée pour la première fois par Alexandre le Grand, contre lequel elle avait été utilisée en Inde). Mais les Romains surent trouver la parade et vaincre Pyrrhus.

Rome détruit Carthage

Vinrent ensuite les guerres puniques, au cours desquelles les Romains affrontèrent les Carthaginois et, en particulier, Hannibal. Après l'élimination de Carthage, les Romains s'emparèrent successivement des différents royaumes hellénistiques. Finalement, la prépondérance de Rome parut si indiscutable que ses adversaires préférèrent se soumettre sans combattre. Attale III, souverain du royaume hellénistique de Pergame, par exemple, mourant sans héritier en 133, choisit de léguer sa couronne à Rome. Il savait que les Romains finiraient de toute façon par s'en emparer, et il désirait éviter une effusion de sang.

Rome, première puissance en Méditerranée

En 130, Rome était devenue la puissance dominante du bassin méditerranéen. Bien des explications ont été avancées aux succès de la République romaine, et il semble que cette marche à la suprématie soit due à plusieurs facteurs.

Souvent, comme nous l'avons vu, des innovations militaires et stratégiques amenaient des sociétés au faîte de la puissance, mais ne suffisaient pas à les y maintenir durablement. S'il n'est donc pas question de minimiser l'importance de la légion romaine, les succès durables des Romains s'expliquent aussi par d'autres facteurs.

Il faut tout d'abord noter le rôle du réseau routier. Rome s'était dotée de voies droites, larges, bien pavées, sur lesquelles ses troupes se déplaçaient rapidement vers les endroits où l'on avait besoin d'elles. Ces routes offraient en même temps des facilités pour le commerce, les voyages privés et les communications.

Le sens juridique des Romains a eu aussi son importance. Leurs lois étaient rédigées avec le plus grand soin et elles s'appliquaient également aux Romains et aux non-Romains. La pratique des tribunaux, ou jurisprudence, était elle aussi une source de ce droit romain qui a inspiré la législation européenne et, dans une mesure plus ou moins large, celle de tous les autres pays. La primauté de la loi a assuré la stabilité du monde romain, car elle offrait des garanties à la majorité du peuple.

Il y avait tout de même des déshérités. Les guerres déversaient sur le territoire de Rome des foules d'esclaves, pour la plus grande prospérité des grands propriétaires qui leur faisaient travailler leurs champs, et la ruine des petits fermiers. Les guerres et l'administration des provinces nouvellement conquises provoquaient un nouvel afflux de richesse qui creusait encore davantage le fossé entre possédants et non-possédants.

En 135 eut lieu la première révolte d'esclaves, qui commença en Sicile, où les esclaves étaient traités avec une dureté particulière. Rome parvint à écraser les insurgés, mais de telles révoltes coûtaient cher et causaient des dommages sensibles aux classes possédantes. Par la suite, les soulèvements d'esclaves disparurent, en partie parce que les Romains avaient compris qu'il était dans leur intérêt de mieux traiter les esclaves, en partie parce que le manque d'ennemis à combattre amena une réduction du nombre d'esclaves.

L'empire était également affecté par des perturbations sociales. Certains politiciens romains libéraux cherchaient à réformer la société en limitant la quantité de terres et de biens aux mains d'un seul et même individu et en mettant les petits fermiers à l'abri de la misère. Les plus connus de ces réformateurs furent les Gracques : Tiberius Sempronius Gracchus (163-133) et son frère Caius Sempronius Gracchus (153-121), qui périrent assassinés par des hommes de main agissant sur l'ordre des nantis, partisans du statu quo.

Ces dissensions n'empêchèrent pas Rome d'étendre ses possessions, en particulier en Afrique du Nord. Mais, en 113, Rome se trouva confrontée à une nouvelle menace qui venait cette fois-ci non d'une contrée civilisée, mais de tribus descendant du nord en passant par la Gaule. Les Romains, qui n'avaient jamais oublié le sac de Rome par les Gaulois, firent appel à Caius Marius (157-86 av. J.-C.), qui avait soumis de vastes territoires en Afrique du Nord.

Marius leva une armée de pauvres et de déshérités et anéantit les envahisseurs au cours de deux batailles. Rome était sauvée, mais Marius avait créé un dangereux précédent qui allait peser sur le destin de Rome pendant de nombreuses années. En effet, l'armée qu'il avait rassemblée était plus à son service qu'à celui de Rome. D'autres généraux suivirent son exemple, ce qui entraîna un demi-siècle de guerres civiles.

Ces conflits suivaient les clivages sociaux. Marius était du parti des pauvres, tandis que Lucius Cornelius Sylla (138-78) défendait les riches. En 82, Sylla remporta la victoire et tenta de rétablir l'ancienne primauté du sénat. Mais, après sa mort, la guerre civile reprit, avec de nouveaux leaders, parmi lesquels se distingua Caius Julius Caesar, ou Jules César (100-44).

En ces dernières années précédant l'ère chrétienne, Rome fit preuve d'une vitalité extraordinaire, car les guerres civiles ne l'empêchaient pas plus de continuer son expansion que les révoltes d'esclaves ou les troubles sociaux. Les royaumes du Pont et d'Arménie essayèrent de profiter des difficultés de Rome pour recouvrer leur liberté. Le Pont lança une attaque surprise en 88 av. J.-C. et chassa les Romains d'Asie Mineure. Mais ceux-ci se reprirent et revinrent en force sous la conduite de Pompée. Ils annexèrent le Pont et firent de l'Arménie un royaume vassal, puis absorbèrent la Syrie et la Judée.

Finalement, Pompée, auréolé de ses victoires, s'unit à César, qui avait un grand pouvoir de séduction et des dons d'orateur, et à Crassus, l'homme le plus riche de Rome. Ce fut le premier triumvirat (en latin : « groupe de trois hommes ») – une innovation politique de plus à l'actif des Romains –, qui ramena la paix dans Rome.

Chacun des triumvirs se choisit une province. César prit la Gaule romaine (l'Italie du Nord et le sud-est de la France), et Crassus la Syrie. Pompée, lui, préféra l'Espagne, mais en l'administrant depuis l'Italie, pour demeurer le plus près possible du centre du pouvoir.

Les campagnes de Crassus tournèrent au désastre. Il s'attaqua aux Parthes mais fut vaincu et tué à la bataille de Carrhae, dans l'ouest de l'empire parthe.

César, en revanche, qui n'avait jamais été auparavant sur un champ de bataille, se découvrit des talents militaires à l'âge de quarante-deux ans. À l'issue de sept ans de campagne, il conquit la totalité de la Gaule et en fit un territoire romain. Il débarqua ensuite en Bretagne (la Grande-Bretagne actuelle) en 54. Comme Alexandre le Grand, César ne connut jamais la défaite.

Pompée, jaloux des succès de César, s'allia contre lui avec le sénat et les conservateurs. Lorsque César voulut regagner Rome en 49 av. J.-C., ordre lui fut donné de revenir sans son armée. Plutôt que de se retrouver désarmé face à ses ennemis, César choisit l'affrontement : il fit franchir à ses troupes le Rubicon, qui marquait la frontière entre la Gaule et l'Italie. L'expression « franchir le Rubicon » s'applique depuis à une démarche qui exclut tout retour en arrière.

Pompée n'osa pas affronter César et ses légions puissamment armées. Il préféra prendre le chemin de la Grèce, suivi par la plupart des sénateurs et de nombreux conservateurs.

César se lança à sa poursuite en 48 et lui livra bataille à Pharsale, en Thessalie du Sud. Pompée, vaincu, s'enfuit en Égypte, où il espérait être en sécurité, puisque ce pays ne dépendait pas de Rome. Mais les Égyptiens, peu désireux de provoquer la colère de César, dont la puissance ne cessait de croître, tuèrent Pompée dès qu'il eut mis pied à terre.

César débarqua à son tour en Égypte, où il fit la connaissance de la jeune et belle reine Cléopâtre VII (69-30). Il demeura trois mois avec elle, puis partit pour l'Asie Mineure, afin de vaincre définitivement le Pont. Il remporta un succès particulièrement facile, qu'il relata ensuite en trois mots : *veni, vidi, vici* (je suis venu, j'ai vu, j'ai vaincu).

C'est donc en maître absolu que César regagna Rome en 44. Il entreprit une série de réformes, augmentant le nombre des sénateurs, redistribuant les terres, octroyant plus largement la citoyenneté romaine et imposant aux Romains une variante du calendrier égyptien (qui est à quelques perfectionnements près celle que nous utilisons aujourd'hui).

Assassinat de Jules César

Les conservateurs, dont les prédécesseurs avaient assassiné les Gracques, n'étaient nullement disposés, en dépit de l'autorité de César, à lui laisser le champ libre. La tradition nous rapporte que le 15 mars 44 av. J.-C. (les ides de mars d'après le calendrier romain), un devin aborda César au moment où celui-ci quittait son domicile pour aller au sénat et lui dit : « Méfie-toi des ides de mars. » Si l'oracle est peut-être légendaire, il n'en reste pas moins que César a bien été assassiné ce jour-là par un groupe de conspirateurs conduits par Marcus Junius Brutus (85-42 av. J.-C.) et Caius Cassius Longinus (mort en 42 av. J.-C.).

Les comploteurs n'avaient pas prévu la suite. L'énorme popularité de César entraîna leur perte. Dans son oraison funèbre, un des lieutenants du chef disparu, Marc Antoine, dressa les foules contre Brutus et ses complices, qui furent contraints de s'enfuir de Rome.

En leur absence arriva à Rome un petit neveu de César âgé de dix-neuf ans, Caius Octavianus, ou Octave (63 av. J.-C.-14 ap. J.-C.). Marc Antoine et lui se joignirent au général Marcus Aemilius Lepidus, ou Lépide, pour former le second triumvirat. Ils poursuivirent les conjurés jusqu'en Grèce et les vainquirent à la bataille de Philippes, en Macédoine orientale. Après leur défaite, Brutus et Cassius se suicidèrent.

Le triumvirat se partagea alors l'empire. Octave reçut l'Occident, avec Rome, siège du pouvoir politique, et Antoine l'Orient, source de la prospérité de l'empire, tandis que Lépide, le moins influent des trois, devait se contenter de l'Afrique.

Lépide essaya d'étendre son pouvoir à la Sicile, mais Octave le fit emprisonner et se saisit de l'Afrique, demeurant ainsi le seul maître à l'Occident.

Ce fut alors au tour d'Antoine de rencontrer Cléopâtre et, comme César, il en tomba amoureux. Après sa défaite devant les Parthes en 36, il renonça à la guerre et à la politique et se retira à Alexandrie pour y mener une vie de plaisirs avec la reine d'Égypte.

Octave monta l'opinion publique contre Antoine, qu'il dépeignit comme l'esclave d'une souveraine étrangère, prêt à lui céder la moitié de l'empire. La guerre entre Octave et Antoine était inévitable et, le 2 septembre 31, se déroula à Actium, au large de la côte ouest de la Grèce, la plus grande bataille navale des temps antiques. La flotte d'Octave, commandée par un bon général, Agrippa, l'emporta. Antoine et Cléopâtre s'enfuirent en Égypte et, comme Octave les y poursuivit, ils mirent fin à leurs jours.

La guerre civile trouvait ainsi une conclusion dramatique, qui marqua d'ailleurs également la fin de la République. Octave était désormais le maître absolu de Rome. Il fit de l'Égypte sa propriété personnelle, mettant ainsi un terme à la dernière monarchie hellénistique.

Auguste (Octave) empereur de Rome

Octave, sans toucher aux formes de la République, en modifia le contenu de façon à s'attribuer tous les postes clés. Le 23 janvier 27 de notre ère, Octave se fit décerner le titre d'Auguste, jusque-là réservé aux dieux, tout en demeurant « imperator » (d'où vient le mot empereur), ce qui signifiait alors commandant en chef des armées.

Au seuil de notre ère, la civilisation occidentale avait atteint un nouveau palier. Toutes les contrées civilisées situées à l'ouest de l'Euphrate se trouvaient sous la mouvance de Rome et jouissaient de la paix romaine. L'Empire romain fut sans doute le plus stable de tous ceux qu'avait connus l'Occident, et sa population était de quelque quarante millions de personnes, soit deux fois plus que dans les possessions d'Alexandre le Grand.

Tout semblait pour le mieux sous le sage gouvernement d'Auguste, mais les Romains n'allaient pas tarder à découvrir qu'en renonçant à leur régime républicain, ils avaient autant perdu que gagné. Le demi-millénaire suivant ne serait pas achevé que l'Empire romain aurait cessé d'exister.

L'Inde devient un centre spirituel

L'Inde, qui avait tenu tête à Alexandre le Grand, continuait à jouer le rôle de berceau de religions nouvelles. Ce fut un cas pratiquement unique de société organisée autour de valeurs spirituelles. Le système des castes qui se constitua alors reflétait la foi des hindous en la réincarnation. La population était divisée en plusieurs catégories hiérarchisées, en fonc-

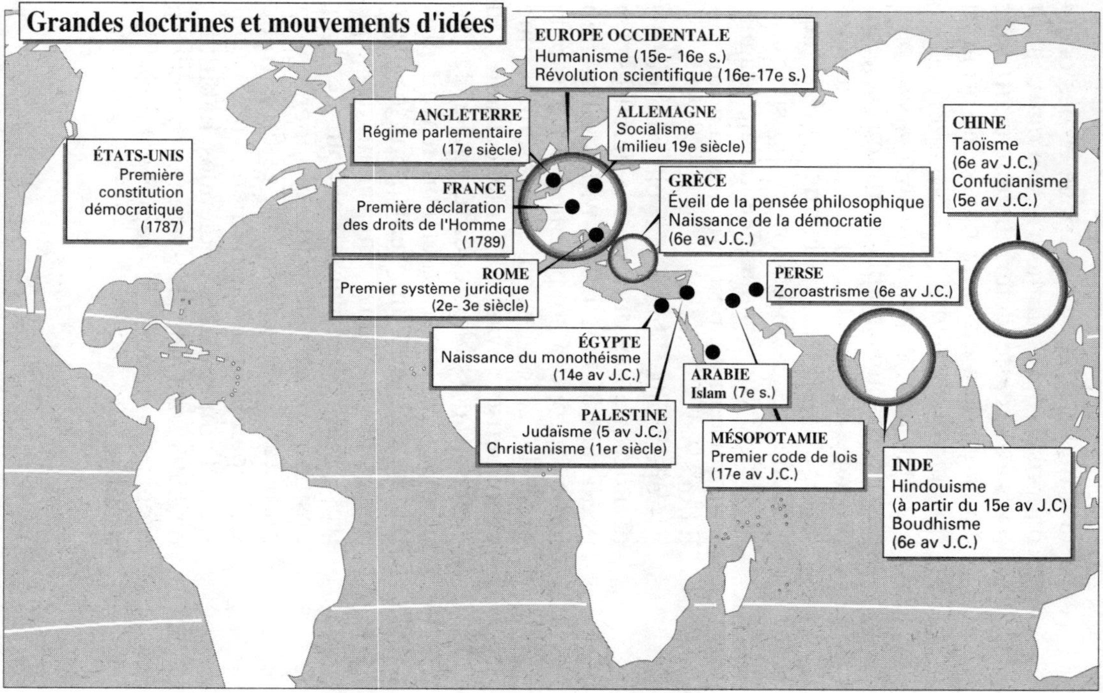
Grandes doctrines et mouvements d'idées
EUROPE OCCIDENTALE
Humanisme (15e- 16e s.)
Révolution scientifique (16e-17e s.)
ÉTATS-UNIS
Première
constitution
démocratique
(1787)
ANGLETERRE
Régime parlementaire
(17e siècle)
ALLEMAGNE
Socialisme
(milieu 19e siècle)
FRANCE
Première déclaration
des droits de l'Homme
(1789)
GRÈCE
Éveil de la pensée philosophique
Naissance de la démocratie
(6e av J.C.)
CHINE
Taoïsme
(6e av J.C.)
Confucianisme
(5e av J.C.)
ROME
Premier système juridique
(2e- 3e siècle)
PERSE
Zoroastrisme (6e av J.C.)
ÉGYPTE
Naissance du monothéisme
(14e av J.C.)
ARABIE
Islam (7e s.)
PALESTINE
Judaïsme (5 av J.C.)
Christianisme (1er siècle)
MÉSOPOTAMIE
Premier code de lois
(17e av J.C.)
INDE
Hindouisme
(à partir du 15e av J.C)
Boudhisme
(6e av J.C.)

tion de l'origine, du mariage et des occupations. D'après la théorie, si l'on naissait dans une caste déterminée, c'était pour expérimenter un style de vie et progresser spirituellement.

Dans la pratique, le système, qui assignait à chacun une place immuable, était un gage de stabilité mais aussi un obstacle au progrès individuel. Les changements de caste étaient impossibles, et la société fut condamnée à une stagnation qui handicape l'Inde jusqu'à aujourd'hui.

Cependant, l'Inde n'a pas donné au monde que des doctrines religieuses. Un peu avant 800 av. J.-C., un mathématicien indien proposa le premier un symbole pour le zéro, ce qui représentait une prodigieuse avancée intellectuelle. Il devenait possible de différencier facilement 23, 203 et 230, et l'on n'avait plus besoin de signes différents pour les dizaines et les centaines. La valeur des chiffres était désormais fonction de leur position, ce qui simplifia grandement la numération. Pourtant, l'usage du zéro ne se répandit que lentement, tant était forte l'emprise des anciennes habitudes de calcul à l'aide de systèmes beaucoup moins commodes de représentation des nombres.

Naissance en Inde de Siddharta Gautama (Bouddha)

Plusieurs religions avaient pris naissance sur le terreau fertile de l'Inde dans la première moitié du dernier millénaire avant notre ère, mais aucune n'atteignit l'importance du bouddhisme. Fondé dans l'Inde du Nord par Siddharta Gautama (563-483 av. J.-C.), plus connu sous le nom de Bouddha (l'Illuminé), le bouddhisme n'était pas structuré autour d'une révélation divine. Il mettait l'accent sur la pureté de la vie et affirmait que l'âme effectuait des migrations tant qu'elle n'avait pas mérité la récompense suprême et atteint le nirvana, ou extinction de tout trouble.

Le bouddhisme se répandit dans toute l'Asie orientale, mais disparut pratiquement en Inde même. C'est par lui que l'Inde a exercé la plus forte influence philosophique sur le reste du monde.

L'Inde unifiée

En 321 av. J.-C., le chef indien Chandragupta entreprit l'unification de l'Inde. Sous son autorité se trouvèrent regroupées pour la première fois d'importantes portions de la péninsule. Il repoussa en 305 les armées de Séleucos Ier qui voulait suivre les traces d'Alexandre en établissant son contrôle sur l'Inde.

La dynastie de Chandragupta atteignit le faîte de sa puissance sous Açoka, qui monta sur le trône en 265. Ce souverain étendit son pouvoir sur la totalité de l'Inde, à l'exception de son extrême pointe méridionale. Il aurait d'ailleurs pu conquérir celle-ci, mais il préféra suivre la voie de Salomon plutôt que celle de César. Écœuré par les carnages du début de son règne, il renonça à combattre et se consacra à améliorer le sort de ses sujets. L'Inde, sous Açoka, dut atteindre une population de trente millions d'âmes, soit beaucoup plus que les royaumes hellénistiques contemporains. Néanmoins, là encore, la prospérité du royaume était liée à la personne du roi, et la mort d'Açoka, en 236, entraîna la dislocation de l'empire.

Au début de notre ère, l'Inde était de nouveau morcelée et incapable d'exercer sur les affaires du monde une influence autre que spirituelle.

La Chine suit sa propre voie

La Chine demeura divisée en royaumes féodaux jusque dans la première moitié de ce millénaire, mais vers 600 av. J.-C., elle entra à son tour dans l'âge du fer.

Apparition du taoïsme en Chine

Un des progrès importants de la Chine à cette époque consiste dans l'apparition d'écoles de morale. L'une d'elles, dont on attribuait la fondation au légendaire Lao-tseu, s'ouvrit vers 565 av. J.-C. La doctrine qui y était enseignée a reçu le nom de taoïsme. Elle répudiait les formes, les rites et les cérémonies, affirmant que le plus important était de suivre la voie (ou tao) et de mener une vie juste.

L'influence du taoïsme s'est principalement manifestée dans l'empreinte qu'il a laissée sur d'autres systèmes religieux plus structurés. Il représente, par exemple, un courant important du bouddhisme zen.

Aux environs de l'an 500 av. J.-C., Kong-fou-tseu, ou Confucius (551-479), proposa un système d'exigences morales élevées assez différent du taoïsme. Ses codes de comportement furent institutionnalisés et imprégnèrent toute la société et le système de gouvernement de la Chine.

En 221 av. J.-C., la Chine finit par réaliser son unité sous la dynastie des Qin. Le premier empereur de Chine fut Shi Huangdi (259-210), et il a dû régner sur une trentaine de millions de sujets.

Shi voulait balayer les vestiges du long passé féodal et recommencer l'histoire à zéro. Il ordonna donc la destruction de tous les livres antérieurs, à l'exception de ceux qui traitaient de matières scientifiques, et qui furent confiés aux lettrés officiels. Son désir de libérer la Chine du poids du passé était louable, mais ses mesures aboutirent à appauvrir les connaissances des générations futures sur cette période de leur histoire nationale.

Pour arrêter les invasions des tribus nomades, il fit construire sur les frontières nord du pays une imposante barrière (initialement sous la forme d'un rempart de terre) connue sous le nom de Grande Muraille de Chine. Elle était moins un obstacle pour les hommes que pour les chevaux, sans lesquels, pensaient les Chinois, les nomades étaient déjà beaucoup moins dangereux.

La domination de la dynastie des Qin fut de courte durée. En 202, elle céda la place aux Han, qui parvinrent à conserver l'unité de la Chine.

C'est sous l'empereur Wudi, de la dynastie des Han, qu'en 110 av. J.-C. les Chinois s'emparèrent des régions au sud du Yangzi, qui forment maintenant la moitié sud du pays. En 108, ils conquirent la Corée. Leur culture se répandit sur ces nouveaux territoires, un peu à la manière dont la culture grecque avait gagné un peu plus tôt l'ensemble du monde occidental.

La Chine se développa sans aucune relation avec l'Occident jusqu'à ce qu'un explorateur chinois nommé Zhang Qian (mort en 114) parvienne en Bactriane (dans l'Afghanistan actuel) pour demander de l'aide contre les Huns. Ce fut le premier contact connu entre les Chinois et les Occidentaux, et il eut un retentissement considérable, éveillant les appétits des hommes de l'Ouest pour la soie et autres produits de luxe.

Ainsi, au seuil de notre ère, il existait un empire chinois qui ne le cédait ni en étendue, ni en ressources à celui de Rome, mais les habitants de ces deux États ne savaient pratiquement rien les uns des autres.

Le monde avance

170 millions d'habitants sur la Terre

La population du monde, qui devait être d'à peu près cinquante millions en 1000 av. J.-C., fit plus que tripler au cours du millénaire, atteignant cent soixante-dix millions en 1 ap. J.-C. Une quarantaine de millions d'hommes se trouvaient dans l'Empire romain, une trentaine en Chine, autant en Inde, cinq millions dans le royaume parthe et les soixante-cinq millions restants étaient répartis entre les autres régions.

En quelques millénaires seulement, l'humanité avait inventé plusieurs nouveaux systèmes politiques, dont la démocratie, la république et l'empire. La démocratie semble ne s'être implantée qu'en Grèce. Les Romains, eux, abandonnèrent leurs institutions républicaines pour adopter le régime impérial.

À la veille de l'ère chrétienne, l'empire avait remplacé la cité-État comme solution de référence dans l'organisation de la société, mais son avenir était incertain. Son apparition dépendait d'une série d'autres inventions, telles que l'écriture et les routes, qui permettaient aux gouvernants de contrôler de vastes territoires.

La civilisation avait progressé partout, mais ses principaux foyers demeuraient séparés les uns des autres. La relative stabilité des zones habitées favorisa l'essor démographique, qui, à son tour, stimula l'innovation, puisqu'il fallait bien que les hommes trouvent le moyen de nourrir toutes ces nouvelles bouches.

Les sujets des grands empires d'alors devaient croire à la pérennité de ces empires. C'était en particulier le cas des

Romains, qui avaient donné à leur cité le nom de Ville Éternelle.

Et pourtant, de grands bouleversements s'annonçaient déjà à l'horizon du millénaire qui allait débuter.

5. Le premier millénaire vécu comme tel

De l'« année du Seigneur » à 1000 ap. J.-C.

Durant toutes les périodes qui ont précédé, personne ne se préoccupait de découper le temps écoulé en tranches de mille ans. Comme nous l'avons déjà indiqué, il fallut attendre plusieurs siècles pour que l'on commence à compter les années à partir de la naissance du Christ. Et il a fallu approcher de la fin du millième anniversaire de cet événement pour que les hommes commencent à penser en termes de millénaires. C'est, en particulier, le livre biblique de l'Apocalypse (un mot grec qui signifie « révélation »), dont certains passages pouvaient donner à penser que l'an 1000 marquerait la fin du monde, qui les poussa à attacher de l'importance à la fin du premier millénaire.

De tous les millénaires que nous avons déjà passés en revue, nous abordons donc le premier que les contemporains aient perçu comme tel. À son début, une grande partie du monde était soumise à la loi de Rome. Quand il s'acheva, Rome avait toujours un rôle prépondérant, mais à la tête cette fois d'une nouvelle sorte d'empire, reposant davantage sur les valeurs spirituelles que sur la force matérielle. Partout s'étaient produits de grands changements, qui annonçaient notre propre millénaire et les temps modernes.

Chute de Rome

La République romaine avait été un État expansionniste dès sa fondation. Le passage à l'Empire eut plutôt tendance à conforter encore cette tendance. Malgré le coup d'arrêt infligé par les Parthes à Carrhae, des combats continuèrent sur les frontières de l'est. L'Empire romain soumit également des territoires tout en leur laissant leur propre administration.

L'Empire romain avait pour limites l'océan Atlantique à l'ouest, le Sahara au sud, l'empire parthe à l'est, le cours du

Rhin et du Danube au nord. C'est vers cette dernière direction que l'Empire tourna principalement ses ambitions. Ses armées avancèrent du Rhin vers l'Elbe, tentant de soumettre les tribus germaniques.

La défaite des Romains à Teutoberg arrête l'expansion de l'Empire

Mais l'entreprise aboutit à un désastre. En 9, trois légions romaines furent prises dans une embuscade et détruites dans la forêt de Teutoberg. Ce grave revers ruina les desseins d'Auguste, qui ramena ses forces derrière le Rhin. L'Empire suivit dès lors une politique militaire principalement défensive.

Certes, des conquêtes eurent encore lieu, et parfois fort importantes. En 43, sous le règne de Claude (10 av. J.-C.-54 ap. J.-C.), les légions s'emparèrent des régions méridionales de l'île de Bretagne (appelée plus tard la Grande-Bretagne) et en firent une province romaine. Une cinquantaine d'années plus tard, l'empereur Trajan (53-117) attaqua et conquit la Dacie, au nord du Danube (la Roumanie actuelle). Entre 113 et 117, il finit par vaincre les Parthes et annexa la Mésopotamie. Les légions romaines atteignirent ainsi le golfe Persique, donnant à l'Empire sa plus grande extension. Sa population totalisait alors autour de cinquante millions d'habitants.

Cependant, le successeur de Trajan, Hadrien (76-138), abandonna les territoires conquis sur les Parthes et bâtit un mur dans la partie la plus étroite de l'île de Bretagne. Il signifiait ainsi sa détermination à borner ses ambitions dans ce secteur et à se contenter de repousser les incursions des Pictes, qui peuplaient ce qui est aujourd'hui l'Écosse.

L'Empire romain, en renonçant à ses aventures conquérantes, n'en maintint pas moins le monde méditerranéen dans la tranquillité pour une période de deux cents ans, la fameuse paix romaine dont nous avons déjà parlé. Jamais le monde occidental civilisé, ni auparavant ni depuis, ne connut une paix aussi longue.

Cette paix était due à la conjonction de plusieurs facteurs, et sa fin fut également provoquée par toute une série d'événements. Comme dans le passé, la pression des barbares représentait une menace constante pour l'Empire et en épuisait les ressources. D'autre part, ainsi que cela s'était déjà produit à Athènes, une épidémie enraya la croissance de la population de Rome et la fit même diminuer. De plus, le régime impérial était lui-même facteur d'instabilité, faute d'avoir défini des règles précises d'accession au trône et trouvé les moyens de contrebalancer les décisions néfastes des empereurs.

Enfin, l'impact du christianisme ne saurait être sous-estimé. La nouvelle religion était étrangère à la culture romaine et profondément subversive en ce sens que ses sectateurs rejetaient l'autorité divine du monarque.

Les barbares, dès les premiers siècles du millénaire, posèrent à Rome un problème insoluble. Jules César avait su envahir la Gaule et les faire reculer, mais ses successeurs durent borner leurs efforts à les maintenir en dehors de l'Empire.

Les tribus du centre et de l'est du continent manifestaient une hostilité croissante, harcelant les frontières nord de Rome. Elles étaient d'ailleurs soumises à leur tour à la pression d'autres tribus venues d'Asie centrale, où les nomades croissaient en nombre tant que les pâturages suffisaient à nourrir leurs troupeaux, puis, à mesure que ces pâturages s'épuisaient, ils se mettaient en route pour en chercher d'autres.

Les peuplades asiatiques atteignaient parfois l'Europe, chassant devant elles les tribus locales. C'est ainsi que les régions méditerranéennes civilisées avaient été ravagées par les Cimmériens, les Scythes, les Gaulois et autres Celtes. Ce fut ensuite au tour des Germains de quitter leur Scandinavie natale pour se répandre vers le sud et l'est, jusqu'à border le Rhin et le Danube.

En 166, sous le règne de Marc Aurèle (121-180), la tribu germanique des Marcomans franchit le haut Danube, et les Romains durent les combattre durant une quinzaine d'années. Ce conflit marqua le début des invasions barbares, qui se renouvelèrent ensuite périodiquement, Rome devant consentir des dépenses et des efforts croissants pour les contenir.

Durant l'invasion des Marcomans, la peste fut apportée dans l'Empire par les soldats qui avaient combattu à l'est. L'épidémie fut terrible et affaiblit considérablement la population et les ressources de l'Empire, qui ne s'en remit jamais totalement.

Par ailleurs, faute d'un mécanisme précis de transmission du pouvoir, l'armée, qui était la force principale, intervenait de plus en plus fréquemment dans la désignation des empereurs. Dès 68, à la mort de Néron (37-68), différents chefs militaires s'emparèrent à tour de rôle du trône avant que Vespasien (9-79), lui aussi un général, ne fût en état de stabiliser la situation. Une nouvelle crise éclata après la mort de Marc Aurèle. Pendant un siècle, les militaires firent et défirent les empereurs à leur guise.

De plus, l'absence d'un système fiscal cohérent handicapait l'économie et finit par ruiner la confiance de la population dans l'État et ses institutions.

Ces problèmes structuraux ne pouvaient trouver une solution en dehors d'un changement radical de l'organisation de la société. Plusieurs empereurs tentèrent bien d'introduire des réformes et d'arrêter le déclin progressif de l'Empire, mais en vain.

Dioclétien (245-305), par exemple, pour faciliter l'administration de l'Empire, le partagea en quatre régions. Il abandonna aussi la fiction du maintien des vieilles institutions républicaines et donna à l'Empire la forme d'une monarchie absolue. Ses efforts n'aboutirent cependant qu'à affaiblir encore plus l'Empire, car les dirigeants des quatre régions se mirent à se faire la guerre.

Constantin Ier devient empereur romain et christianise l'Empire

C'est Constantin Ier (288-337), devenu empereur en 306, qui introduisit ce qui fut peut-être le plus grand changement dans l'existence de l'Empire en transférant sa capitale de Rome à Byzance (rebaptisée en son honneur Constantinople), sur les rives du Bosphore. La nouvelle capitale occupait une position forte, et la partie est de l'Empire eut tendance à concentrer les richesses matérielles et culturelles au détriment de la partie ouest.

Durant toute cette période, les tribus germaniques n'avaient cessé d'être menaçantes, et elles le devinrent encore plus lorsque les Huns d'Asie centrale s'ébranlèrent vers l'ouest. Brusquement les Goths, de chasseurs, devinrent chassés et cherchèrent leur salut à l'intérieur de l'Empire.

En 376, les Wisigoths passèrent le Danube et pénétrèrent dans la péninsule des Balkans, comme des réfugiés plutôt que comme des envahisseurs. Mais les vexations que leur infligeaient les dirigeants romains finirent par les pousser à la révolte.

Le 9 août 378 eut lieu la bataille d'Andrinople. Les Goths durent de la remporter à l'adoption de l'étrier, inventé en Asie centrale. Grâce aux étriers, le cavalier demeurait ferme en selle quand sa lance frappait l'ennemi. Le cheval et le cavalier devenaient un bloc soudé, qui fondait sur son objectif avec une efficacité accrue.

La cavalerie des Goths balaya les légions romaines, mettant un terme bru-

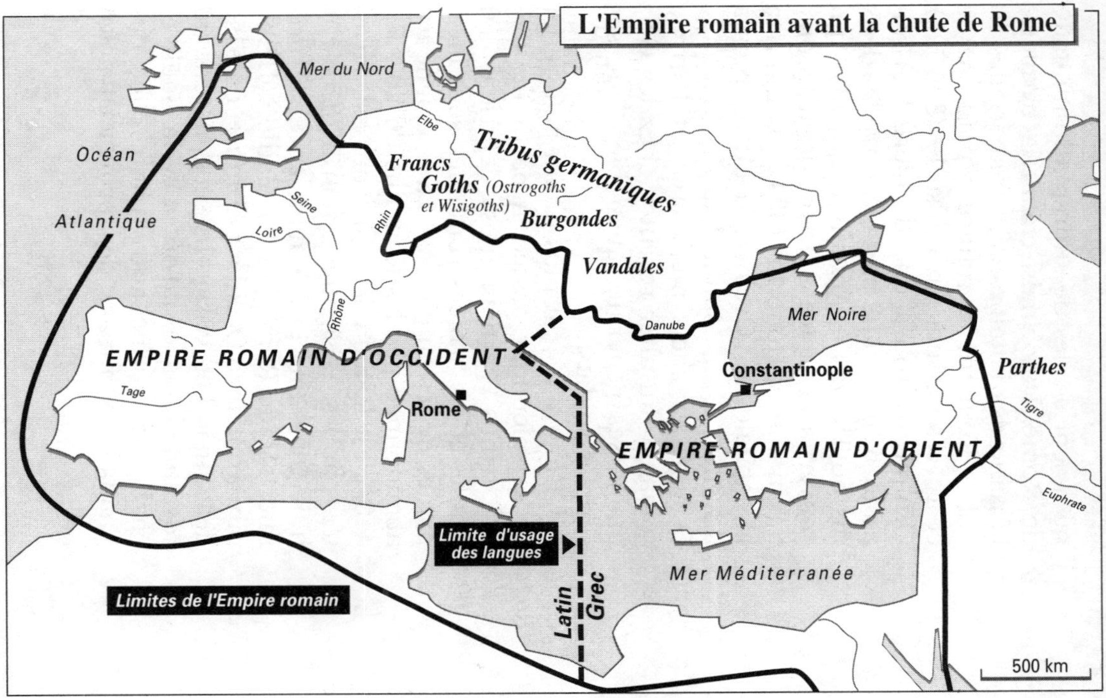
L'Empire romain avant la chute de Rome
Mer du Nord
Océan
Atlantique
Elbe
Tribus germaniques
Francs
Goths (Ostrogoths et Wisigoths)
Burgondes
Vandales
Seine
Loire
Rhin
Rhône
Tage
Danube
Mer Noire
EMPIRE ROMAIN D'OCCIDENT
Rome
Constantinople
Parthes
Tigre
Euphrate
EMPIRE ROMAIN D'ORIENT
Limite d'usage des langues
Latin
Grec
Mer Méditerranée
Limites de l'Empire romain
500 km

tal à sept siècles de suprématie militaire de Rome. Désormais, c'était la cavalerie la reine des batailles.

Les Romains se remirent pourtant de ce revers et, sous Théodose Ier (346-395), l'Empire retrouva une dernière fois son unité. Il fut ensuite partagé entre les deux fils de Théodose, Arcadius (377-408), qui gouverna l'Empire d'Orient depuis Constantinople, et Honorius (384-423), qui fixa la capitale de l'Occident à Milan, puis à Ravenne. L'un comme l'autre, d'ailleurs, étaient des chefs médiocres, et l'armée romaine dut aller recruter chez les Germains ses généraux aussi bien que ses simples soldats.

Sac de Rome par les Wisigoths

L'Empire n'était plus qu'un pâle reflet de sa splendeur passée. À partir de 406, les tribus germaniques déferlent en Gaule, et les armées romaines sont incapables de les en chasser. La Bretagne est abandonnée par les Romains en 407. En 410, c'est Rome elle-même qui est dévastée par les Wisigoths d'Alaric (370-410), huit cents ans exactement après le premier sac de Rome par les Gaulois. L'Empire romain d'Occident commença à se disloquer. Les Wisigoths se taillèrent un royaume dans le sud-ouest de la Gaule et en Espagne. Une autre tribu, celle des Vandales, s'empara des provinces nord-africaines. Les Huns marchaient sur leurs talons, et leur roi Attila (406-453) constitua un empire étendu mais peu cohérent, qui allait de la mer Caspienne jusqu'aux environs de l'océan Atlantique.

Défaite d'Attila

Dans le centre de la Gaule, une armée de Romains et de Goths commandée par Aetius parvint à battre Attila entre Troyes et Châlons-sur-Marne, en juin 451. Attila mourut deux ans plus tard, et son empire ne lui survécut pas. La menace des Huns disparut, mais le dommage causé, lui, était irrémédiable.

Chute de l'Empire d'Occident ; l'Europe aborde les « siècles obscurs »

La désintégration de l'Empire d'Occident se poursuivit inexorablement. En 476, le dernier empereur romain à avoir sa capitale en Italie, Romulus Augustulus, fut déposé, sans qu'aucun successeur lui soit nommé. C'est la date que retient d'ordinaire l'histoire comme celle de la fin de l'Empire romain, ce qui relève d'une vision simplificatrice des choses, car seul disparut alors l'Empire d'Occident. Celui d'Orient demeura fort et intact. Malgré tout, un tournant capital avait été franchi, annonçant la venue de temps difficiles et rappelant aux hommes que la marche de la civilisation peut toujours connaître des retours en arrière.

Un déclin de la civilisation

Les tribus germaniques affirmèrent leur emprise sur toute l'Europe occidentale. L'Italie, en 489, fut conquise par les Ostrogoths du roi Théodoric (454-526). Les Angles, les Saxons et les Jutes envahirent l'île de Bretagne. En 481, ce fut au tour de la Gaule de passer sous la coupe d'une nouvelle tribu germanique, celle des Francs, dont le roi était Clovis (466-511).

En 500, il ne restait pratiquement plus trace de l'Empire romain d'Occident. La situation politique était complètement inversée. Les provinces au pouvoir des barbares étaient gouvernées par une nouvelle aristocratie germanique qui dominait des classes inférieures formées de descendants des Romains.

Du point de vue de l'évolution sociale, il fallait bien en passer par là pour secouer le joug de l'Empire et laisser émerger une nouvelle société plus vigoureuse. Mais le prix à payer fut la perte du savoir des Grecs et de tout l'acquis institutionnel latin, celui de la primauté de la loi.

On voyait se répéter ce qui s'était déjà passé précédemment, à Sumer par exemple. Avec la décadence des villes et des institutions sociales, la détérioration du réseau routier, l'ouest de l'Europe entra dans un âge de ténèbres. De notre point de vue d'Occidentaux, nous avons tendance à considérer que ces ténèbres couvrirent l'ensemble du monde, mais il n'en fut rien. L'Empire romain d'Orient et la plupart des royaumes asiatiques conservèrent leur prospérité et un niveau élevé de civilisation.

C'est de l'Orient, d'ailleurs, que la civilisation devait finalement revenir en Europe occidentale. C'est là que s'était conservé l'héritage du savoir et de la culture des Grecs. C'est là que la flamme de la connaissance est demeurée allumée pendant plusieurs siècles, tandis que l'Occident tâtonnait à la recherche de voies nouvelles.

La plupart des royaumes germaniques n'eurent qu'une existence éphémère. Les Vandales d'Afrique du Nord furent écrasés par l'Empire d'Orient en 534, et les Ostrogoths connurent le même sort en 544. Une autre tribu germanique, celle des Lombards, en profita pour les remplacer en Italie, empêchant le rétablissement de l'autorité romaine.

Les Wisigoths d'Espagne furent en butte aux attaques d'envahisseurs venus d'une région du nord-ouest de l'Afrique appelée la Mauritanie, aussi les Espagnols leur donnèrent-ils le nom de Maures. Ils représentèrent un grave danger pour les Européens durant tout le Moyen Age.

Le seul royaume germanique florissant fut celui des Francs. Malheureusement, ils étaient les moins civilisés de tous les envahisseurs de l'Empire romain. Leur domination retarda le retour de la civilisation. Ils ont pourtant légué leur nom à l'ancienne Gaule romaine, qui est ainsi devenue la France.

Les Francs avaient la funeste habitude de diviser leur royaume entre leurs fils, d'où un morcellement de leur territoire et des luttes fratricides continuelles. Tout cela contribua à prolonger l'état de barbarie.

Cependant, des velléités de réveil se manifestaient çà et là, comme sous les Mérovingiens, qui tenaient leur nom d'un aïeul de Clovis, Mérovée, et dont les règnes percèrent quelque peu l'obscurité ambiante. Mais ils déclinèrent à leur tour, et le dernier roi à gouverner l'ensemble des Francs fut Dagobert (605-639).

Charles Martel bat les Arabes à Poitiers

Après sa mort, les rois dits fainéants ne conservèrent qu'une autorité nominale, tandis que le pouvoir réel appartenait à des ministres, les maires du palais. Charles Martel (688-741) fut le plus éminent d'entre eux. Il n'hésita pas à affronter les Arabes, ou Sarrasins, qui avaient conquis l'Espagne et menaçaient le reste de l'Europe. Il développa sa cavalerie lourde, avec des chevaux suffisamment robustes pour porter un cavalier bardé de fer. Ces troupes puissamment cuirassées, auxquelles les Arabes n'avaient rien d'équivalent à opposer, lui assurèrent une victoire écrasante près de Poitiers. Les envahisseurs se replièrent à l'abri des Pyrénées, laissant à l'Europe le loisir de se remettre de ses épreuves.

Le fils de Charles Martel, Pépin le Bref (714-768), reprit à la mort de son père la charge de maire du palais. Mais il voulait plus. En 751, il déposa le dernier des Mérovingiens et devint roi à sa place, fondant ainsi la dynastie des Carolingiens.

Le règne de son fils Charles (742-814), qui monta sur le trône en 768, fut si glorieux qu'il lui valut le nom de Charlemagne, c'est-à-dire Charles le Grand. Il s'attacha à agrandir ses possessions, attaquant d'abord les Sarrasins, auxquels il enleva une bande de terre au sud des Pyrénées (la Marche d'Espagne), puis détruisant le royaume lombard en Italie du Nord, dont il annexa presque tout le territoire. Il se dirigea ensuite vers l'est contre les

Saxons, qu'il finit par soumettre après une lutte opiniâtre.

Charlemagne couronné empereur

En 800, Charlemagne se proclama empereur, pour renouer avec la tradition de l'Empire romain d'Occident. Mais l'Empire d'Orient refusa de le reconnaître.

L'empire franc de Charlemagne comprenait les pays qui forment aujourd'hui la France, les Pays-Bas, la Belgique, la quasi-totalité de l'Allemagne actuelle, le gros de l'Italie et le nord de l'Espagne. Parmi les provinces qui constituaient autrefois l'Empire romain d'Occident, seules lui échappaient l'Afrique du Nord et la majeure partie de l'Espagne, aux mains des Arabes, et la Bretagne saxonne (l'Angleterre d'aujourd'hui), qui était indépendante. En revanche, il englobait des territoires qui n'avaient jamais fait partie de l'Empire romain.

Même si l'on était loin de la paix romaine, Charlemagne sut assurer à son empire une tranquillité relative et y restaurer des éléments de civilisation. La population de la Gaule, qui n'avait cessé de diminuer, recommença à croître. Le roi créa des écoles et encouragea l'enseignement. La barbarie commença à reculer.

Malheureusement, son œuvre ne lui survécut pas. Son fils unique, Louis le Pieux ou le Débonnaire (778-840), qui avait lui-même plusieurs fils, revint à la tradition du partage du royaume entre les héritiers. La guerre civile se ralluma pour le reste de son règne et pour la suite, replongeant l'Europe dans les ténèbres.

L'empire de Charlemagne se désagrégea définitivement en 843, à la conclusion du traité de Verdun entre les trois fils de Louis qui ouvrit la voie à la constitution de deux pays distincts, chacun avec sa langue et son destin propres : l'Allemagne à l'est et la France à l'ouest.

L'éclatement de l'empire franc fut encore accéléré par de nouvelles invasions. À l'époque, la Scandinavie connaissait un rapide essor démographique, auquel son rude climat offrait peu de débouchés. Dès lors, les Vikings essaimèrent par terre et par mer à la recherche de territoires et de butin.

Des Suédois pénètrent en Russie, les pirates norvégiens et danois pillent les côtes des îles Britanniques et de l'empire franc, atteignant même la Méditerranée.

À l'est également se lèvent de nouveaux dangers. Les Alans, qui avaient bâti un empire voisin de celui de Charlemagne, puis les tribus bulgares ravagent l'Europe orientale. En Méditerranée, des pirates sarrasins s'emparent de la Sicile, de la Sardaigne et des Baléares.

Les rois de ces contrées étaient impuissants, et le petit peuple, terrorisé, se groupait autour des nobles décidés à résister. C'est ainsi que le roi franc Charles III (879-929), un médiocre monté sur le trône en 893, pactisa avec les envahisseurs normands en 911, leur cédant une province à l'embouchure de la Seine qui devint le duché de Normandie. Bien différent fut le comportement d'Eudes, comte de Paris, qui choisit de résister et repoussa les assaillants en 885.

Rien d'étonnant, après cela, si les Francs ont mis fin à la dynastie des Carolingiens. Le dernier représentant de cette dynastie à régner sur les Francs orientaux fut Louis III (893-911). À sa mort, il n'eut pas de successeur de sa lignée, et les Germains se choisirent un chef parmi leurs nobles.

Chez les Francs de l'Ouest – les Français –, le dernier Carolingien fut Lothaire, mort en 986. Ce fut le petit-neveu d'Eudes, Hugues Capet, qui lui succéda.

Mais ces deux pays, sous leurs nouveaux rois, ne devinrent ni l'un ni l'autre des États forts et unifiés. Les guerres civiles carolingiennes et les raids des Vikings avaient ébranlé le pouvoir central au profit de la noblesse. L'ancien empire franc, et surtout sa partie occidentale, française, se divisa en une multitude de provinces dont les princes étaient pratiquement indépendants du monarque.

Morcelée en régions qui se querellaient fréquemment, l'Europe occidentale avait presque complètement basculé dans le féodalisme. La couronne impériale transmise par Charlemagne à ses médiocres descendants n'avait plus qu'une valeur symbolique.

Otton Ier à la tête du Saint Empire romain

En 936, cependant, la Germanie passa sous l'autorité d'Otton (912-973), le souverain le plus puissant depuis Charlemagne, qui décida de redonner son lustre à l'Empire. Il commença par se soumettre les potentats locaux, puis vainquit les tribus magyares venues de l'est. Il envahit l'Italie à deux reprises et parvint à se faire couronner empereur en 962.

Ce fut là, en Occident, la véritable renaissance de l'Empire romain. Certes, il n'avait guère de romain que le nom, puisque le nouvel empereur ne dominait que l'Allemagne et le nord de l'Italie. Aussi, pour le distinguer de l'ancien empire, plus grand et longtemps païen, celui-ci reçut le nom de Saint Empire romain.

Le petit-fils d'Otton Ier, Otton III, commença à régner sur le Saint Empire romain en 1000, à l'âge de vingt-deux ans. Il épousa une princesse de l'Empire d'Orient, et sa cour fut dès lors ouverte à la civilisation orientale plus évoluée.

En France, au même moment, les privilèges féodaux restreignaient fortement l'autorité du roi, qui était alors Robert II, fils d'Hugues Capet. Le duc de Normandie Richard II, par exemple, était plus puissant que lui.

L'Angleterre anglo-saxonne avait beaucoup souffert des incursions danoises sur ses rivages, mais elle commençait peu à peu à se relever. Elle eut un roi sage en la personne d'Alfred (849-899), qui monta sur le trône en 871. Malheureusement, ses successeurs ne suivirent pas son exemple. En 1000, le pays était gouverné par Ethelred l'Indécis, au surnom évocateur. Au lieu de chasser les Danois, il les paya pour partir, mais sans parvenir à plus de succès.

L'an mil trouva donc l'Europe occidentale en plein féodalisme, mais les siècles obscurs touchaient à leur fin. Comme à d'autres occasions dans le passé, les progrès techniques jouèrent le rôle de catalyseurs des évolutions sociales. Les inventions apparemment les plus simples prenaient une importance considérable. C'est ainsi que l'apparition du collier d'épaule et le ferrage des sabots permirent d'atteler les chevaux aux charrues. Celles-ci, à la différence des anciens araires, étaient désormais munies d'un versoir qui leur permettait de retourner les mottes du sol lourd et humide du nord-ouest de l'Europe.

Ces innovations améliorèrent la production de nourriture, si bien qu'à la fin du premier millénaire la population retrouva le niveau qu'elle avait à l'apogée de l'Empire romain, soit environ six millions et demi d'habitants en France et quelque huit millions pour l'ensemble du Saint Empire.

Nous avons déjà vu, en survolant l'époque préhistorique, que l'imagination de l'homme parvenait à assurer son progrès en dépit d'énormes épreuves et d'une mauvaise direction politique. Ce qui était déjà vrai en 8000 av. J.-C. le demeurait en 1000 de notre ère.

L'Orient tient bon

L'Empire romain d'Orient survécut à l'effondrement de celui d'Occident en

476. L'empereur d'Orient, siégeant à Constantinople, se considéra comme l'héritier des provinces occidentales.

Mais l'Empire n'avait toujours pas de système réglementé de nomination des empereurs. Querelles dynastiques et coups de force des militaires rythmaient la vie politique. Cette instabilité interne causa autant de dommages à l'Empire que les périls extérieurs. À l'est, l'empire parthe avait cédé la place à un nouvel empire perse, qui continua la tradition, vieille de plusieurs siècles, de lutte avec les Romains. De plus, de nouvelles peuplades franchissaient le Danube pour envahir les Balkans.

L'Empire d'Orient avait une armée bien entraînée, capable de repousser les invasions, et ses places fortes, à commencer par Constantinople elle-même, résistèrent. La capitale était ceinte de puissantes murailles, et ses abords maritimes étaient surveillés par la flotte impériale ; elle ne pouvait donc être ni prise d'assaut ni affamée. Néanmoins, les combats incessants ravageaient le pays, décimaient ses troupes et vidaient ses caisses.

En 527 monta sur le trône un empereur habile, Justinien (483-565). Il était décidé à reconquérir l'Occident et il avait, avec Bélisaire, un général de génie pour réaliser ses desseins. En 533, Bélisaire, à la tête d'une armée peu nombreuse, balaya le royaume vandale et reprit possession de l'Afrique du Nord.

Les Vandales s'étaient choisi pour capitale Carthage, qui, plus d'un siècle après sa destruction, était devenue une importante cité romaine.

Bélisaire entreprit ensuite d'arracher l'Italie aux Ostrogoths. La tâche était beaucoup plus difficile, et il lui fallut vingt ans pour en venir à bout. Ce n'est même pas lui qui l'acheva, mais son successeur, Narsès, général et administrateur de grand talent, qui hérita du commandement à plus de soixante-dix ans. En 554, les forces romaines d'Orient prirent même pied sur des portions de côte espagnole. Et tous ces succès furent remportés alors que l'Empire soutenait de rudes combats contre les Perses à l'est et les envahisseurs du nord.

Mais cet exploit héroïque laissa l'Empire d'Orient exsangue. Les provinces reprises ne purent être conservées et retombèrent au pouvoir des Wisigoths et autres tribus barbares. Les Romains orientaux parvinrent à garder le sud et une fraction du centre de l'Italie. Le principal résultat de la longue lutte qui opposa Ostrogoths et impériaux en Italie fut de ruiner ce pays et de le plonger dans la même nuit où croupissait déjà le royaume franc. Seule la province d'Afrique demeura assez longtemps rattachée à l'Empire d'Orient.

Justinien fut mieux inspiré en politique intérieure. Il réforma profondément le gouvernement de l'Empire, dont il assura ainsi la survie. Il rassembla et remania les anciennes coutumes qui formaient la législation romaine et en tira le Code de Justinien, qui devait servir pendant des siècles de guide juridique à l'Europe.

Justinien embellit aussi Constantinople, ravagée par les émeutes des premières années de son règne. C'est lui, en particulier, qui fit construire l'église de Sainte-Sophie, que vint couronner en 537 une coupole si bien percée de fenêtres que l'intérieur de l'édifice était tout inondé d'une lumière dans laquelle la coupole paraissait flotter.

Il était pourtant facile de prévoir que les querelles de succession, après la mort de Justinien, ramèneraient le chaos. La Perse en profita pour lancer une attaque surprise. À l'époque, elle ne comptait que six millions d'habitants, contre quatorze pour l'Empire d'Orient, mais elle était plus unie.

À partir de 606, la Perse arracha à

l'Empire d'Orient une province après l'autre. En 619, tenant l'Asie Mineure et l'Égypte, elle était tout près de reconstituer l'ancienne puissance perse sur laquelle régnait Darius onze siècles plus tôt. L'Empire d'Orient paraissait alors condamné. Les Wisigoths avaient repris les côtes espagnoles et les Avars campaient sous les murs de Constantinople.

En 610, la couronne revint à Héraclius, qui assuma la tâche ingrate d'unir les Byzantins. Tandis que la Perse volait de victoire en victoire, il travailla à réorganiser et à galvaniser son armée. En 622, il était prêt et, grâce à sa flotte, il contourna l'Asie Mineure et débarqua ses troupes à l'extrémité est de la mer Noire. Et de là, comme Alexandre le Grand, il frappa la Perse droit au cœur. Il la vainquit en trois campagnes et, en 630, il avait regagné tout le terrain perdu.

Ce quart de siècle d'affrontements spectaculaires, cependant, ruina les deux belligérants. En 634, une armée venant d'Arabie, une région qui, jusque-là, avait peu fait parler d'elle, s'élança vers le nord et s'attaqua à la fois à la Perse et à l'Empire romain, triomphant des deux nations épuisées avec une vitesse stupéfiante. L'Empire d'Orient perdit la Syrie en 636, la Judée en 637, l'Égypte en 640 et, finalement, Carthage même en 698.

Ces pertes furent définitives. Dès lors, le territoire administré par Constantinople n'est plus désigné par les historiens comme l'Empire romain d'Orient, mais comme l'Empire byzantin, ou Empire grec, car son territoire se réduisait à l'Asie Mineure et à la péninsule des Balkans, dont les habitants parlaient grec. Mais ses souverains, jusqu'à la fin, se prétendirent empereurs romains, régnant sur Rome.

Les Arabes attaquèrent Constantinople en 673 et, pendant cinq ans, tentèrent d'y prendre pied. La flotte byzantine put les en empêcher grâce à une nouvelle invention appelée le feu grégeois (ce qui signifie : feu grec). C'était une substance à base de bitume, de salpêtre et de divers autres ingrédients. Au contact de l'eau, le salpêtre dégageait de la chaleur, qui enflammait le bitume.

Cette nouvelle arme était mortelle pour les vaisseaux en bois de l'époque. La vue de la mer en feu et la panique qu'elle provoquait furent assez fortes pour faire décamper les Arabes. Ils refirent une tentative en 717, mais furent repoussés par l'énergique empereur Léon III, toujours avec le secours du feu grégeois.

Si les Arabes s'étaient emparés de Constantinople, on ne voit pas ce qui aurait pu stopper leur marche vers l'ouest. Ils auraient harcelé les frontières orientales du domaine franc, tandis que leurs cousins d'Espagne auraient attaqué sa frange sud. Toute l'Europe serait tombée en leur possession, et son histoire aurait pris un cours bien différent de celui qui nous est familier aujourd'hui.

Constantinople avait tenu, mais une nouvelle menace vint peser sur les Balkans, celle des Bulgares. Les Byzantins durent les combattre, tout en tenant en respect les Arabes sur leurs frontières est et sud.

Pendant les deux siècles qui suivirent, l'Empire byzantin continua à affronter les Bulgares qui, avec les Slaves, s'étaient installés dans la plus grande partie des Balkans. C'est depuis cette époque que tous les pays balkaniques situés au nord de la Grèce actuelle parlent des langues slaves, à l'exception des Roumains, qui ont conservé une langue dérivée du latin. Quant aux Bulgares, bien que descendants de peuplades asiatiques, ils se mélangèrent aux Slaves et adoptèrent un idiome slave.

En 963, le trône impérial échut à Basile II (958-1025), encore en bas âge, mais qui avait à son service deux excellents généraux, Nicéphore Phocas et Jean Tzimiskès. Ceux-ci reprirent Chypre et étendirent la domination de l'empereur sur l'est de l'Asie Mineure et même sur le nord de la Syrie.

Une fois que Basile II fut assez grand pour exercer lui-même le pouvoir, il révéla des goûts exclusifs pour la guerre et passa cinquante années à combattre. Il infligea des défaites écrasantes aux Bulgares et ramena toute la péninsule des Balkans sous la tutelle de Byzance.

Byzance à son apogée

Autour de l'an mil, l'Empire byzantin était à son zénith. Il ne représentait certes qu'une petite partie de l'Empire de Rome à sa plus grande extension, mais c'était, et de loin, la plus grande puissance de l'Europe. Sa population atteignait au moins onze millions de personnes, davantage qu'aucune nation d'Europe occidentale, et son organisation militaire était de beaucoup la plus efficace.

Constantinople était la plus grande et la plus riche cité d'Europe, voire du monde. Sa population a peut-être atteint un million d'habitants. Face au reflux de la culture à l'Ouest, Constantinople apparaissait comme le dépositaire du savoir

Les principaux États de l'an mil en Europe
et autour de la Méditerranée

des Grecs. Elle possédait une grande université, des érudits, et aucune ville occidentale ne pouvait rivaliser avec son raffinement.

Montée de l'influence du christianisme

Sous l'empereur romain Auguste, les Juifs de Judée aspiraient à la venue d'un Messie, et bien des candidats postulaient à ce titre. L'un d'eux était Jésus de Nazareth, dont la vie est retracée dans les Évangiles du Nouveau Testament. Les Juifs attendaient un chef spirituel, mais aussi politique, qui les libère de la domination romaine. L'appartenance à la lignée de David était donc très importante pour identifier le Messie, qui devrait être un roi victorieux et un bâtisseur d'empire.

C'est pourquoi les Romains, mais aussi une partie des chefs juifs de l'époque, virent dans l'espérance messianique du peuple une menace. Selon la Bible, l'influence de Jésus s'accrut rapidement, suscitant de nombreuses adhésions. Quand il arriva à Jérusalem avec ses disciples pour célébrer la Pâque, on crut qu'il s'apprêtait à déclencher une nouvelle insurrection contre Rome. On s'empara de lui, on le jugea et on le condamna pour sédition au supplice de la croix, courant alors à Rome.

Cette mort infamante eût pu marquer, comme pour beaucoup d'autres prétendus Messies, la fin du rôle historique de Jésus, mais un homme à la forte personnalité nommé Saul de Tarse (mort vers 65) adhéra au christianisme et lui donna une dimension nouvelle.

Saul avait commencé par persécuter les premiers chrétiens sur mission des autorités juives. Mais il eut sur la route de Damas une expérience spirituelle qui le poussa à devenir le principal zélateur de la nouvelle foi. Pour signifier cette rupture, il changea son nom en Paul. Grâce à lui, les disciples de Jésus ne se réduisirent pas à une secte juive de plus. Paul abandonna la stricte observance des rites particuliers au judaïsme, telles les restrictions alimentaires et la circoncision. Il commença à convertir des gentils (les païens, pour les Juifs), qui devinrent ainsi chrétiens sans avoir été juifs.

Écrasement de la révolte des Juifs contre Rome ; destruction du Temple

Des Juifs, également, se firent chrétiens, mais ils furent peu nombreux. La plupart de leurs compatriotes espéraient toujours un Messie politico-militaire victorieux, qui ne se laisserait pas crucifier. En 66, las d'attendre, ils se soulevèrent contre Rome avec un héroïsme qui obligea les Romains à mobiliser toutes leurs ressources pendant plusieurs années. Mais en 70 Jérusalem tomba et le Temple fut détruit, définitivement cette fois.

Dispersion des Juifs

Les derniers foyers insurrectionnels furent écrasés en 73. Néanmoins, les Juifs n'acceptèrent pas leur défaite et reprirent les armes en 132. Cette deuxième révolte se termina en 135 par l'expulsion des Juifs de Judée. Depuis lors, et jusqu'à une époque toute récente, ce peuple ne subsista que sous forme de communautés dispersées parmi les autres nations. C'est ce qu'on appelle la diaspora, d'un mot grec qui signifie « dispersion », et le plus étonnant est que, dans de telles circonstances, les Juifs soient parvenus à maintenir leur identité nationale et religieuse.

Les Juifs chrétiens, demeurés neutres pendant la révolte, furent ensuite en butte à l'hostilité de leurs frères de race et finirent par disparaître. Le christianisme ne recruta pratiquement plus que parmi les gentils.

La nouvelle religion se répandit particulièrement vite dans l'Orient grec, mais elle s'implanta également en Occident. Partout où elle était pratiquée, elle fit périodiquement l'objet de persécutions, car ses adeptes refusaient de participer aux rites religieux nationaux. Par ailleurs, le christianisme éclata en un grand nombre de sectes en désaccord sur différents points de doctrine, et qui s'opposaient violemment.

En dépit des persécutions et des querelles internes, le christianisme gagna en force et, à l'époque de Constantin, il représentait un bloc ferme et cohérent de dix pour cent de la population romaine. Constantin en conclut qu'en gagnant leur appui, il pourrait s'assurer un avantage sur les autres candidats au pouvoir impérial. En 313, il se déclara en faveur de la tolérance religieuse. Puis, il se fit baptiser et, prenant le contre-pied de la politique de Néron, qui avait fait mettre à mort d'innombrables chrétiens au Colisée, il fit du christianisme la religion de l'Empire.

Les chrétiens avaient combattu pour la tolérance religieuse tant qu'ils étaient une minorité persécutée, mais abandonnèrent cette attitude dès que leur foi eut été officialisée. Parallèlement, la division en sectes se poursuivait, et les différents courants chrétiens se disputaient la prépondérance.

Au début de l'Empire chrétien, la secte des ariens devint particulièrement forte. Des missionnaires de cette secte convertirent les tribus germaniques et, quand celles-ci fondèrent des royaumes à l'ouest, on vit une aristocratie arienne dominer une population orthodoxe. L'arianisme finit pourtant par être totalement éliminé.

Mais, comme on pouvait s'y attendre, la principale rivalité au sein de l'Église éclata entre les deux grandes métropoles, Rome l'ancienne et Constantinople la nouvelle. L'évêque de Rome et le patriarche de Constantinople aspiraient tous les deux à être le véritable chef de l'Église.

Il eût pu sembler que le patriarche d'une cité en pleine expansion l'emporterait facilement sur l'évêque d'une Rome sur le déclin. Mais, en Orient, les rivalités entre sectes s'étaient exacerbées, et des régions entières, telles l'Égypte et la Syrie, divergeaient si profondément avec Constantinople sur la doctrine qu'il y avait peu de chance qu'elles acceptent la primauté du patriarche. Par ailleurs, les empereurs énergiques qui régnèrent plusieurs fois à Constantinople cherchaient à imposer leur volonté au patriarche, affaiblissant ainsi son autorité aux yeux des chrétiens. Finalement, c'est l'islam qui détacha de Constantinople la Syrie, l'Égypte et l'Afrique du Nord.

Grégoire Ier fonde la papauté moderne

L'évêque de Rome, lui, n'avait pas de rival en Occident. Tantôt il n'y avait pas d'empereur du tout, tantôt l'empereur était faible ou en voyage. L'évêque de Rome, que l'on appelait désormais le pape, était de plus en plus souvent en mesure d'exercer une influence majeure. C'est ainsi que Léon Ier (400-461) sut tenir tête à Attila le Hun en 452, à un moment où aucune autorité séculière n'était en mesure de le faire. Cet acte de courage rehaussa grandement le prestige de la papauté. Celle-ci reçut sa forme définitive de Grégoire Ier (540-604), devenu pape en 590, et résista à toutes les nouvelles doctrines venues d'Orient.

Dans la suite, la puissance et l'influence de la papauté, comme celles des institutions séculières, passèrent par des hauts et des bas. La papauté connut une phase de déclin à partir des années 900, mais quand Otton Ier créa le Saint Empire romain en 962, elle se releva elle aussi.

Le christianisme, éliminé de l'Asie et de l'Afrique, s'étendit vers le nord. De même que Rome, dès sa fondation, avait été une puissance politiquement expansionniste, le christianisme eut dès le début une orientation missionnaire. À la suite de l'Évangile nous montrant les disciples envoyés par Jésus porter la bonne nouvelle à toutes les nations, les papes et les patriarches encouragèrent toujours le prosélytisme.

Les papes approuvèrent la conversion des païens de l'île de Bretagne et de la Germanie au christianisme de type occidental, tandis que les patriarches soutenaient les efforts déployés pour intégrer les tribus des Balkans à la chrétienté orientale.

Dès avant 990, Constantinople convertit à son modèle de christianisme les tribus russes, ce qui devait avoir une importance considérable en raison du rôle futur de la Russie dans l'histoire du monde.

À l'approche de l'an mil, le christianisme, qui avait pris naissance en Judée et s'était répandu rapidement en Syrie et en Égypte, avait perdu définitivement ces régions et se trouvait réduit presque exclusivement à l'Europe. Il existait désormais sous deux formes rivales bien différenciées. La forme occidentale englobait principalement l'ouest de l'Europe : le Saint Empire, la France, la Grande-Bretagne. La forme grecque orthodoxe, elle, existait en Asie Mineure et dans les Balkans et commençait à prendre pied sur les rives nord de la mer Noire.

Mais si l'on considère l'ensemble du monde, le christianisme n'était somme toute qu'une religion mineure. L'islam paraissait beaucoup plus énergique et résolu. Quant aux religions orientales, hindouisme et bouddhisme, elles comptaient un plus grand nombre de fidèles.

Nous avons dit que ce millénaire fut le premier à avoir été perçu comme tel. En effet, il avait une importance spéciale pour les chrétiens, car il marquait le millième anniversaire de la date attribuée traditionnellement à la naissance de Jésus. Aux temps bibliques, mille représentait le chiffre le plus élevé. Les hommes n'avaient guère d'occasions, alors, de compter au-delà. Toutes les fois que les écrivains bibliques voulaient parler d'une grande quantité d'hommes ou d'objets, ils employaient le mot mille.

C'est ainsi que le livre de l'Apocalypse (chapitre 20, versets 1 à 3) contient une prédiction troublante. Il annonce que Satan sera enchaîné pour mille ans (c'est-à-dire pour très longtemps), puis relâché. S'ensuivra alors un dernier combat dans lequel le bien triomphera définitivement du mal. Le monde disparaîtra, laissant place à des cieux nouveaux et une terre nouvelle, parfaits et éternels.

Ceux qui interprétaient la Bible littéralement crurent alors que la fin de tout ce qui existait aurait lieu en l'an mil. D'ailleurs, il devait être assez impressionnant de voir approcher la fin du premier millier d'années depuis la naissance du Christ et d'en avoir conscience.

Plus tard, l'opinion prévalut qu'à l'approche du second millénaire les esprits étaient extrêmement agités. On raconta que les gens, alors, distribuaient tous leurs biens aux pauvres, partaient en pèlerinage à Jérusalem et laissaient églises et demeures tomber en ruines, estimant qu'il ne valait pas la peine de les remettre en état. Par la suite, des historiens, tel Hillel Schwarz, laissèrent entendre que, si crainte il y avait eu, elle était loin d'être aussi marquée que ce qu'affirment les légendes.

Nous sommes bien placés pour savoir que le passage de 999 à 1000 n'a pas signifié la fin du monde. Ce qui touchait alors à sa fin, c'était une période de barbarie, tandis que la Renaissance se profilait à l'horizon. La Terre, elle, poursuivait imperturbablement sa course sur son orbite, et l'humanité continuait à évoluer comme elle l'avait fait jusque-là.

Les prédictions confuses de l'Apocalypse poussèrent d'autres croyants à calculer et recalculer la date de la fin du monde. Il existe toujours parmi nous des millénaristes, mais leurs annonces d'un prochain cataclysme ont encore à faire la preuve de leur exactitude. Incontestablement, une part de l'excitation que l'on constate chez nos contemporains à l'approche de l'an 2000 est due à une crainte mal formulée de voir cette date marquer un terme.

L'islam s'affirme

Au début du millénaire en cours, on pouvait penser qu'en Asie occidentale les événements allaient se dérouler selon le schéma traditionnel, avec une alternance d'essor et de déclin des empires. Nous avons déjà relevé qu'en 236, l'empire parthe était redevenu l'empire perse, et que celui-ci était prospère. Sous Khosrô Ier, les finances de la nation furent réorganisées, le zoroastrisme réformé, l'art et la littérature connurent un âge d'or. Avant d'être défait par Héraclius, l'empire néo-perse faillit anéantir l'Empire romain d'Orient.

Naissance de Mahomet, fondateur de l'islam

Cependant allait apparaître dans cette région une force autrement plus importante, une nouvelle religion dont l'influence demeure jusqu'à présent considérable. Comme la Judée, avec le christianisme, avait produit une nouvelle doctrine, les Arabes furent à l'origine de l'islam. C'est le prophète Mahomet, ou Muhammad (570-632), qui, se référant à des révélations et à son interprétation des traditions juives et chrétiennes, fonda l'islam (mot qui signifie « soumission », au sens de soumission à la volonté de Dieu). Ses adeptes reçurent le nom de musulmans (« les soumis »).

À la mort de Mahomet en 632, l'Arabie était tout entière acquise à l'islam. La nouvelle religion s'étendit ensuite vers le nord et l'ouest au-delà des frontières de sa région d'origine. Dans un extraordinaire enchaînement de conquêtes, les musulmans, entre 635 et 642, infligèrent de rudes défaites à l'empire perse et à l'Empire romain d'Orient, prirent Carthage en 698 et, en 705, avaient déjà traversé toute l'Afrique du Nord et atteint l'océan Atlantique. En 711, ils franchirent le détroit de Gibraltar et s'emparèrent de l'Espagne.

Comme nous l'avons déjà vu, l'expansion des musulmans subit deux coups d'arrêt, devant Constantinople en 718 et à la bataille de Poitiers en 732.

Néanmoins, un siècle s'était à peine écoulé depuis la mort de son fondateur que l'islam contrôlait déjà une zone allant de l'Indus à l'Atlantique dont la superficie dépassait celle de l'Empire romain à son apogée ; elle était toutefois moins peuplée, car elle comprenait de nombreuses contrées désertiques.

L'islam, tout comme le christianisme avant lui, ne tarda pas à se fragmenter en plusieurs courants qui s'opposaient violemment. Les guerres faisaient rage entre familles rivales, et le mouvement islamique perdit une grande partie de sa force.

Les premiers chefs de l'Islam provenaient de la famille des Omeyyades et avaient leur capitale à Damas. En 750, le pouvoir passa à la famille rivale des Abbassides qui s'installa à Bagdad, sur le Tigre.

Sous les Abbassides, les musulmans continuèrent leur expansion, arrachant à l'Empire byzantin plusieurs de ses possessions. Ils effectuèrent même des incursions sur les côtes italiennes et pillèrent Rome en 846. L'empire abbasside fut gouverné à partir de 786 par Haroun al-Rachid (736-809), dont le personnage a inspiré les contes des *Mille et Une Nuits.*

Sous le règne de son fils Al-Mamoun (746-833), l'empire abbasside atteignit son apogée, mais, ensuite, il ne tarda pas à se disloquer.

En l'an mil, cependant, bien qu'il ait conservé toutes ses conquêtes précédentes, l'empire, toujours gouverné en théorie depuis Bagdad, était en fait partagé entre plusieurs familles qui s'opposaient au moins aussi souvent les unes aux autres qu'aux pays chrétiens. L'Islam conservait une puissance considérable, mais la menace qu'il faisait peser sur l'Europe et la chrétienté s'était bien atténuée.

L'Orient entre la féodalité et l'unité

Pour l'essentiel, l'Inde, au cours du premier millénaire, demeura divisée, même si certains chefs énergiques parvinrent, à certaines périodes, à en réunir la plus grande partie. Chandragupta Ier, qui accéda au trône en 320, au moment même où l'Empire romain adoptait le christianisme, étendit son autorité sur presque toute l'Inde du Nord et son empire subsista sous ses successeurs immédiats. Plus tard, Harsha, qui régna de 606 à 647, à l'époque où l'Empire romain d'Orient s'efforçait de repousser la Perse et l'Islam, établit un puissant État au nord de l'Inde et noua des contacts avec la Chine.

L'union, pourtant, ne durait jamais longtemps. Par ailleurs, les musulmans, après avoir conquis la Perse, entamèrent une pénétration dans le nord-ouest de l'Inde. Le chef musulman Mahmoud de Ghazni, qui prit le pouvoir en 997, ne lança pas moins de dix-sept expéditions contre l'Inde.

En l'an mil, l'Inde était sur le point de subir les plus rudes assauts de l'Islam, qui allaient aboutir à la division du pays entre hindous et musulmans, avec la formation par la suite de deux nations distinctes.

La Chine, elle, fut unie sous la dynastie des Han, aux beaux jours de l'Empire romain, mais, à partir de 220, de même que Rome, elle subit les incursions des barbares.

Ces invasions marquèrent le début de quatre siècles de féodalisme et d'affrontements entre des dynasties qui dirigeaient des royaumes séparés. C'est le moment où le bouddhisme, importé d'Inde, s'épanouit en Chine. Puis la tendance s'inversa, et la Chine fut réunifiée en 618 sous la houlette des Tang.

L'empereur Taitzong (627-649), de la

dynastie des Tang, régna au moment où l'islam commençait son expansion, et il introduisit en Chine de nombreux changements bénéfiques. Il accueillit les premiers chrétiens dans son empire (des nestoriens, considérés comme hérétiques aussi bien par Rome que par Constantinople), et il fut le premier monarque chinois à nouer des contacts avec l'Inde. Sous son règne et celui de ses successeurs, les arts et la littérature se développèrent, et la Chine réalisa d'importants progrès techniques.

Le règne des Tang prit fin en 907 et fut suivi par un bref retour de la féodalité. Le nord du pays passa sous la coupe de la peuplade mongole des Khitans, qui adopta rapidement la culture chinoise. Le reste de la Chine fut gouverné par une dynastie indigène, celle des Song, qui continua à favoriser l'essor culturel et technique du pays amorcé sous leurs prédécesseurs.

La Chine à la pointe du progrès, avec 60 millions d'habitants

À l'approche de l'an mil, la Chine, sous les Khitans et les Song, avait atteint une population de plus de soixante millions de personnes. Elle était, sans conteste, la région techniquement et culturellement la plus avancée du monde.

Non loin de là, le Japon, dont la culture insulaire s'était développée auparavant dans un total isolement, commença à s'inspirer des Chinois sous le pouvoir croissant de la famille des Fujiwara.

Tandis que nous fixions notre attention sur les régions où se faisaient et se défaisaient les principales civilisations, des développements importants avaient lieu dans d'autres parties du monde. Dans le renflement ouest de l'Afrique, le royaume du Ghana atteignit, vers l'an mil, un niveau élevé. Il s'étendait de l'Atlantique, à l'ouest, jusqu'aux abords de Tombouctou, et commerçait avec l'Afrique du Nord à travers le Sahara.

Au même moment, plusieurs foyers de civilisation rayonnaient en Amérique centrale. C'est l'époque où les Mayas, réputés pour leurs connaissances en astronomie et pour la construction de villes et de pyramides, commencèrent, pour des raisons inconnues, à abandonner leurs centres pour s'évanouir dans la jungle. Dans le Pacifique Sud, les intrépides explorateurs polynésiens avaient pratiquement atteint toutes les îles de la région, y compris Hawaï et l'île de Pâques.

Au moment où va se clore le premier millénaire après Jésus-Christ, la civilisation s'étend sur une large bande traversant l'hémisphère Nord depuis le Pacifique à l'est jusqu'à l'Atlantique à l'ouest, comprenant successivement le Japon, la Chine, l'Inde, le monde musulman, l'Empire byzantin et l'Europe occidentale. En dehors de cette bande, on trouve deux foyers isolés en Afrique tropicale et en Amérique centrale.

265 millions d'habitants sur la Terre

L'humanité affirmait solidement sa présence sur la planète Terre. Elle totalisait environ deux cent soixante-cinq millions d'individus, dont quelque soixante-cinq millions vivaient en Chine et près de quatre-vingts millions en Inde. Ces deux pays représentaient donc, à eux deux, plus de la moitié de la population du globe, et ils étaient parvenus, par leurs propres moyens, à un état de civilisation avancé. La culture chinoise était probablement la plus brillante du monde à l'époque.

Plus à l'ouest, l'Empire byzantin conservait toujours dans sa totalité l'héritage de la civilisation gréco-romaine, tandis que le monde musulman traduisait de nombreux classiques grecs en arabe et développait ses propres activités intellectuelles.

Le recul du haut Moyen Âge n'avait donc concerné que l'Europe occidentale, qui, vers l'an mil, demeurait loin en arrière des plus importants centres de civilisation. Aucun observateur vivant alors n'aurait pu deviner que le millénaire qui allait commencer verrait s'affirmer précisément la prééminence de l'Europe occidentale.

6. Quand la technique pousse l'histoire

En marche vers l'an 2000

Il eût été bien difficile, en l'an mil, de prévoir tous les changements qui allaient bouleverser l'existence des hommes dans les dix siècles à venir. À l'époque, le monde était préoccupé avant tout par les luttes politiques et les divergences religieuses. Les innovations techniques, même si elles apportaient des améliorations sensibles, demeuraient marginales. Le savoir ne s'était pas encore constitué en science, sans laquelle il n'est pas de progrès technologique généralisé.

C'est dans le dernier siècle du millénaire qui commençait alors que l'humanité a fait ses inventions les plus marquantes : l'électricité, le téléphone, l'automobile, l'avion, l'ordinateur, l'arme nucléaire, la radio, la télévision, les voyages dans l'espace, les manipulations génétiques. Comme dans le passé, l'essor technique a favorisé une croissance importante de la population, si bien que le globe abrite actuellement une quantité d'humains qui aurait paru absolument inimaginable il n'y a pas si longtemps.

Certaines de ces évolutions se laissaient entrevoir il y a mille ans, mais certaines seulement.

Le réveil de l'Europe occidentale

L'histoire de l'Europe occidentale fut marquée de façon décisive par l'offensive lancée contre les musulmans qui dominaient la Palestine (la Terre sainte). Le millénaire venait à peine de commencer que les Turcs seldjoukides s'emparaient de la Palestine. Ils étaient moins civilisés et plus fanatiques que leurs prédécesseurs arabes, et les pèlerins chrétiens rapportaient de leur voyage en Terre sainte des histoires effrayantes. L'Empire byzantin, qui était directement confronté aux Turcs, lançait des appels à l'aide.

Or, à l'époque, la population de l'Allemagne et de la France allait croissant, et les nobles étaient sans cesse plus nombreux à se disputer les mêmes territoires. L'Orient avait de quoi éveiller les convoitises.

Début des croisades. L'Europe entre en contact avec d'autres cultures et redécouvre l'héritage de l'Antiquité

Lancées à l'origine par un prédicateur itinérant connu sous le nom de Pierre l'Ermite, les croisades, ainsi nommées d'après la croix que les combattants cousaient sur leurs vêtements, débutèrent en 1096 avec l'objectif de libérer la Terre sainte.

Grâce aux divisions du monde musulman, les Occidentaux remportèrent des succès inattendus et parvinrent à s'emparer de Jérusalem en 1099, puis les musulmans se reprirent et, dans les deux siècles qui suivirent, ils chassèrent les croisés de Palestine. Acre, dernière place forte européenne en Terre sainte, tomba en 1291.

Militairement, les croisades furent donc un échec. Leur résultat stratégique le plus tangible fut d'accélérer l'effondrement de l'Empire (pourtant chrétien) de Byzance, tandis que les musulmans demeuraient aussi forts que jamais.

Si, par contre, l'on considère l'évolution de la société, les croisades furent extrêmement bénéfiques. Pour la première fois depuis des siècles, les Européens de l'Ouest se trouvaient en face de civilisations supérieures à la leur : celles des Byzantins et des musulmans. Les croisés perdirent un peu de leur morgue, s'initièrent à de nouvelles techniques guerrières et prirent le goût de certains objets de luxe tels que le sucre et la soie. Surtout, les croisades contribuèrent à rehausser le prestige de l'instruction.

Durant les croisades, les lettrés occidentaux perçurent mieux l'héritage intellectuel du passé, jusque-là trop négligé, et retraduisirent en latin la version arabe des ouvrages scientifiques et philosophiques de l'Antiquité grecque. L'Espagne convenait le mieux pour effectuer ce travail, car les Arabes occupaient encore le sud du pays. Le niveau de culture et de prospérité y était le plus élevé de tout l'Occident, on pouvait y trouver les traductions arabes des classiques grecs et bénéficier de l'aide des érudits musulmans.

Petit à petit, l'Europe occidentale retrouva son ancien héritage, même si tel n'avait pas été le propos initial des croisades. Mais, militairement, elle demeurait affaiblie par ses divisions. Pendant des siècles, elle ne pourrait que repousser les invasions venues de l'est. L'Europe connut sa pire épreuve à partir de 1206, quand les tribus d'Asie centrale s'unirent sous la

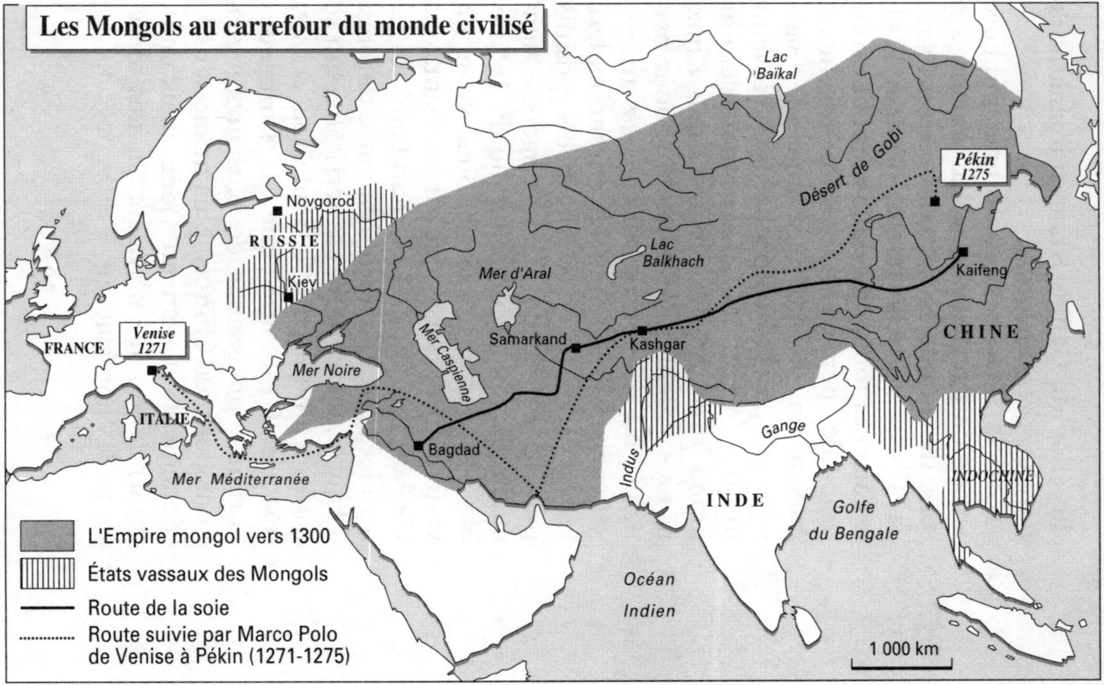
Les Mongols au carrefour du monde civilisé
Lac Baïkal
Désert de Gobi
Pékin 1275
Novgorod
RUSSIE
Lac Balkhach
Kaifeng
Mer d'Aral
Kiev
Venise 1271
FRANCE
Mer Caspienne
Samarkand
Kashgar
CHINE
Mer Noire
ITALIE
Gange
Bagdad
Indus
Mer Méditerranée
INDOCHINE
INDE
Golfe du Bengale
L'Empire mongol vers 1300
États vassaux des Mongols
Route de la soie
Route suivie par Marco Polo de Venise à Pékin (1271-1275)
Océan Indien
1 000 km

direction de Gengis Khan, un génie militaire de premier ordre.

Les Mongols envahissent l'Europe

Gengis Khan rassembla une immense armée de cavaliers et se lança dans une série de conquêtes qui continuèrent sous ses fils et ses petits-fils. En 1240 et 1241, les armées mongoles balayèrent l'Europe orientale, pénétrèrent en Allemagne et atteignirent la frontière italienne. Rien n'aurait pu les empêcher de parvenir jusqu'à l'Atlantique si, à la mort de leur grand khan, un des fils de Gengis Khan, ils ne s'étaient hâtés de revenir pour participer à l'élection de son successeur.

Les invasions mongoles eurent, malgré les dégâts causés, des aspects positifs pour les Européens. Les Mongols avaient établi, dans la seconde moitié du 13e siècle, sous l'autorité de Koubilaï Khan, un vaste empire qui s'étendait du Danube à l'océan Pacifique. Les marchandises et les idées circulaient librement d'un bout à l'autre de cet immense territoire, qui se trouvait unifié pour la seule fois de son histoire. C'est alors que les Européens eurent connaissance de plusieurs inventions dont les Chinois, plus avancés techniquement, avaient eu l'idée, mais dont, bizarrement, ils n'avaient jamais développé les applications.

Les Européens apprennent des Chinois l'usage de la poudre et de la boussole

Parmi ces inventions, les plus importantes furent celles de la boussole et de la poudre. Elles permirent aux Européens, grâce à une meilleure maîtrise de la navigation, d'entreprendre l'exploration systématique du globe et, à l'aide des canons, de triompher des autres peuples.

Pendant cette période, on vit également s'intensifier les aspirations nationales en Europe occidentale.

Certes, la lutte pour l'autorité suprême qui opposa la papauté et le Saint Empire entre 1050 et 1120 s'était terminée par la victoire totale des papes, dont le rôle s'était fortement accru durant les croisades. La papauté parvint au faîte de sa puissance sous Innocent III, qui occupa le siège pontifical de 1198 à 1216.

Mais les prétentions des papes n'en restèrent pas là. En 1302, Boniface VIII voulut faire reconnaître la suprématie absolue des souverains pontifes sur tous les rois de la chrétienté. Or, à l'époque, la France avait à sa tête un roi fort, Philippe IV le Bel, qui infligea à Boniface VIII une captivité humiliante et força son successeur à abandonner Rome pour venir s'installer en territoire français, à Avignon. La papauté ne se remit jamais entièrement de ce coup et, par la suite, le centre du pouvoir s'est déplacé toujours plus nettement de l'Église vers l'État.

Conquête de l'Angleterre par Guillaume Ier de Normandie

Le particularisme national maintenait l'Europe occidentale dans un état de continuelles turbulences guerrières. En 1066, par exemple, l'Angleterre saxonne fut conquise par Guillaume Ier de Normandie (Guillaume le Conquérant), qui gouverna d'abord la Normandie, puis l'Angleterre, de 1035 à 1087. Les Normands établirent en Angleterre une monarchie forte qui devait, par la suite, combattre la France à de nombreuses reprises.

Début de la guerre de Cent Ans

En 1338 éclata entre l'Angleterre et la France une guerre qui devait durer un siècle. Les Anglais, grâce à leurs archers, remportèrent plusieurs victoires éclatantes, dont celle d'Azincourt en 1415.

Mais les Anglais trouvèrent sur leur route un obstacle inattendu. Une jeune femme, Jeanne d'Arc, affirma avoir entendu des voix qui l'appelaient à animer la résistance des Français. Tandis que le roi et les nobles prenaient ombrage de son action, et que l'Église la jugeait dangereuse, le peuple, lui, suivit Jeanne. Les troupes françaises tirèrent également avantage, sur un plan plus pratique, des derniers perfectionnements de l'artillerie et ils parvinrent à chasser définitivement les Anglais de France en 1453.

Tandis que l'Angleterre et la France gaspillaient leurs ressources dans ces interminables affrontements, l'Italie emprunta une autre voie. La redécouverte de l'héritage grec eut dans ce pays un grand retentissement, et la culture y retrouva un éclat qu'elle n'avait plus connu depuis Périclès. Ce fut la Renaissance, qui vit la création, dans les villes italiennes, de certains des plus grands chefs-d'œuvre de l'art et de la littérature de tous les temps. Avec la Renaissance se développa l'humanisme, un mouvement de pensée qui réhabilitait la dimension humaine, par opposition au surnaturel.

Début approximatif de la Renaissance en Italie

Florence, aspirant à égaler Athènes, joua un rôle capital dans l'éclosion de la Renaissance. Pour bien marquer le rétablissement des liens avec l'Antiquité, les Italiens donnèrent à la période intermédiaire qui les en séparait le nom de Moyen Âge.

L'Italie de la Renaissance, tout comme la Grèce antique, était divisée en plusieurs États perpétuellement en guerre les uns avec les autres et qui finirent par devenir la proie de voisins plus puissants. Les invasions françaises, allemandes, espagnoles qui débutèrent en 1494 mirent peu à peu un terme à la Renaissance en Italie, mais contribuèrent à répandre ses idées dans toute l'Europe.

Les découvertes faites à cette époque n'étaient pourtant pas toutes de nature artistique ou intellectuelle. Le prince portugais Henri le Navigateur conçut un itinéraire contournant le sud de l'Afrique, dans le but de commercer avec l'Extrême-Orient en évitant le monde musulman. Les produits recherchés par les Européens pourraient ainsi être obtenus directement et sans avoir à rémunérer des intermédiaires.

Henri fonda une école destinée à l'étude de la navigation et des perfectionnements qui pouvaient lui être apportés. L'usage de la boussole, entre autres, lui permit de monter une expédition vers les côtes africaines. Ce n'est pourtant que bien longtemps après sa mort, survenue en 1497, que des navires portugais firent le tour de l'Afrique pour atteindre l'Inde.

L'entreprise des Portugais menait à la constitution d'un empire mondial à dominante maritime. Sa flotte permit au Portugal d'installer des comptoirs le long des côtes d'Afrique et d'Asie. Avec leur artillerie, les vaisseaux portugais pouvaient imposer l'autorité de leur pays aux peuples qui ignoraient la poudre à canon.

Parallèlement, les souverains chrétiens d'Espagne expulsèrent définitivement les Arabes en 1492 et, dans l'euphorie de la victoire, approuvèrent les plans de Christophe Colomb visant à joindre l'Asie directement par l'ouest, en traversant l'Atlantique.

Colomb atteint le Nouveau Monde

Christophe Colomb s'inspirait des géographes grecs, qui sous-estimaient les dimensions de la Terre, et du récit de Marco Polo sur ses voyages dans la Chine de Koubilaï Khan. Marco Polo croyait que l'Asie s'étendait très loin vers l'est. Colomb en déduisit qu'il lui suffirait de parcourir moins de 5 000 kilomètres pour arriver en Asie. Il atteignit effectivement la terre, mais ce n'était pas l'Asie. C'était une partie du Nouveau Monde, c'est-à-dire des continents nord- et sud-américains.

Soumission des Aztèques, puis des Incas

L'Espagne profita des voyages de Christophe Colomb pour se bâtir un empire mondial, principalement aux Amériques, où ses conquistadors soumirent et détruisirent la civilisation aztèque du Mexique en 1519, puis celle des Incas dans les Andes en 1533.

Ce fut l'âge d'or des grandes découvertes. Les puissances européennes financèrent des expéditions vers de nombreuses régions du globe. Mais les empires ne durent qu'un temps. Le Portugal était trop petit, avec une population de seulement 1,25 million d'habitants en 1500, pour préserver de vastes possessions de la convoitise des autres puissances. L'Espagne était plus grande et peuplée de 6,5 millions d'habitants, mais une partie de ses ressources était absorbée par les guerres continuelles qu'elle livrait en Europe.

À partir de 1600, les empires portugais et espagnol s'affaiblissent de plus en plus, à mesure que les autres nations se renforcent et s'enhardissent.

Les Pays-Bas se lancèrent à leur tour dans l'aventure, mais eux non plus n'étaient pas assez grands pour maintenir longtemps un empire. Restaient en lice pour la suprématie mondiale la France et l'Angleterre.

La France comptait près de vingt millions de sujets en 1600, contre six en Angleterre. Mais, comme l'Espagne, la France était continuellement en guerre sur le continent. L'Angleterre, ou plutôt la Grande-Bretagne, comme on l'appela à partir de 1707, était une île, moins impliquée dans les conflits continentaux. Il était naturel qu'elle donne la priorité au commerce maritime et à l'expansion outre-mer.

L'explication décisive entre les deux pays eut lieu pendant la guerre de Sept Ans, qui dura de 1756 à 1763. À la fin du conflit, la Grande-Bretagne évinça la France de l'Amérique du Nord et de l'Inde et son empire fut désormais le premier du monde, regroupant à son apogée, dans la première moitié du 20e siècle, le quart de la superficie et de la population du globe.

Les bouleversements qui affectent un domaine de l'activité humaine ont toujours un effet d'entraînement sur les autres. C'est ainsi que les grandes découvertes s'accompagnèrent d'une révolution religieuse. En Allemagne, sous l'impulsion du moine Martin Luther, se développa un mouvement de contestation de l'Église catholique romaine. De larges secteurs de la population se détachèrent du catholicisme pour former les différentes branches de ce qui est aujourd'hui le protestantisme. La papauté perdit alors de façon plus ou moins durable le nord de l'Allemagne, la Scandinavie, les Pays-Bas, la Bohême et la Grande-Bretagne.

Gutenberg invente l'imprimerie

La technique participa à ces bouleversements sociaux. Les protestants affirmaient l'inutilité, pour le salut des croyants, de la médiation des prêtres et autres structures de l'Église catholique. Ils s'en remettaient avant tout, pour les éclairer, à la parole de Dieu telle que révélée dans la Bible. Or, avec l'invention de l'imprimerie en 1450, l'Écriture sainte était devenue beaucoup plus facile à se procurer. La Bible fut le premier livre à sortir des presses de Gutenberg.

La haine avec laquelle s'opposaient les tenants des différentes confessions chrétiennes conduisit à des affrontements armés, les guerres de religion. Le paroxysme fut atteint avec la guerre de Trente Ans, qui fit rage en Allemagne de 1618 à 1648. Catholiques et protestants finirent alors par comprendre la vanité de leurs luttes et depuis, à l'exception de cas d'espèce, comme en Irlande du Nord, ils préfèrent vivre en paix.

Début du règne de Louis XIV

Parallèlement à l'affaiblissement du pouvoir de l'Église commença, pendant cette période agitée, un lent processus d'érosion de l'autorité monarchique. L'identification du roi et de la nation avait été poussée à l'extrême sous le règne de Louis XIV, qui dura de 1643 à 1715 et fut le plus long de l'histoire européenne. Mais, avec la montée des connaissances et des idées nouvelles, les monarchies eurent à faire face aux mêmes défis que les Églises et autres organisations fortement hiérarchisées. Les hommes voulaient penser par eux-mêmes et réclamaient des régimes politiques qui les y autorisent.

En 1642, l'Angleterre et l'Écosse se dressèrent contre l'arbitraire de Charles Ier. Celui-ci fut décapité en 1649 et, durant onze ans, l'Angleterre n'eut plus de roi. Après des années de luttes intestines, le fils de Charles Ier remonta sur le trône sous le nom de Charles II : ce fut la Restauration de 1660. Mais son frère et successeur Jacques II fut renversé en 1688, et l'Angleterre passa à un régime de monarchie contrôlée.

Limitation du pouvoir royal en Angleterre

Ce changement de régime reçut le nom de Glorieuse Révolution et jeta les bases d'une nouvelle organisation politique, avec un pouvoir royal limité et un parlement associé au gouvernement. L'Angleterre avait inventé une légitimité qui faisait la synthèse des institutions anciennes (royauté d'origine divine) et nouvelles (représentants investis de leur autorité par la volonté populaire).

La Révolution française

Sous la pression des changements intervenus en Angleterre et en Amérique, cette dernière allant plus loin encore dans la voie d'un gouvernement représentatif, la monarchie absolue ne put se maintenir en France. Elle fut renversée par une révolution qui éclata en 1789, l'année même de la ratification de la Constitution américaine.

La Révolution française commença par adopter la Déclaration des droits de l'homme et du citoyen – que l'Organisation des Nations Unies devait largement reprendre en 1948 dans sa Déclaration universelle des droits de l'homme –, et proclamer la liberté, l'égalité et la fraternité. Ce moment historique fut même pris pour point de départ d'un nouveau calendrier. Mais le mouvement, ensuite, dérapa, engendrant les excès de la Terreur. De nombreux aristocrates, à la suite du roi et de la reine, furent guillotinés.

La Révolution française céda également à la tentation expansionniste. Ses dirigeants, annonçant en cela les révolutionnaires d'époques plus récentes, entreprirent d'exporter leurs idéaux par la force des armes. En avance sur le système de la conscription, ils considéraient que la défense du pays devait être assurée par les citoyens, et non par un corps de mercenaires. L'énorme potentiel en hommes de la France lui donna une puissance militaire considérable.

S'ensuivit une série de guerres. Les rois qui gouvernaient le reste de l'Europe cherchaient désespérément à contenir et à détruire la Révolution française. Mais, en 1796, leurs espoirs furent ruinés par une série d'éclatantes victoires dues au génie militaire de Napoléon Bonaparte (1769-1821). Celui-ci parvint, entre 1807 et 1811, à affirmer sa suprématie sur toute l'Europe occidentale. Seule la Grande-Bretagne demeura libre.

Napoléon se proclama empereur, faisant fi des aspirations démocratiques de la Révolution mais rassurant tous ceux qui attachaient plus d'importance à la stabilité et à la grandeur du pays qu'à la liberté et à la justice. Mais, comme nous l'avons déjà vu bien des fois, c'est au faîte de leur puissance que les grands hommes commettent les erreurs qui amènent leur chute.

Napoléon envahit la Russie

Pour Napoléon, l'erreur fatale fut sa décision, en 1812, d'envahir la Russie. La Russie était alors un pays arriéré, incapable de s'opposer efficacement à des forces françaises supérieures, mais elle avait deux alliés invincibles : l'étendue et l'hiver. Les généraux russes reculèrent devant les Français, détruisant tout sur leur route et inaugurant ainsi la tactique de la terre brûlée.

Napoléon atteignit bien Moscou, mais il dut l'abandonner au seuil de l'hiver, et le froid et la faim vinrent à bout de ses troupes. À son retour en France, il continua encore la lutte deux ans avant d'être contraint à abdiquer. Il reprit le pouvoir l'année d'après, mais, battu à Waterloo par le général anglais Wellington, il fut exilé sur une île lointaine pour le restant de ses jours.

Napoléon était vaincu et la Révolution française dévoyée, mais ses idéaux avaient été répandus dans une grande partie de l'Europe par les soldats français. Les monarchies victorieuses tentèrent de rétablir l'ordre ancien mais, si elles avaient gagné une bataille, elles avaient perdu la guerre. Les nombreuses révolutions qui se succédèrent au cours du 19e siècle aboutirent, à l'aube du 20e, à doter tous les pays d'Europe occidentale de régimes que l'on pouvait qualifier à un degré ou un autre de parlementaires.

Les gouvernements démocratiques se trouvèrent alors confrontés à un nouveau défi, qui venait désormais non de la droite, mais de la gauche, avec les nouvelles théories d'intellectuels, tel Karl Marx, qui appelaient à rejeter tout aussi bien la démocratie bourgeoise que la royauté.

Les révolutions non politiques

Les révolutions politiques, comme nous l'avons vu, sont depuis des millénaires une constante du paysage social humain, qu'elles modifient plus ou moins profondément.

L'Europe occidentale, au cours des derniers siècles, a vécu deux révolutions d'un autre type qui l'ont marquée au moins autant que les bouleversements politiques. L'une a été la révolution scientifique, et l'autre la révolution industrielle. Elles sont toutes les deux en relation étroite avec l'émergence de classes moyennes, capables de penser et d'agir par elles-mêmes. Elles sont également liées l'une avec l'autre, car la révolution industrielle n'aurait probablement pas eu lieu si elle n'avait pu s'appuyer sur le mouvement des sciences.

La révolution copernicienne place le Soleil au centre du système des planètes

Les graines de la révolution scientifique furent semées au cours de la Renaissance, mais elles germèrent en 1543, quand l'astronome polonais Nicolas Copernic (1473-1543) affirma, en contradiction avec l'astronomie grecque, que la Terre et les autres planètes tournaient autour du Soleil. La vision copernicienne de l'Univers bouleversait la cosmologie traditionnelle et remettait en cause bien des idées reçues sur la nature de l'Univers et de l'humanité, mais elle rendait beaucoup mieux compte des données de l'observation.

Effrayée par l'ampleur de ce bouleversement, l'Église catholique força Galilée (1564-1642) à répudier les conceptions coperniciennes pour revenir à l'opinion selon laquelle la Terre était le centre de la Création.

Galilée découvre les lunes de Jupiter

Isaac Newton formule la théorie de la gravitation universelle

Mais ni l'Église ni quiconque ne pouvait arrêter l'effort de recherche. Galilée étudia la gravité en faisant rouler des objets sur un plan incliné. Il fut aussi le premier à utiliser une lunette pour des observations astronomiques, ce qui lui permit, entre autres, de découvrir quatre des satellites de Jupiter. Isaac Newton (1642-1727) s'appuya sur les travaux de Galilée et d'autres savants pour établir les lois fondamentales du mouvement des corps et la théorie de la gravitation universelle.

Pourquoi, à propos du mouvement des sciences, parler de révolution ? Parce qu'il s'agit de l'apparition d'un nouveau mode de pensée, qui a substitué ce qu'on appelle la méthode scientifique au primat de la foi et de la vérité révélée, ainsi qu'aux spéculations abstraites des philosophes antiques. Pour les savants de nos jours, il est admis

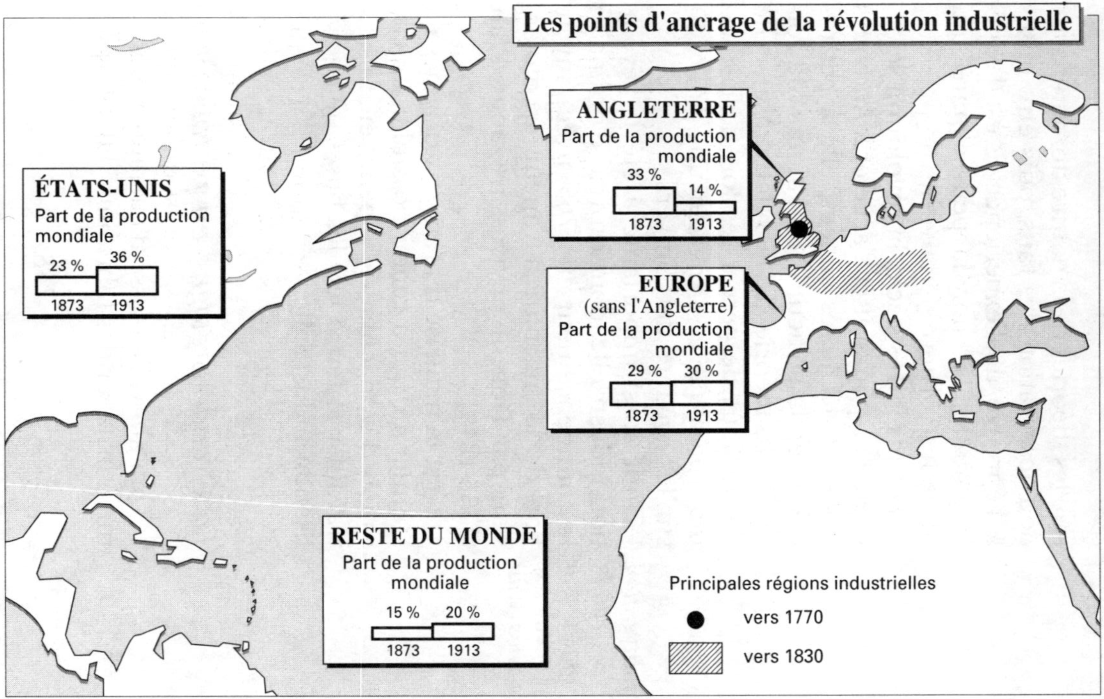
Les points d'ancrage de la révolution industrielle
ÉTATS-UNIS
Part de la production mondiale
23 %
36 %
1873
1913
ANGLETERRE
Part de la production mondiale
33 %
14 %
1873
1913
EUROPE
(sans l'Angleterre)
Part de la production mondiale
29 %
30 %
1873
1913
RESTE DU MONDE
Part de la production mondiale
15 %
20 %
1873
1913
Principales régions industrielles
vers 1770
vers 1830

que les théories de la nature doivent partir de l'observation des faits, puis être mises à l'épreuve de l'expérience. C'est l'expérimentation, et non la pensée pure, qui devient le critère de la vérité.

Depuis le 16e siècle, la révolution scientifique se poursuit et s'accélère. Au cours des cent dernières années, elle a permis d'étudier la structure de l'atome, de formuler la théorie de la relativité et celle des quanta, de percer les lois de la thermodynamique et d'engager une réflexion sur les origines de l'Univers.

Invention de la machine à vapeur par James Watt

Tout aussi importante a été la révolution industrielle, dont on fixe d'ordinaire le commencement en 1765, avec l'invention de la machine à vapeur à condenseur par l'ingénieur écossais James Watt (1736-1819).

C'est la maîtrise du feu, aux origines de l'humanité, qui a rendu possible la civilisation. La machine à vapeur, en faisant travailler le feu, a jeté les bases de la civilisation industrielle.

La Grande-Bretagne en pointe

Une nouvelle classe d'entrepreneurs se mit à installer des fabriques, dans lesquelles des machines faisaient le travail des hommes, ce qui accroissait énormément la productivité. Puis apparurent de nouvelles sources d'énergie : l'électricité et le moteur à explosion. Une fois lancée, la révolution industrielle n'a cessé de s'accélérer, mettant à notre disposition, au seuil du 21e siècle, la télévision, les vaisseaux cosmiques et l'énergie nucléaire. En quelques millénaires, l'humanité est passée du tour du potier à l'ordinateur, de l'âge du bronze à celui de l'espace. Il est bien difficile de pronostiquer les étapes à venir, mais il est clair, en tout cas, que la technique pousse l'histoire en avant plus énergiquement qu'aucune autre force ne l'avait jamais fait.

Débutant en Grande-Bretagne, la révolution industrielle a donné à ce pays une puissance et une prospérité considérables, lui permettant de dominer les mers, de contrôler le commerce mondial, puis de fonder un empire. Ce n'était certes pas le premier empire à asseoir sa domination sur des avancées techniques, mais ce fut l'un de ceux qui y parvinrent le mieux.

La révolution industrielle s'étendit à toute l'Europe, qui s'assura ainsi, à l'aube du 19e siècle, la suprématie mondiale, au point que l'histoire du monde parut se confondre avec celle de l'Europe.

Au milieu du 19e siècle, l'Inde était entièrement sous contrôle britannique, et dans la cinquantaine d'années qui suivit, ce fut au tour du continent africain d'être partagé et placé sous la domination de plusieurs puissances européennes.

Le colonialisme européen gagnait sans cesse du terrain. La Chine, à son tour, dut tolérer, puis légaliser progressivement les empiétements des puissances occidentales. Un pays qui avait plutôt exporté qu'exploité des inventions aussi remarquables que la boussole et la poudre voyait ces mêmes inventions se retourner contre lui.

Le Japon s'ouvre à l'Occident

C'est en 1854 que les navires américains forcèrent la porte de la société japonaise. Le Japon, après avoir résisté longtemps aux idées et aux techniques de l'Occident, dut finalement s'y adapter, conscient de l'avantage qu'il pourrait en tirer. Il put ainsi participer au pillage de la Chine.

Au cours du 19e siècle, les États morcelés d'Italie et d'Allemagne s'unirent en nations, bouleversant l'équilibre du continent. L'Allemagne devint la principale force militaire d'Europe, triomphant de la France en 1870 avant même d'avoir totalement achevé son unité.

Entre 1870 et 1914, l'Europe, en fait maîtresse du monde, était formée de grandes et moins grandes puissances qui se disputaient sans cesse la suprématie. Elles nouèrent de complexes réseaux d'alliances dans lesquels elles se trouvèrent finalement prises au piège. La guerre embrasa l'ensemble du continent.

L'Europe répétait ainsi à une plus grande échelle l'erreur des Grecs anciens et de la Renaissance italienne. Les pays qui la composaient s'avérèrent incapables d'agir de concert dans l'intérêt commun.

Les guerres mondiales

Les deux gigantesques conflits de la première moitié du 20e méritent pleinement le nom de guerre civile européenne, même si le reste de la planète s'y trouva entraîné. Durant la Première Guerre mondiale (1914-1918), puis la Seconde (1939-1945), l'Allemagne commença par remporter des victoires, avant de connaître d'humiliantes défaites. Ces deux guerres semèrent des ruines dans toute l'Europe, y compris chez les vainqueurs.

C'était là le plus terrible exemple de ce qui peut advenir lorsqu'on essaie de régler les différends en recourant à la force. Les causes de ces affrontements demeuraient à peu près les mêmes que huit ou neuf millénaires avant Jésus-Christ. Mais en raison du progrès technique, des conflits régionaux en vinrent pour la première fois à impliquer l'humanité entière.

L'invention, puis l'usage de l'arme atomique par les États-Unis nous donnent la certitude que personne ne pourrait échapper aux conséquences d'une troisième guerre mondiale.

Après 1945, l'Europe bénéficia, pour sa reconstruction, du concours de la seule puissance relativement épargnée par le conflit, à savoir les États-Unis. Elle se releva, mais perdit définitivement son emprise sur les autres parties du monde.

Les empires coloniaux étaient condamnés, et les colonies d'Afrique, d'Asie et d'ailleurs ne tardèrent pas, après la Seconde Guerre mondiale, à obtenir leur indépendance. La désintégration des empires s'expliquait pour une part par l'épuisement des métropoles, mais aussi parce que la guerre, livrée au nom de la liberté et de la démocratie, avait favorisé le désir d'émancipation des peuples coloniaux.

On savait depuis les millénaires précédents que les empires étaient fragiles. La leçon de notre siècle est que les ressources de la technologie ne les mettent pas à l'abri du déclin, et c'est ce qu'a confirmé en 1989-1991 l'éclatement du dernier des empires du 20e siècle, celui de l'Union soviétique.

À l'approche de l'an 2000, néanmoins, l'Europe, même si elle a perdu en vingt-cinq ans des possessions qu'elle avait mis quatre siècles et demi à rassembler, demeure un ensemble économique puissant, à la pointe de la technique, politiquement mûr et étonnamment prospère.

D'ailleurs, le vieux rêve d'unification de l'Europe semble avancer : dans sa partie ouest, la création de la Communauté, puis de l'Union européenne lève l'une après l'autre les barrières qui séparaient les nations, tandis que les bouleversements intervenus à l'Est permettent d'espérer que l'unité se fera un jour de l'Atlantique à l'Oural.

Le combat de l'Europe de l'Est

Après la chute de l'Empire romain d'Occident, celui d'Orient s'était maintenu, préservant l'héritage de savoir grâce auquel l'Europe occidentale pourrait réapprendre la civilisation. Mais les pays occidentaux ne se sont guère préoccupés de payer cette dette, et la partie orientale du continent a dû livrer un combat acharné pour passer le cap du présent millénaire.

La rupture entre l'Église catholique et l'Église orthodoxe

Les difficultés commencèrent pour l'Empire byzantin pratiquement dès l'an mil. En 1025 l'empereur Basile II mourut sans aucun successeur de valeur pour continuer son œuvre. L'Empire gaspilla ses énergies dans d'interminables querelles intestines. En 1054, l'Église de Constantinople se sépara de celle de Rome et la chrétienté perdit son unité. Elle ne l'a toujours pas retrouvée jusqu'à présent.

En 1071, les dissensions internes de l'Empire aboutirent à la défaite de l'empereur Romain IV face aux Turcs seldjoukides à Mantzikert, dans l'est de l'Asie Mineure : d'importants contingents de l'armée byzantine avaient tout bonnement refusé de combattre.

Les Turcs, de religion musulmane, s'emparèrent alors de la plus grande partie de l'Asie Mineure, et l'Empire byzantin perdit définitivement son rang de grande puissance. Tout ce qu'il pouvait désormais espérer était de parvenir à conjurer la menace musulmane en appelant à son secours l'Europe occidentale.

Comme nous l'avons déjà relaté, les croisades représentèrent la parade de l'Europe occidentale à cette menace. Mais, en ce qui concerne l'Empire byzantin, elles lui firent plus de mal que de bien. En 1204, les croisés, au lieu de combattre les musulmans, intervinrent dans une guerre civile entre Byzantins. Ils prirent et pillèrent Constantinople, portant gravement atteinte au patrimoine grec. Paradoxalement, les musulmans assurèrent, par leurs traductions, la conservation d'une grande partie de ce patrimoine.

Sac de Constantinople par les croisés

Par une cruelle ironie de l'histoire, les chevaliers occidentaux réalisèrent précisément ce qu'ils avaient pour mission d'éviter, à savoir la destruction de l'Empire d'Orient. Ils instaurèrent un Empire latin, mais les Byzantins refusèrent de le reconnaître et, en 1261, ils reprirent le contrôle de Constantinople. Cependant, leur empire ressuscité ne fut plus que l'ombre de ce qu'il avait été autrefois. Une nouvelle tribu turque, celle des Ottomans, se levait à l'horizon de l'Asie Mineure, tandis que Bulgares et Serbes s'emparaient des Balkans.

Prise de Constantinople par les Turcs

En 1354, les Ottomans passèrent en Europe et se répandirent dans les Balkans. Il ne restait plus à l'Empire byzantin qu'un siècle à vivre. En 1453, les Turcs prirent Constantinople, mettant définitivement un terme à la grande tradition romaine, qui pouvait se réclamer de vingt-deux siècles d'histoire. Rome était définitivement tombée.

Une forme de la tradition byzantine demeura en Russie, qui s'était convertie au christianisme grec orthodoxe et, en l'an mil, constituait un État puissant sur le territoire de ce qui est aujourd'hui l'Ukraine, avec sa capitale à Kiev.

Cependant, en 1237, venant de l'est, les armées mongoles conquirent la Russie de Kiev et presque tout le reste du pays. Pendant cent cinquante ans, la Russie demeura sous le joug mongol (ou tatar), qui l'isola du reste de l'Europe et l'empêcha de participer au renouveau de la culture occidentale à l'époque de la Renaissance.

En 1380, le grand-prince de Moscou Dmitri infligea aux Tatars leur première défaite à la bataille de Koulikovo. La lutte continua et, sous Ivan III, qui régna de 1462 à 1505, les Tatars furent finalement vaincus. La Russie retrouva une totale indépendance.

En 1472, Ivan III avait épousé Zoé (ou Sophie), nièce de Constantin XI, le dernier des empereurs byzantins. Pensant devenir ainsi l'héritier de la tradition romaine, il prit le titre de tsar (déformation du nom de César), et Moscou, devenue entre-temps capitale de la Russie, se considéra comme la troisième Rome (Constantinople ayant été la seconde).

Début du règne d'Ivan le Terrible en Russie

C'est sous Ivan IV, dit le Terrible, que la Russie a commencé à acquérir sa cohésion nationale. Les principautés russes furent unifiées, jusques et y compris les territoires faiblement peuplés des rivages de l'océan Arctique. Au début de la seconde moitié du 16e siècle furent conquises les dernières possessions tatares de l'est du pays, et la domination de Moscou s'étendit dès lors sur la totalité du cours de la Volga, jusqu'à la Caspienne. Géographiquement, la Russie était devenue le plus grand pays d'Europe, mais sa population n'était encore que d'une dizaine de millions d'âmes en 1600, soit deux fois moins que la France.

Après la mort d'Ivan IV commença pour la Russie le « temps des troubles », qui s'acheva en 1613 avec l'accession au trône d'une nouvelle dynastie, celle des Romanov. Cette dynastie fournit au pays plusieurs souverains énergiques qui secouèrent vigoureusement une Russie arriérée pour lui faire rattraper le niveau de l'Occident, non sans affronter parfois ce dernier.

Pierre le Grand rapproche la Russie de l'Occident

Le premier de ces réformateurs fut Pierre Ier, qui devint tsar en 1689. Doué d'une énergie débordante, il déploya d'énormes efforts pour ouvrir son pays sur l'Occident, dont il chercha à reprendre les coutumes, la science et la culture, et fonda dans la partie ouest du pays une nouvelle capitale, Saint-Pétersbourg. Il vainquit aussi les Suédois à la bataille de Poltava, en Ukraine. C'était un succès important, car les Suédois avaient été pendant quelque soixante-dix ans la grande puissance du nord de l'Europe. C'était désormais la Russie qui allait jouer ce rôle.

Dès les vingt dernières années du 16e siècle, des marchands russes passèrent l'Oural et s'enfoncèrent en Sibérie. Ils continuèrent à aller de l'avant sous Pierre le Grand et atteignirent l'océan Pacifique, faisant de la Russie le plus grand domaine continental continu, ce qu'elle est demeurée jusqu'à maintenant.

L'expansion de la Russie s'est faite également en direction de l'Europe. Sous Catherine II, entre 1762 et 1796, elle enleva aux Turcs le contrôle des rivages nord de la mer Noire et procéda avec la Prusse et l'Autriche à des partages de la Pologne qui lui laissèrent la moitié orientale de ce pays.

Le rôle de la Russie en Europe devint déterminant en 1812, quand Napoléon, qui l'avait envahie, y subit un désastre. L'année d'après, la Russie, coalisée avec l'Autriche et la Prusse, lançait ses troupes vers l'ouest et, en 1814, elle participa à l'occupation de Paris.

Mais la victoire de la Russie n'eut pas pour elle que des conséquences positives. Elle contribua en effet à faire de ce pays une place forte du despotisme en Europe. Tandis que des révolutions ébranlaient l'Europe occidentale, la Russie demeura un État absolu. Elle fut peu affectée par la révolution industrielle qui poussait en avant l'ouest du continent. Les nations occidentales devinrent de plus en plus fortes, tandis que le retard de la Russie s'accentuait, non seulement en raison du faible niveau de son industrie, mais aussi du manque d'instruction de sa population et de l'inefficacité de son gouvernement.

Il n'est dès lors pas surprenant que la Russie ait été vaincue par la Grande-Bretagne et la France durant la guerre de Crimée en 1856. Elle parvint à l'emporter sur les Turcs en 1878 mais dut, sous la pression des autres puissances, renoncer aux fruits de sa victoire. Les Russes éprouvèrent des revers encore plus graves face aux Japonais durant la guerre de 1904-1905.

C'était justement le moment où la révolution industrielle commençait à gagner le pays et où la fraction la plus instruite de la population réclamait énergiquement des réformes qui lui permettraient de se faire entendre. La défaite subie face aux Japonais donna le signal d'une révolte que le gouvernement eut le plus grand mal à mater. Et quand, durant la Première Guerre mondiale, la Russie essuya une série de revers militaires face à l'Allemagne, le mécontentement réapparut avec une nouvelle force.

La Révolution russe

En 1917 éclata une révolution qui força le tsar Nicolas II, qui régnait depuis 1894, à abdiquer. Après une brève période de démocratie, les plus radicaux des révolutionnaires, les bolcheviks, conduits par Lénine, s'emparèrent du pouvoir.

Les puissances occidentales, cherchant à étouffer la Révolution russe au berceau, envoyèrent des troupes en Russie pour soutenir les adversaires des bolcheviks. Mais le nouveau régime parvint à survivre sous la forme de la dictature d'un parti unique, qui s'étendit sur la quasi-totalité du territoire de la Russie des tsars, à l'exception d'une frange à l'ouest, où se constituèrent les États indépendants de Pologne, Finlande, Lituanie, Lettonie et Estonie.

Pendant la période qui suivit, l'Union soviétique constituée par les bolcheviks (qui avaient pris le nom de communistes) fut maintenue en quarantaine.

Adolf Hitler prend le pouvoir en Allemagne

Mais l'Allemagne, après sa défaite dans la Première Guerre mondiale, reconstitua rapidement sa puissance sous la poigne impitoyable d'Adolf Hitler, qui vint au pouvoir en 1933. Pour faire face à cette redoutable menace, la Grande-Bretagne et la France avaient absolument besoin d'alliés, et elles firent de molles tentatives de rapprochement avec l'Union soviétique. Mais cette dernière était désormais tenue fermement en main par Joseph Staline (1879-1953), qui doutait des intentions franco-anglaises. Le monde fut abasourdi d'apprendre, en 1939, qu'il venait de signer un pacte de non-agression avec ses pires ennemis, les nazis.

La conclusion du traité entre Hitler et Staline était pur cynisme de la part des deux dictateurs, qui y trouvaient chacun leur intérêt. Les Allemands gagnèrent deux ans, qu'ils utilisèrent pour attaquer leurs autres adversaires sans avoir à redouter d'être frappés par-derrière. Les Russes, de leur côté, eurent davantage de temps pour se préparer à une attaque allemande.

En 1941, l'Allemagne, à l'instar de Napoléon un siècle et demi plus tôt, avait conquis toute l'Europe occidentale, à l'exception de la Grande-Bretagne. Et Hitler, imitant toujours Napoléon, commit l'erreur fatale, puisqu'il n'avait pu soumettre l'Angleterre, de se tourner contre la Russie. Là encore, après une série de victoires initiales qui amenèrent les Allemands aux portes de Moscou, l'hiver russe s'abattit, stoppant l'avance allemande.

Comme les Français autrefois, les Allemands durent se retirer lentement et péniblement, mais ils laissaient derrière eux vingt millions de cadavres de Russes. L'Union soviétique termina la guerre victorieuse mais à bout de forces. Durant les derniers mois du conflit, elle s'empara de la plus grande partie de l'Europe orientale, se coupant ainsi de ses alliés de la veille. L'Europe occidentale, autour des États-Unis, et l'Europe orientale, sous la férule de l'URSS, se retrouvèrent face à face, dans une « guerre froide » d'une quarantaine d'années. L'Organisation des Nations Unies (ONU), que les vainqueurs avaient créée en 1943 dans l'espoir de faciliter le règlement des conflits, se trouva paralysée.

La désagrégation de l'empire soviétique

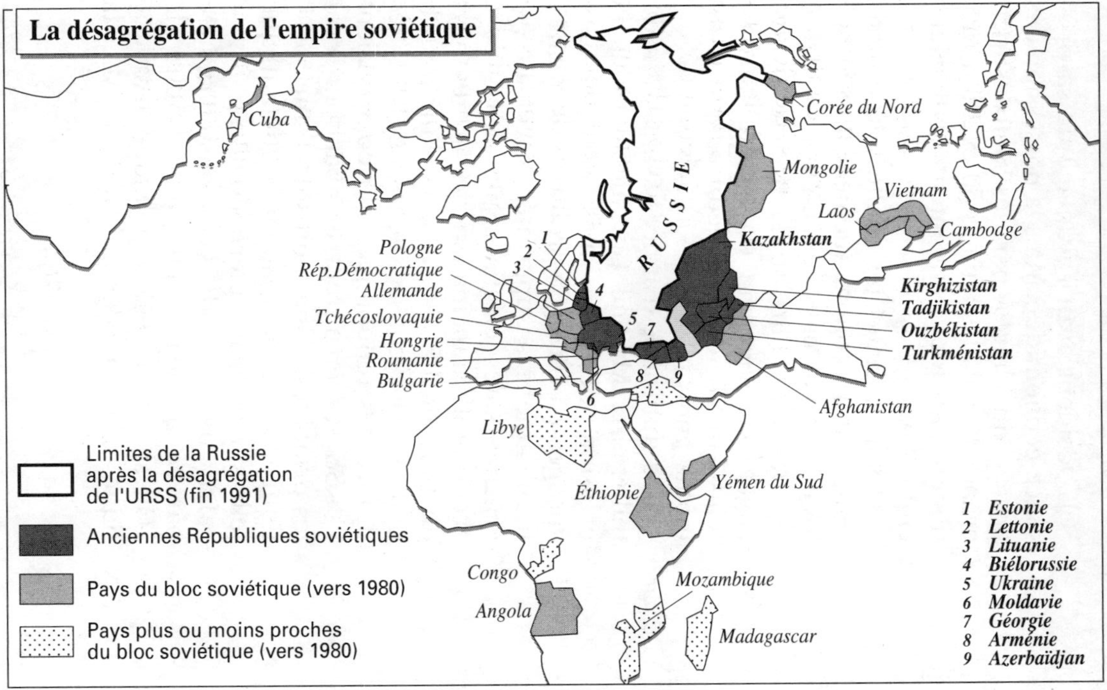

L'Occident avait l'avantage de sa puissance économique. Mais la possession des armes nucléaires par les deux supergrands depuis les années 50 excluait pratiquement tout affrontement majeur entre eux.

Dès lors, États-Unis et URSS s'affrontèrent, tantôt économiquement, tantôt par les armes, par pays tiers interposés. Selon les périodes, l'un ou l'autre se trouva engagé au Viêt-nam ou en Afghanistan, mais jamais tous les deux à la fois au même endroit.

Désagrégation du bloc soviétique

Une quinzaine d'années avant la fin du millénaire, Mikhaïl Gorbatchev, sous la pression des nécessités économiques, engagea en URSS de profondes réformes. Il fut amené à supprimer la censure, à organiser des élections pluralistes et à accepter l'émancipation des autres pays du bloc de l'Est. À la suite d'un putsch manqué des conservateurs en 1991, les différentes républiques qui composaient l'URSS se séparèrent et abandonnèrent les principes de base du socialisme soviétique. La Russie réapparut en tant que telle sur la scène internationale.

La guerre froide s'est ainsi terminée par ce qui paraît être une victoire de l'Ouest, de son régime politique démocratique et de son économie libérale. Mais la transformation des structures économiques de l'Europe orientale ne se fera pas en un jour, et la situation est encore aggravée par toutes les oppositions ethniques précédemment étouffées, et qui prennent parfois une tournure dramatique, comme dans l'ancienne Yougoslavie ou dans le Caucase. Autant de raisons pour lesquelles l'ancien bloc de l'Est mettra encore longtemps avant de retrouver sa stabilité.

L'impact du monde musulman

L'évolution du monde musulman au cours des mille dernières années a été tout à fait digne d'intérêt. Après bien des hauts et des bas, il s'est affirmé comme l'une des forces les plus actives sur la scène mondiale.

En l'an mil, l'empire des Abbassides s'était déjà disloqué, mais les tribus qui le bordaient s'étaient converties à l'islam, et les peuplades turques d'Asie centrale s'étaient emparées de différentes régions de cet empire, tout comme les Germains l'avaient fait avant elles avec l'Empire romain.

L'empire des Seldjoukides fut au plus haut après ses victoires sur Byzance, mais, après 1092, il ne tarda pas à s'effondrer, laissant ainsi aux croisés la possibilité d'atteindre Jérusalem. À son autre extrémité, le monde musulman fut ébranlé vers le milieu du 13e siècle par la ruée apparemment irrésistible des Mongols.

Néanmoins, après la défaite des croisés et l'éclatement de l'empire mongol vinrent les Turcs ottomans, qui remportèrent de grands succès. En 1397, ils mirent le siège devant Constantinople et s'en seraient emparés s'ils n'en avaient été empêchés par l'apparition d'un autre grand conquérant, Timour le Boiteux (Timour Lenk, ou Tamerlan), supposé être un descendant de Gengis Khan, et qui subjugua l'Asie centrale, balaya les Tatars de Russie et battit les Turcs en 1402 à la bataille d'Angora (Ankara).

Les Ottomans furent sauvés par la mort de Tamerlan, survenue alors qu'il marchait contre la Chine. Ils s'emparèrent enfin de Constantinople en 1453 et devinrent ainsi la première puissance de l'Europe. L'Islam n'avait jamais été aussi menaçant pour la chrétienté depuis les premières campagnes lancées par les Arabes. Sous Sélim Ier, qui régna de 1512 à 1520, les Turcs occupèrent l'Égypte et prirent pied sur les rives nord de la mer Noire.

Avec Suleyman Ier (Soliman le Magnifique pour les Occidentaux), qui gouverna de 1520 à 1566, l'Empire ottoman atteignit son apogée, et fut tout près de s'emparer de Vienne. Après la mort de Soliman, le déclin commença lentement, même si une nouvelle attaque fut entreprise contre Vienne. Désormais, sur le plan militaire, les Turcs étaient surclassés par les Occidentaux, et les Autrichiens, prenant l'initiative, ne cessèrent de les faire reculer.

En 1699, les Turcs furent contraints de signer un traité qui abandonnait la Hongrie à l'Autriche. Puis ils soutinrent une série de longues guerres contre la Russie, affrontèrent des révoltes des peuples balkaniques, dont la majorité étaient chrétiens. En 1913, il ne leur restait plus en Europe que les alentours de Constantinople, et les puissances occidentales les avaient également dépouillés de leurs possessions africaines, la Grande-Bretagne prétendant à la domination de l'Égypte, l'Italie s'emparant de la Libye et la France de l'Algérie, de la Tunisie et du Maroc.

En 1914, les Ottomans commirent l'erreur de s'allier à l'Allemagne, ce qui entraîna pour eux une nouvelle défaite. Ils durent céder l'Irak et la Palestine aux Anglais, la Syrie et le Liban aux Français. Certaines portions de l'Asie Mineure furent même attribuées à la Grèce et à l'Italie. Mais, seule parmi les vaincus de la Première Guerre mondiale, la Turquie refusa d'accepter sa défaite.

Avec Kemal Ataturk (1881-1938) comme nouveau leader, la Turquie repoussa les Grecs et obtint la signature d'un nouveau traité qui la laissait seule maîtresse de l'Asie Mineure. Puis Ataturk entreprit une série de réformes visant à restreindre l'influence du clergé musulman et il fit entrer la Turquie dans le concert des nations européennes.

Après le second conflit mondial, d'autres nations musulmanes acquirent leur indépendance. Ce fut le cas de la Jordanie, de la Syrie, du Liban, de l'Irak, de l'Égypte, de la Libye, de la Tunisie, de l'Algérie et du Maroc. L'importance du monde arabe s'accrut considérablement à l'approche du milieu du 20e siècle, quand il s'avéra que le Moyen-Orient recelait les plus grandes réserves de pétrole de la planète.

Cette découverte donna aux Arabes un pouvoir inattendu, car le monde industriel moderne a un besoin impérieux de l'énergie fournie par le pétrole. Les Arabes auraient pu être encore plus puissants s'ils avaient su s'unir. La création d'Israël en 1948 (qui concluait le rétablissement en Palestine d'un foyer national juif après une interruption de quelque dix-huit siècles) leur en offrit pourtant l'occasion, mais ils ne surent pas la saisir.

En 1979, des intégristes musulmans prirent le pouvoir en Iran, pays situé sur le territoire de l'ancien empire perse. Le nouveau régime fit peser une menace sur tous ses voisins, ce qui entraîna une guerre indécise de huit ans avec l'Irak. Une guerre civile deux fois plus longue déchira le Liban jusqu'en 1990, opposant entre eux chrétiens, musulmans, Palestiniens et Syriens. L'annexion du Koweit par l'Irak en 1990 provoqua la brève guerre du Golfe, au cours de laquelle les pays développés, coalisés sous la bannière de l'ONU, rendirent son indépendance au Koweit. Le Moyen-Orient demeure donc une zone extrêmement sensible, en raison, en particulier, du problème des territoires arabes occupés par Israël lors de la guerre de 1967.

Alors que nous approchons de l'an 2000, le sort de la paix demeure particulièrement incertain en cette région qui a été le berceau de la civilisation. La tranquillité du monde, de toute façon, ne pourra être assurée tant qu'une issue durable aux conflits du Moyen-Orient n'aura pas été trouvée.

L'émergence de l'Inde

Après l'an mil, l'Inde a continué à être divisée entre plusieurs États qui s'affrontaient dans des luttes sans fin. Une accalmie survenait parfois quand un chef d'envergure parvenait à faire régner l'ordre dans une zone plus ou moins étendue, mais, en général, elle prenait fin aussitôt après sa mort. L'Inde a subi également de terribles désastres, comme lors de l'invasion du nord par Tamerlan, qui anéantit pratiquement Delhi sans nécessité apparente, simplement pour le plaisir de détruire.

Des navires portugais atteignent l'Inde en contournant l'Afrique

En 1498, l'explorateur portugais Vasco de Gama (1460-1524) toucha l'Inde, et les Portugais en profitèrent aussitôt pour fonder des comptoirs tout le long des côtes du pays. Ils acquirent Goa en 1510 et en firent leur base principale. Ainsi commença l'intervention des Européens en Inde, qui devait durer plusieurs siècles.

Baber établit la domination mogole en Inde

En 1526, Baber (1483-1530), qui faisait remonter sa lignée à Gengis Khan, fonda l'Empire mogol (une déformation du mot « mongol »). Sous sa domination, l'Inde fut pendant quelque temps une grande puissance. Cet Empire devint encore plus fort sous le petit-fils de Baber, Akbar (1542-1605), qui monta sur le trône en 1556. Mais les Mogols, qui avaient su vaincre les princes indiens leurs rivaux et unifier de grandes parties du pays, se montrèrent incapables de chasser les Portugais.

Shah Jahan, petit-fils d'Akbar, se rendit célèbre en faisant construire à Agra, entre 1632 et 1653, le Taj Mahal pour servir de sépulture à son épouse Mumtaz Mahal.

Le dernier grand souverain mogol fut Aurangzeb, qui demeura sur le trône de 1658 à 1707. À cette époque, l'influence portugaise était en fort recul, mais les Anglais avaient commencé à se manifester. Ils fondèrent un poste à Bombay en 1661 et commencèrent à disputer le terrain aux Français, qui établissaient eux aussi des bases en Inde.

Au début du 18e siècle, la Grande-Bretagne et la France s'affrontaient en Europe et en Amérique du Nord, et cette rivalité s'étendit jusqu'en Inde. L'administrateur français Dupleix (1697-1763) tenta de jouer des dissensions entre potentats indiens, mais il trouva plus habile que lui en la personne de l'Anglais Robert Clive (1725-1774).

Les Anglais s'étaient installés à Calcutta, mais en 1756 la ville fut prise par un prince indien de la région. L'histoire prétend qu'il emprisonna plus d'une centaine de personnes dans une petite pièce sans air au plus fort de l'été indien ; la plupart périrent. Clive reprit Calcutta en 1757 et battit le prince indien à Plassey.

La Grande-Bretagne établit ainsi son contrôle sur le Bengale et occupa peu à peu en Inde une position d'arbitre, laissant à l'empereur mogol, ou Grand Mogol, un rôle purement symbolique.

Au milieu du 19e siècle, les Anglais sentirent leur autorité sur l'Inde menacée par l'expansion russe en Asie centrale. L'inimitié s'installa entre les deux puissances pour une cinquantaine d'années. La Grande-Bretagne lança même des expéditions en Afghanistan pour essayer de maintenir ce pays en dehors de l'influence russe.

En 1857, la domination anglaise fut ébranlée par la révolte des Cipayes, soldats indiens au service de la Grande-Bretagne. Le massacre par les insurgés de femmes et d'enfants métropolitains entraîna une féroce répression de la révolte par l'armée britannique. L'empire mogol fut aboli et l'Inde passa sous l'administration directe de la puissance coloniale.

L'ouverture du canal de Suez en 1869 accrut considérablement les liaisons commerciales entre l'Europe et l'Inde, contribuant ainsi à la prospérité de cette dernière. Les progrès économiques rendirent la domination anglaise plus supportable, et en 1877, la reine Victoria fut proclamée impératrice des Indes, s'inscrivant dans la lignée, désormais éteinte, de la dynastie mogole.

Les Indiens, néanmoins, ne prirent jamais leur parti du statut qui leur était imposé et ils aspiraient de plus en plus à se gouverner eux-mêmes. De nombreux leaders revendiquaient l'autonomie et l'indépendance. Le plus remarquable fut Gandhi (1869-1948), dont l'appel à des formes non violentes de lutte créa un modèle qui trouva par la suite des adeptes dans l'ensemble du monde, y compris aux États-Unis.

Durant la Première Guerre mondiale, l'Inde apporta à la Grande-Bretagne un soutien loyal. La métropole étant absorbée par le conflit européen, les Indiens purent intervenir plus activement dans la conduite de leurs propres affaires. Mais après la guerre, les Anglais cherchèrent à resserrer leur contrôle ; face à la résistance des autochtones, ils réagirent par de violentes répressions.

Les Indiens, en réponse, adoptèrent la tactique préconisée par Gandhi. Le 10 avril 1919, ils organisèrent une journée de jeûne et de grève générale. Malgré l'opposition de Gandhi à toute action violente, des attaques furent lancées contre les Anglais. Un officier anglais répliqua trois jours plus tard en faisant ouvrir le feu par ses troupes sur une foule désarmée à Amritsar. Ce massacre, qui fit 379 morts et 1 200 blessés, gagna encore plus d'Indiens à la cause de l'indépendance et ruina tout espoir de conciliation. Il était clair que les Britanniques devraient bien finir par se résigner à l'indépendance de l'Inde, mais il fallut néanmoins trente ans pour y arriver.

La Seconde Guerre mondiale affaiblit l'Angleterre à un point tel qu'elle n'était plus capable de conserver son empire. Mais, à l'approche de l'indépendance, l'hostilité croissante entre hindous et musulmans fit peser sur l'Inde une autre menace.

Quand, en 1946, les Anglais acceptèrent l'indépendance du pays, les hindous et les musulmans ne purent s'entendre sur la création du nouvel État. Gandhi lui-même fut incapable de combler le fossé entre les deux communautés. La seule solution était dès lors la partition, c'est-à-dire la constitution de deux nations. L'Inde proprement dite fut l'État des hindous, tandis que les musulmans constituaient le Pakistan (nom formé de lettres prises dans les noms des provinces qui le constituent) à partir de deux régions distantes de 1 700 kilomètres l'une de l'autre : le Pakistan occidental au nord-ouest de l'Inde et le Pakistan oriental au nord-est.

Indépendance et partage de l'Inde

Les deux États commencèrent d'exister le 15 août 1947. Ils demeurèrent l'un et l'autre membres du Commonwealth, qui avait remplacé l'empire comme nouvelle forme de relation entre les anciennes colonies anglaises. Mais de nombreux hindous vivaient dans les zones rattachées au Pakistan et bien des musulmans dans celles qui dépendaient de l'Inde. D'énormes mouvements de population se produisirent, accompagnés d'affrontements qui firent d'innombrables victimes.

C'est Jawaharlal Nehru (1889-1964), le principal disciple de Gandhi, qui devint premier ministre de l'Inde. Quant à Gandhi, il fut assassiné en 1948 par un extrémiste hindou opposé à la partition du pays.

L'Inde força les États princiers qui subsistaient encore à la rejoindre et elle se proclama république en 1950. En 1962, elle annexa par la force Goa, qui avait été un comptoir portugais pendant 450 ans.

Après l'accession à l'indépendance, le sous-continent indien fut le théâtre de fréquents conflits. L'Inde fit la guerre au Pakistan et à la Chine et fut confrontée à de graves problèmes internes, comme celui de la minorité sikhe au Nord. Nehru mourut en 1966 et, l'année suivante, sa fille Indira Gandhi (1917-1984) lui succéda à la tête du gouvernement. Elle prit des mesures sévères contre les Sikhs, envoyant des troupes envahir leur sanctuaire le plus vénéré, sous prétexte qu'il servait de refuge à des extrémistes de leur parti. En 1984, elle fut assassinée par des membres sikhs de sa garde personnelle. Son fils Rajiv Gandhi devint premier ministre à sa place.

En ce qui concerne le Pakistan, sa partie ouest et sa partie est s'accordaient mal. Le Pakistan oriental, qui se sentait exclu des centres du pouvoir, situés à l'Ouest, se révolta en 1971 et, avec l'aide de l'Inde, conquit son indépendance sous le nom de Bangladesh.

À l'approche de l'an 2000, l'avenir du sous-continent indien demeure incertain. L'Inde s'affirme de plus en plus comme une nation moderne qui a son mot à dire dans les affaires du monde ; l'industrie du cinéma y est en pleine expansion, et celle de l'informatique y connaît une forte croissance. C'est aussi la plus grande démocratie du monde. Mais le pays est confronté à de terribles problèmes, en raison de son énorme population, dont une grande partie vit dans la misère à la campagne. Le Pakistan, lui, émerge de longues années de dictature militaire, et c'est l'une des plus puissantes nations musulmanes du monde.

Quant au Bangladesh, un des pays les plus pauvres de la planète avec une des plus fortes densités de population, il en est à lutter pour sa survie. L'île de Ceylan, au large de la pointe sud de l'Inde, est devenue indépendante en 1948 sous le nom de Sri Lanka. Elle a souffert d'une guerre civile pendant une bonne partie de son histoire récente, la minorité tamoule du Nord luttant pour obtenir son indépendance.

Il est clair que cette région va jouer un

rôle important dans l'avenir du monde, mais il est bien difficile de pronostiquer lequel.

La Chine : toujours un cinquième de la population mondiale

Durant les mille ans qui vont s'achever, la Chine a connu bien des transformations douloureuses et il paraît probable qu'elle n'est pas au bout de ses tribulations politiques, dont nous ne manquerons pas de ressentir les conséquences.

À l'aube du millénaire, la plus grande partie de la Chine était tombée au pouvoir des envahisseurs mongols. En 1210, Koubilaï Khan, qui avait totalement adopté la culture chinoise, gouvernait le pays depuis Shangdu, un peu au nord de Pékin. Son empire s'étendait de la Chine à l'Europe orientale. Comme tous les conquérants, il finit par connaître l'échec : ses expéditions contre le Japon, l'Asie du Sud-Est et les îles de la Sonde n'aboutirent à aucun résultat.

Période des explorations en Chine

La domination mongole en Chine ne devait pas lui survivre longtemps. En 1368, elle fut renversée par la dynastie des Ming. Sous le règne d'un des empereurs de cette dynastie, Yongle, la Chine se lança dans une série d'explorations assez similaires à celles qu'allait bientôt entreprendre l'Europe. De 1403 à 1424, les escadres chinoises sillonnèrent l'océan Indien, abordant en Indonésie et à Ceylan, pénétrant même en mer Rouge.

Tout cela aurait pu déboucher sur la fondation d'un empire mondial appuyé sur des comptoirs le long des côtes, mais, par un mouvement classique de balancier, la Chine, à la mort de Yongle, se replia sur elle-même et perdit son avance technologique.

C'était donc aux nations européennes qu'il allait revenir de bâtir les empires des temps modernes, et la Chine, malheureusement pour elle, figurerait parmi les cibles de leur expansionnisme. Un siècle après le retour au port de ses escadres, la Chine reçut la visite des premiers navires européens. En 1557, les Portugais créaient un port de commerce à Macao qui, à la veille de l'an 2000, se trouve toujours en leur possession.

À la fin du 16e siècle, la Chine aida la Corée à repousser les Japonais mais c'était le chant du cygne de la dynastie Ming. Des tribus mandchoues apparentées aux Mongols prirent le pouvoir en 1644 et fondèrent la dynastie des Qing.

Les premiers souverains mandchous donnèrent à la Chine impériale ses dernières heures de gloire. En 1689, ils forcèrent les Russes à signer un traité par lequel ils abandonnaient certains des territoires dont ils s'étaient emparés aux confins de la Chine. Au 18e siècle, la Chine parvint à étendre son influence au Tibet, en Birmanie et en d'autres contrées, tout en maintenant les Européens dans les limites étroites des ports de commerce précédemment concédés.

Il était pourtant inévitable qu'avec le temps la corruption de l'administration chinoise et la supériorité technique croissante de l'Occident aboutiraient à une crise. Celle-ci survint en 1841 quand la Chine essaya de stopper le trafic de l'opium, contrôlé par les Anglais. Ces derniers réagirent en force, conservèrent le commerce de l'opium et obtinrent un comptoir à Hongkong.

Dès lors, c'est pendant tout un siècle que la Chine dut subir les humiliations des nations plus avancées. Beaucoup de ses difficultés, néanmoins, étaient d'origine intérieure. L'inefficacité croissante du gouvernement mandchou entraîna des soulèvements paysans, puis, de 1850 à 1864, la révolte des Taiping. Le gouvernement central parvint à l'emporter, mais au prix d'innombrables victimes humaines et d'un grave affaiblissement du pays.

Dans la dernière moitié du 19e siècle, la Grande-Bretagne, la France, l'Allemagne, la Russie et le Japon participèrent tous au dépeçage de la Chine. En 1894-1895, le Japon fit la guerre à la Chine et la vainquit, annexant l'île de Taiwan.

Les Chinois se dressèrent contre leurs occupants en 1900. Ce fut la révolte des Boxers. Des forces internationales en tirèrent prétexte pour intervenir et mater la rébellion. Elles en profitèrent également pour renforcer leur contrôle sur la Chine. Il était clair, dès lors, que la Chine impériale entrait en agonie et, en 1911, un soulèvement populaire chassa les Mandchous et aboutit à la proclamation de la république.

Le nouveau régime fut déchiré à son tour par les affrontements entre seigneurs de la guerre, qui levaient des armées privées et dominaient des régions entières du pays. Ensuite, la lutte se polarisa entre Tchang Kaï-chek (1887-1975) et Mao Tsé-toung (1893-1976), le premier représentant les milieux conservateurs, tandis que le second, communiste, voulait faire la révolution et aussi soustraire le pays aux interventions étrangères.

Les communistes, qui devaient finir par l'emporter, passèrent par de rudes épreuves. En 1934, Mao Tsé-toung, pour éviter la défaite, entreprit la Longue Marche, qui le mena, lui et son armée, de la côte à la lointaine région du Shaanxi, au nord-ouest, qu'il réussit à maintenir pendant quinze ans sous l'autorité communiste.

Ces dissensions entre Chinois profitèrent au Japon, qui s'empara de la Mandchourie en 1930 et y établit le régime fantoche du Mandchoukouo. En 1937, les Japonais firent irruption dans la Chine du Nord, puis s'emparèrent de Shanghai, de Canton, Nankin et Han-Keou. Leur avance fut ralentie par le déclenchement de la Seconde Guerre mondiale, et ce n'est qu'après la fin de celle-ci que les luttes pour le contrôle de la Chine trouvèrent leur conclusion définitive.

Les communistes chinois établissent leur contrôle sur la Chine continentale

Mao Tsé-toung, grâce à sa maîtrise parfaite de l'art de la guérilla, vainquit Tchang Kaï-chek, qui bénéficiait pourtant de l'aide massive des Américains. En 1949, Tchang dut s'enfuir avec son armée à Taiwan, tandis que Mao proclamait sur le continent la République populaire de Chine.

La venue au pouvoir des communistes mit fin à l'emprise étrangère, mais les problèmes de la Chine n'en furent pas réglés pour autant. Les Chinois intervinrent en 1950 dans la guerre de Corée contre les États-Unis et leurs alliés. Les deux adversaires, malgré des pertes énormes, ne purent se départager. Avec Taiwan, la tension demeura vive pendant les années 50, les États-Unis soutenant Taiwan et l'URSS la Chine populaire.

Cependant, dans les années 60, la Chine rompit avec l'Union soviétique pour suivre sa propre voie, créant ainsi une nouvelle variété de communisme, appelée maoïsme. Des périodes de durcissement et de libéralisation alternèrent, les dirigeants hésitant sur le meilleur moyen de gouverner un immense pays confronté à de nombreux problèmes. Pendant les années 50 et la plus grande partie des années 60, la Chine demeura pratiquement isolée du reste du monde. Elle finit pourtant, en 1971, par être admise aux Nations Unies à la place de Taiwan. En 1972, les États-Unis normalisèrent leurs relations diplomatiques avec la Chine, facilitant un rapprochement entre celle-ci et le reste du monde.

Après la mort de Mao Tsé-toung, les nouveaux leaders s'engagèrent dans une politique de libéralisation économique, autorisant de plus en plus largement l'initiative privée et ouvrant le pays au commerce avec l'étranger. Par contre, leur programme ne prévoit toujours pas la liberté politique, ni l'abrogation du rôle dirigeant du parti communiste.

Vers la fin des années 80 se leva un important mouvement démocratique, où les étudiants tenaient un rôle important et qui faisait écho aux tendances à l'œuvre un peu partout dans le monde. L'armée le noya dans le sang, en particulier au cours d'une intervention sur la place Tiananmen à laquelle le monde horrifié assista en direct grâce aux satellites de télévision.

Au terme du présent millénaire, la Chine demeure une inconnue de l'équation mondiale. Sous le communisme, le pays a surmonté certains de ses problèmes, parvenant à nourrir son énorme population et à se débarrasser de la tutelle étrangère. Mais les problèmes politiques demeurent.

Actuellement, sur les cinq milliards d'habitants de la planète, on compte plus d'un milliard de Chinois, soit la même proportion de vingt pour cent que l'on observe depuis plusieurs millénaires. Avec la victoire de la démocratie dans la plupart des régions du monde et l'attachement que lui manifeste la jeunesse chinoise, on voit mal comment cette remarquable invention politique des Grecs ne finirait pas par l'emporter ici aussi. Cependant, rien n'est jamais écrit d'avance dans l'histoire humaine, et l'évolution de l'inconnue chinoise au cours du millénaire prochain appartient entièrement à l'avenir.

Le Japon va de l'avant

L'histoire du Japon, comme celle de la Chine, est celle d'un pays qui sort peu à peu de l'isolement pour se hisser au rang de puissance d'importance mondiale. À l'instar des Chinois, les Japonais sont passés par bien des mutations avant d'accéder à leur place actuelle. La grande différence entre les deux peuples est qu'après la Seconde Guerre mondiale le Japon a été contraint d'adopter la démocratie et un système de libre entreprise, ce qui lui a permis de remporter d'extraordinaires succès sur le plan économique.

Après avoir emprunté une bonne partie de son fonds culturel à la Chine, le Japon a connu un repliement sur soi favorisé par sa situation insulaire. Les tentatives d'invasion de Koubilaï Khan en

1274 et en 1281 échouèrent à cause de violentes tempêtes qui endommagèrent sa flotte et la forcèrent à se retirer. Les Japonais ont toujours eu la plus grande vénération pour ce vent divin (en japonais *kamikaze*), et c'est pourquoi les pilotes-suicide de la dernière guerre, près de sept siècles plus tard, se donnèrent le nom de kamikaze.

La pénétration des commerçants et missionnaires portugais et espagnols eut plus de succès. En 1549 débarqua un missionnaire du nom de François Xavier, qui se fixait pour but d'évangéliser le pays. Il n'y parvint pas, mais obtint néanmoins certains résultats.

Dans la seconde moitié du 16e siècle, le Japon réalisa son unité, mettant un frein aux combats incessants entre seigneurs féodaux. En 1585, Toyotomi Hideyoshi (1537-1598), un fils de paysan qui avait accédé aux honneurs grâce à son génie militaire et politique, établit son autorité sur la totalité du pays. Il s'attaqua au christianisme et finit par éliminer quasi totalement l'influence chrétienne pour les quarante années qui suivirent. Ses tentatives d'expansion en Corée échouèrent, mais elles devaient avoir bien des prolongements dans les siècles suivants.

Instauration du shogunat au Japon

Après la mort d'Hideyoshi, Ieyasu (1543-1616) étendit peu à peu son pouvoir et fut finalement nommé shogun (général en chef) par l'empereur en 1603. C'était lui qui gouvernait effectivement le pays sous l'autorité nominale de l'empereur. Le shogunat demeura ensuite dans sa famille, celle des Tokugawa, pour deux siècles et demi. Ieyasu acheva l'élimination du christianisme, expulsa presque tous les commerçants étrangers et isola résolument le Japon du reste du monde.

Le retour aux valeurs traditionnelles amena même les samouraïs à faire interdire les armes à feu, qui pouvaient être maniées aussi bien par les paysans, ignorants du code d'honneur, que par les nobles. C'est l'un des cas, de plus en plus rares dans l'histoire humaine, d'abandon délibéré d'un progrès technologique important. Il n'a pu se produire que parce que le Japon s'était replié sur lui-même et n'était exposé à aucune menace extérieure.

Le temps vint, cependant, au milieu du 19e siècle, où l'isolement devint impossible à maintenir. Les navires occidentaux dominaient les mers, et ils entreprirent de ramener le Japon dans la famille des nations, de façon à nouer des relations commerciales profitables. En 1853, des bateaux américains sous le commandement de Matthew Calbraith Perry (1794-1858) arrivèrent dans le port de Tokyo pour réclamer la conclusion d'un traité de commerce. Perry revint l'année suivante, et les Japonais durent céder à la force.

Le Japon hésita alors entre deux partis. Certains rêvaient de rejeter une fois de plus les étrangers à la mer, mais d'autres étaient désireux de coopérer et de s'ouvrir à l'apport technique des Occidentaux.

Mutsuhito (1852-1912), devenu empereur en 1867, se rallia aux réformateurs qui préconisaient la suppression du shogunat et du système féodal. Sous son règne, le Japon s'initia activement aux techniques occidentales. Le tournant fut définitivement pris en 1877, quand une armée de samouraïs traditionalistes fut taillée en pièces par des roturiers équipés d'armes modernes.

Le Japon se dota d'une armée et d'une flotte capables de réaliser le programme d'expansion auquel avait rêvé Hideyoshi trois siècles plus tôt. Le premier objectif à se présenter fut la Chine, encore prisonnière du carcan du passé.

La victoire sur la Chine permit au Japon de se tourner vers la Corée et la

Mandchourie, ce qui l'entraîna dans un grave conflit avec la Russie. À l'étonnement général, le Japon, déclenchant une attaque surprise, défit les Russes au cours de la guerre de 1904. La paix qui fut conclue alors donna au Japon le sud de l'île de Sakhaline. En 1910, le Japon annexa la Corée.

L'expansionnisme nippon se poursuivit avec la même énergie pendant les décennies qui suivirent, et on commença à se demander, dans certains pays occidentaux, si l'on avait bien fait de contraindre le Japon à rompre son isolement. Les Japonais rejoignirent les Alliés dans la Première Guerre mondiale, mais y prirent une part très peu active, se contentant d'annexer quelques îles qui appartenaient à l'Allemagne au nord de l'équateur.

Après la fin du conflit, le Japon manifesta une hostilité croissante aux puissances occidentales, auxquelles il désirait, en particulier, ravir la première place dans l'exploitation de la Chine. En 1931, les Japonais envahirent la Mandchourie et, devant la mollesse des réactions occidentales, entrèrent en Chine en 1937.

La défaite de la France en 1940 donna au Japon l'occasion d'établir son contrôle sur l'Indochine française et d'affirmer sa présence en Asie du Sud-Est. Les États-Unis demeuraient la seule puissance que les Japonais eussent encore à redouter. Ils préparèrent alors une attaque surprise sur le modèle de celle qui leur avait réussi face aux Russes en 1904.

Le raid japonais sur Pearl Harbor en 1941 prit la flotte américaine à l'improviste et en détruisit une bonne partie. Seule ombre au tableau pour le Japon : les porte-avions américains étaient absents de la base à ce moment et échappèrent au désastre.

Dans les mois qui suivirent, les Japonais s'emparèrent des Philippines, de l'Asie du Sud-Est (Singapour y compris) et des Indes orientales hollandaises. Le Japon parut bien, à ce moment, être devenu aussi redoutable dans le Pacifique que l'Allemagne en Europe. Les déboires commencèrent cependant quand les Américains vainquirent la flotte japonaise à Midway en juin 1942.

Première utilisation de la bombe atomique

Après Midway, les Japonais commencèrent à reculer, tout comme l'Allemagne après ses défaites en Russie. Les forces américaines progressèrent d'île en île jusqu'à prendre pied, au milieu de 1945, sur des territoires depuis longtemps japonais. La fin de la guerre du Pacifique fut marquée par l'emploi de l'arme la plus perfectionnée de l'époque – la bombe nucléaire.

Après le bombardement atomique d'Hiroshima et de Nagasaki, les Japonais durent se résoudre à capituler sans conditions le 2 septembre 1945. L'ère de l'expansion armée était terminée, et le pays se trouvait réduit aux quatre îles qu'il occupait à l'époque où y aborda le commodore Perry.

Le Japon dut accepter une constitution démocratique imposée par le général Douglas MacArthur, commandant des forces d'occupation américaines. Il lui était interdit d'avoir des forces armées, et le pays ne pouvait donc compter que sur les États-Unis pour le protéger. Délivrés du fardeau des dépenses militaires, disposant d'un potentiel industriel entièrement renouvelé, les Japonais se consacrèrent exclusivement aux affaires et au commerce.

Vers le début des années 80, les succès économiques du Japon lui permirent d'atteindre une fortune supérieure à celle des États-Unis et de dépasser les Occidentaux dans de nombreux domaines techniques. Les Japonais surent mettre en application des innovations des pays occidentaux et inonder ensuite les marchés de ces mêmes pays avec les produits ainsi fabriqués à moindre coût.

Aujourd'hui encore, les modes de pensée et la politique du Japon demeurent assez largement marqués par les deux thèmes contradictoires de l'isolation et de l'expansion. Les Japonais ont beau être profondément impliqués dans les relations commerciales mondiales, ils demeurent une société insulaire et homogène.

Au seuil de l'an 2000, la possession d'une grande partie de la richesse mondiale fait du Japon l'un des plus puissants pays du monde, et les décisions qu'il prendra seront appelées à marquer l'avenir de la planète.

Tout se passe comme si le Japon était parvenu à réaliser par des moyens pacifiques ce qu'il avait tenté sans succès par la force des armes.

Un pays neuf sur le devant de la scène

Qui en Europe aurait pu pronostiquer, autour de l'an mil, que le dernier siècle du millénaire commençant serait dominé par une nation située loin au-delà des rivages de l'Atlantique ? Comment l'idée aurait-elle pu en venir à des gens qui ignoraient même qu'il pût y avoir des terres de l'autre côté de cet océan ?

Seuls auraient pu s'y risquer les quelques Vikings qui avaient colonisé la côte sud-est du Groenland et abordé à ce qui est aujourd'hui Terre-Neuve. D'après ce que nous savons actuellement, ils ont été les premiers Européens à débarquer au Nouveau Monde, mais leurs colonies ne durèrent pas, et ils semblent n'avoir pas cherché à faire connaître leurs découvertes.

Néanmoins, bien des événements se produisirent dans les deux Amériques avant que les Européens en entendent parler. Les cultures amérindiennes atteignirent un certain niveau de raffinement au Mexique, sous l'empire aztèque, et dans la partie nord des Andes, habitée par les Incas.

Les voyages d'exploration que tentèrent ensuite les Européens furent bénéfiques pour leurs promoteurs mais désastreux pour les populations locales, qui furent décimées par les conquérants.

Durant tout le 16e siècle, différentes nations tentèrent de prendre pied au Nouveau Monde : Espagne, France, Pays-Bas, Grande-Bretagne et même Suède. C'est finalement l'Angleterre qui s'assura la prépondérance, en créant une ligne solide d'établissements du Maine à la Caroline du Sud, plus Terre-Neuve au large de ce qui devait devenir le Canada. Les Français s'étendirent vers l'ouest et, en 1682, descendirent le Mississippi jusqu'à son embouchure. Ils s'approprièrent toute la partie centrale des États-Unis actuels, en plus de l'est du Canada.

Fondation de la colonie de Plymouth aux États-Unis

Les colonies anglaises, bien que resserrées le long de la côte atlantique, connurent une rapide croissance démographique, alors que les implantations françaises n'avaient qu'une population clairsemée. À partir de 1689, la Grande-Bretagne et la France s'opposèrent dans une série de conflits, et plusieurs batailles furent livrées sur le sol américain. Les Anglais finirent par évincer les Français et demeurèrent seuls maîtres de tous les territoires à l'est du Mississippi et au nord du golfe du Mexique. À l'ouest et au sud des possessions britanniques commençait l'Amérique latine, aux mains de l'Espagne et du Portugal.

Déclaration d'indépendance de l'Amérique

Victoire des colonies américaines sur les Anglais

La Grande-Bretagne, qui avait contracté d'importantes dettes de guerre, entreprit, pour les rembourser, de lever de nouveaux impôts dans ses colonies. La résistance de celles-ci entraîna la guerre de l'Indépendance américaine en 1776. Les colonies américaines, soutenues par la France, parvinrent en 1783 à battre la Grande-Bretagne, qui signa un traité reconnaissant leur indépendance.

Adoption de la Constitution des États-Unis ; George Washington élu premier président

Le fonctionnement du nouvel État fut régi par un accord appelé Articles de Confédération, jusqu'à ce qu'une convention adopte en 1787 une Constitution écrite qui instituait un gouvernement fédéral fort. George Washington, le général qui avait dirigé la lutte des Américains pour leur liberté, fut élu premier président du nouveau pays et inaugura son mandat en 1789.

Parmi tous les systèmes politiques expérimentés par les hommes, l'expérience américaine occupe une place à part, et elle a servi de modèle à de nombreux autres pays. La distinction de trois centres de pouvoir permet d'éviter la prédominance d'un seul individu ou institution. Des élections périodiques sont elles aussi une garantie contre tout accaparement de l'autorité de l'État. Le gouvernement central est devenu relativement fort, après les limitations qui lui avaient été imposées initialement, mais le Bill of Rights (déclaration des droits) et la nature fédérale de l'État rendent difficile, sinon impossible, l'instauration d'une tyrannie.

Le système américain s'inspire de l'idéal démocratique qui fait de l'expression populaire le fondement de la légitimité. C'est ce qui ressort clairement des premiers mots de la Constitution : « Nous, le peuple... » Comme la Constitution établit par ailleurs une nette séparation entre l'Église et l'État, elle représente un abandon total de la vieille conception de la légitimité, celle d'un dieu-roi, dont l'autorité se fonde sur la relation avec des forces surnaturelles.

La démarche américaine reprend à celle des Grecs la volonté de liberté et de démocratie, et à celle des Romains le respect de la loi. Elle semble avoir emprunté également à beaucoup d'autres systèmes et, sans prétendre à la perfection, elle a introduit dans la Constitution des mécanismes précis d'adaptation et d'évolution.

L'accession à l'indépendance était importante, mais non suffisante. Les États-Unis profitèrent également beaucoup de la venue d'un ingénieur anglais nommé Samuel Slater, qui les initia en 1789 à la fabrication des nouvelles machines indispensables à la révolution industrielle.

Avec leur sens de la liberté et de l'initiative individuelles, les États-Unis s'industrialisèrent rapidement et, en moins d'un siècle, tirant profit de leurs grands espaces et de leurs abondantes ressources naturelles, ils devinrent la nation la plus avancée du monde du point de vue technique.

Les États-Unis s'étendirent rapidement vers l'ouest, plutôt par achat que par conquête de territoires. Le président Thomas Jefferson fit ainsi l'acquisition auprès de l'Espagne, pour quinze millions de dollars, de la partie de la Louisiane située entre le Mississippi et les montagnes Rocheuses. Les États-Unis achetèrent également à l'Espagne la Floride en 1819 pour cinq millions de dollars.

Les États-Unis absorbèrent le Texas après la révolte de ses habitants en 1845 contre le Mexique et triomphèrent de ce dernier dans une guerre qui leur rapporta la plus grande partie de la Californie et le Sud-Ouest. Un accord avec la Grande-Bretagne leur fit acquérir certains territoires au nord-ouest. En 1853, les frontières avec le Canada et le Mexique prirent le tracé qu'elles ont encore aujourd'hui.

Guerre de 1812 entre l'Angleterre et les États-Unis

Durant les guerres napoléoniennes, qui durèrent de 1796 à 1815, les États-Unis tentèrent de préserver leur neutralité, mais se retrouvèrent en guerre avec la Grande-Bretagne en 1812. Les Britanniques eurent beau incendier Washington, les États-Unis tinrent bon et, par une ironie du sort, remportèrent la dure bataille de La Nouvelle-Orléans, en janvier 1815, après la signature officielle du traité de paix.

Grâce, en partie, aux bouleversements qui résultaient des campagnes de Napoléon, les colonies d'Amérique latine commencèrent à se séparer de l'Espagne et du Portugal. En 1823, les États-Unis déclarèrent que l'ensemble du continent américain était en dehors de la sphère d'influence de l'Europe et garantirent le maintien de la liberté des nations latino-américaines. C'est ce qu'on a appelé la doctrine Monroe, du nom du président James Monroe (1758-1831). C'était là une des premières affirmations de la nouvelle puissance américaine face au monde.

Durant toute cette période, la question de l'esclavage n'a cessé d'être un sujet de discorde. Une moitié des États reconnaissaient sa légitimité, que l'autre moitié rejetait. Les États anti-esclavagistes, ceux du Nord, étaient les plus peuplés et les plus industrialisés. De nombreux nordistes considéraient l'esclavage comme immoral et contraire aux idéaux proclamés dans la Déclaration d'indépendance et dans la Constitution. Les sudistes se sentaient menacés par le Nord et n'entendaient pas renoncer à leur mode de vie basé sur l'emploi du travail servile.

Guerre de Sécession

L'expansion vers l'ouest aggravait encore les choses. À son admission dans l'Union, chaque nouvel État devait décider s'il serait ou non esclavagiste. Finalement, les responsables politiques épuisèrent toutes les possibilités de compromis et le pays se trouva plongé dans la guerre civile.

Abraham Lincoln, élu à la présidence en tant que candidat du parti républicain nouvellement créé, s'attacha à rétablir l'unité, brisée par la sécession de treize États du Sud, qui avaient constitué les États confédérés d'Amérique.

Lincoln fut assassiné le 14 avril 1865, quelques jours seulement après la victoire des forces de l'Union, mais son objectif était atteint, et il a laissé le souvenir de l'un des plus grands présidents américains.

Une partie des esclaves avaient été affranchis avant même la fin de la guerre, mais la lutte des Noirs pour leurs droits civiques devait durer encore une centaine d'années, et la question des relations interraciales demeure jusqu'à aujourd'hui un des principaux facteurs de déstabilisation aux États-Unis.

Après la guerre de Sécession, les États-Unis se sentirent efficacement protégés du reste du monde par les océans Atlantique et Pacifique. Les énergies du pays pouvaient être tournées vers le défrichement de l'Ouest. Beaucoup de tribus indiennes combattirent farouchement les colons et les soldats qui pénétraient sur leurs terres ancestrales. D'une certaine façon, on voyait se reproduire là l'ancienne opposition entre la civilisation, appuyée sur les exploitations agricoles et les villes, et les tribus de chasseurs et d'éleveurs.

Malgré toute leur bravoure, les Indiens ne purent résister à la supériorité technique et numérique de leurs assaillants. En 1890, la plupart avaient déjà été parqués dans des réserves.

Les États-Unis achetèrent l'Alaska à la Russie en 1867 pour 7,2 milliards de dollars. Comme précédemment pour la Louisiane, l'achat de l'Alaska fut d'abord vivement critiqué, mais ce territoire devint par la suite, pour les États-Unis, une importante nouvelle frontière.

Pendant longtemps, les efforts des États-Unis pour mettre en valeur leur propre territoire les empêchèrent de se lancer, aux côtés des Européens, dans l'aventure coloniale. Néanmoins, la guerre de 1898 entre l'Amérique et l'Espagne conduisit à l'annexion de Porto Rico et des Philippines, qui étaient jusque-là des colonies espagnoles. Avec la prise de possession des îles Hawaï cette même année, les États-Unis commencèrent, sur une petite échelle, à se sentir bâtisseurs d'empire.

Pendant les cent ans qui suivirent, le pays hésita entre l'isolement et l'intervention dans les affaires mondiales. Certes, il était suffisamment puissant pour intervenir, et son attachement presque mystique à certains idéaux politiques pouvait l'y pousser. En revanche, les immigrants arrivant au Nouveau Monde étaient désireux d'échapper à la corruption qu'ils constataient dans les sociétés européennes et, dans son message d'adieu, Washington avait mis en garde la nation contre « les implications à l'étranger ».

L'isolationnisme ne résista pas au premier conflit mondial. Les États-Unis parvinrent à conserver leur neutralité jusqu'en 1917, malgré la sympathie de nombreux Américains pour l'Angleterre et la France. La détermination de l'Allemagne à faire usage de ses sous-marins contre tous les navires croisant dans l'Atlantique, même s'ils étaient américains, finit par entraîner les États-Unis dans la guerre.

L'entrée en guerre des Américains fut tardive, mais importante pour assurer la victoire sur des Allemands à bout de forces, qui furent contraints d'abandonner la lutte en 1918.

La Première Guerre mondiale avait dévasté l'Europe, mais à peine effleuré les États-Unis, qui apparurent dès lors comme le pays le plus riche du monde. C'était aussi le premier créancier, qui avait prêté de l'argent aux Anglais et aux Français et pouvait espérer, désormais, recouvrer ces dettes.

Mais les nations européennes étaient hors d'état de payer, et nombre d'Américains, se sentant floués, souhaitèrent se maintenir en dehors des querelles de l'Europe. Cela explique le refus des États-Unis de participer à la Société des Nations, créée à l'issue de la guerre, et dont pourtant le président américain Woodrow Wilson (1856-1924) avait été le promoteur.

La non-participation des États-Unis empêcha la Société des Nations de travailler efficacement au maintien de la paix et de faire obstacle au développement de l'un des plus puissants mouvements antidémocratiques que le monde ait connus – le fascisme.

Le fascisme prit un essor rapide après la grande crise de 1929, cause d'appauvrissement et d'insécurité, particulièrement dans les pays vaincus, comme l'Allemagne. Les masses cherchèrent des leaders décidés à les sortir du bourbier, même au prix de leur liberté.

En Italie, en 1922, la dictature fasciste fut instaurée par un ancien socialiste, Benito Mussolini, tandis qu'Adolf Hitler, en Allemagne, était élu en toute légalité à la tête du gouvernement de la République de Weimar en 1933. Mussolini et Hitler, à leur tour, contribuèrent à la victoire du général Franco (1892-1975) dans la guerre civile qui aboutit à l'instauration d'un régime fasciste en Espagne.

Le fascisme, en se présentant comme un rempart contre le communisme, exerçait un attrait certain sur beaucoup de gens, en Angleterre, en France et même aux États-Unis, qui considéraient que le fascisme, de deux maux, était le moindre. Les dictateurs étaient passés maîtres dans l'utilisation de la propagande pour désarmer l'opposition à leur politique d'agression et d'oppression. Mussolini séduisait les foules en se prétendant le continuateur de l'Empire romain, tandis qu'Hitler répétait qu'il n'avait aucun grief contre l'Angleterre et les États-Unis.

Les peuples des démocraties occidentales, qui avaient subi une guerre dévastatrice moins de vingt ans auparavant, voulaient tout faire pour éviter un nouveau conflit. Ce fut la politique de l'apaisement, qui consistait à céder aux exigences d'Hitler en échange de l'engagement de celui-ci de borner là ses prétentions.

L'invasion de la Pologne par l'Allemagne déclenche la Seconde Guerre mondiale

Finalement, l'invasion de la Pologne par Hitler en 1939 amena l'Angleterre et la France à lui déclarer la guerre, en application des engagements qu'elles avaient pris envers les Polonais. En 1941, Hitler contrôlait toute l'Europe occidentale, l'Angleterre exceptée. Il semblait alors en mesure de réaliser son rêve de domination mondiale, mais, loin d'être un surhomme, il succomba tout simplement à la vieille tentation impériale, qui ne mène qu'au désastre.

L'Allemagne envahit l'Union soviétique

Le Japon attaque les États-Unis à Pearl Harbor

Une fois qu'Hitler eut envahi l'Union soviétique, son sort, comme celui de Napoléon, était joué. La même année, d'ailleurs, l'attaque nippone contre Pearl Harbor entraînait les États-Unis dans la guerre, garantissant aux Alliés les ressources nécessaires à la victoire, même si celle-ci devait prendre encore plusieurs années.

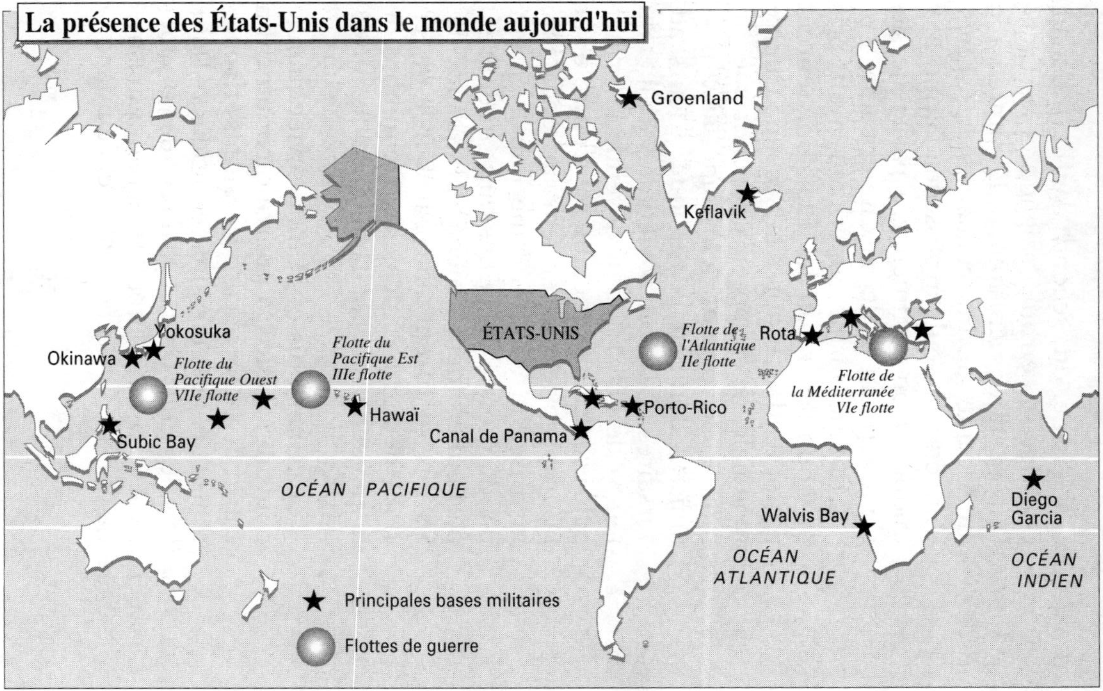
La présence des États-Unis dans le monde aujourd'hui
Groenland
Keflavik
Yokosuka
Okinawa
Flotte du
Pacifique Ouest
VIIe flotte
Flotte du
Pacifique Est
IIIe flotte
ÉTATS-UNIS
Flotte de
l'Atlantique
IIe flotte
Rota
Flotte de
la Méditerranée
VIe flotte
Hawaï
Porto-Rico
Subic Bay
Canal de Panama
OCÉAN PACIFIQUE
Diego
Garcia
Walvis Bay
OCÉAN
ATLANTIQUE
OCÉAN
INDIEN
Principales bases militaires
Flottes de guerre

Fin de la Seconde Guerre mondiale

À l'issue du second conflit mondial, l'Europe se retrouva saignée, et les États-Unis pratiquement intacts. La suprématie américaine devint éclatante. Les États-Unis étaient seuls à posséder l'arme atomique, et on commença à parler de siècle américain et de paix américaine.

L'isolationnisme américain avait pris un coup sévère, et les États-Unis eurent plutôt tendance, après la Seconde Guerre mondiale, à se poser en gendarme du monde, accordant leur aide aux pays amis et donnant la réplique à leurs adversaires. L'Union soviétique, d'allié du temps de guerre, était devenue le principal rival. Elle avait établi son contrôle sur l'Europe orientale et semblait décidée à favoriser le communisme dans l'ensemble du monde. Les États-Unis se sentirent particulièrement menacés quand les Soviets se furent dotés, à leur tour, en 1949, de l'arme nucléaire. L'équilibre de la puissance devint l'équilibre de la terreur.

Les États-Unis et l'Union soviétique, ne pouvant se faire la guerre directement à cause de la menace nucléaire, s'affrontèrent sur des terrains extérieurs. Deux fois, les États-Unis envoyèrent des troupes en Asie pour combattre le communisme.

Guerre de Corée

La guerre de Corée, déclenchée quand la

Corée du Nord envahit la Corée du Sud, se termina sur un score nul. Quant à la guerre du Viêt-nam, dans laquelle les Américains aidèrent le gouvernement du Sud à résister aux Nord-Vietnamiens et aux rebelles du Front de libération nationale, elle s'acheva avec le retrait américain au début des années 70 et la défaite du Sud en 1975.

Guerre du Viêt-nam

La guerre du Viêt-nam découlait de la politique américaine d'endiguement du communisme, qui parut réussir en Europe, mais ne donna pas les mêmes résultats dans les autres régions du monde. L'engagement américain s'accrut irrésistiblement, passant d'un nombre limité de conseillers à un contingent de presque un demi-million d'hommes et à des bombardements systématiques du Nord-Viêt-nam.

Le conflit se prolongea sans aucun résultat tangible, ce qui prouvait qu'en démocratie, on ne peut gagner une guerre si le peuple, dans sa masse, ne se sent pas concerné. Le président Nixon, qui se fit élire en 1968 parce qu'il avait affirmé avoir un « plan secret » pour gagner la guerre, dut assister impuissant au retrait de ses forces. Sa démission suite au scandale du Watergate aboutit à l'élection de Jimmy Carter, beaucoup moins enclin à intervenir à l'étranger.

À la fin des années 70, la compétition entre les deux super-grands était un mélange d'attaques masquées et de course au développement de nouvelles technologies susceptibles d'assurer à l'un des deux rivaux un avantage marqué.

Neil Armstrong débarque sur la Lune

Les États-Unis avaient déjà montré leurs ressources dans la course à la Lune contre l'Union soviétique, même si celle-ci s'était toujours défendue d'avoir voulu y participer. Mais quand le président Reagan commença son mandat, il sembla décidé à donner vigoureusement la réplique à ce qu'il appelait « empire du mal ».

C'est à ce moment justement, sous l'effet des pressions extérieures, mais surtout de facteurs internes, que l'URSS s'engagea dans la voie de changements profonds qui aboutirent finalement à sa disparition.

Une véritable fringale de démocratie saisit alors le monde, de l'Allemagne de l'Est à la Mongolie, de la Hongrie au Népal, du Chili à l'Afrique du Sud, comme si tous les peuples du monde voulaient choisir Solon et Périclès contre le Hun Attila.

Vers un monde solidaire ?

Quand nous avons entamé notre survol de l'évolution de la civilisation au cours des âges, il était possible d'embrasser à chaque millénaire la totalité du monde. Les humains étaient peu nombreux sur la Terre, leur influence limitée, ainsi que les connaissances que nous avons sur eux. À l'approche de notre millénaire, par contre, nous avons dû conduire notre analyse région par région. Il existait désormais trop de civilisations, et trop de choses à dire sur chacune. À mesure que nous nous rapprochions de l'époque actuelle, nous n'étions plus en mesure de donner qu'un bref aperçu de l'histoire de chaque grande région.

Cependant, lorsque nous tournons nos regards au-delà de l'an 2000, il se produit un phénomène remarquable : à nouveau, nous pouvons parler du monde dans sa totalité. Même s'il subsiste toujours des nations et des civilisations différentes, les hommes sont de plus en plus conscients que la Terre représente un système unique et que tous ses habitants sont interdépendants.

Lancement du premier satellite artificiel de la Terre

Cette prise de conscience est largement tributaire du progrès technique, qui a représenté le moteur de l'évolution humaine durant tout le dernier millénaire et, plus particulièrement, au cours des cent dernières années. Les voyages dans l'espace y ont également contribué, en nous fournissant, dans les années 60, la première vision globale de notre planète. Les satellites de communication accélèrent le mouvement, en nous donnant la possibilité de communiquer instantanément d'un point à l'autre de la Terre.

Youri Gagarine, premier homme dans l'espace

Première « Journée de la Terre »

L'infrastructure mondiale intégrée des téléphones, des ordinateurs, de la télévision, de la radio et des avions met les hommes à même de savoir tout ce qui se passe à l'instant même où cela se passe, mais aussi de se rendre compte de la façon dont chaque événement va affecter l'existence d'autres hommes, distants de plusieurs milliers de kilomètres. Les préoccupations écologiques, quasiment nulles dans les années 60, mais partout présentes trente ans plus tard, sont un bon exemple de cette mentalité nouvelle.

Les changements se manifestent également dans la rapidité avec laquelle les idées, celle de démocratie par exemple, se répandent dans le monde, « infectant » des populations entières et les poussant à des actions révolutionnaires. Après que, pendant dix milliers d'années, généraux et empereurs ont tenté d'unifier le monde par la force, l'unité est finalement en marche, mais par des voies pacifiques. Partie de minuscules foyers dans les vallées du Tigre, de l'Euphrate et du Nil, la civilisation domine aujourd'hui toute la Terre, et les humains détiennent les clés de son évolution ultérieure.

Il semble clair, désormais, que les humains commencent à ne plus penser seulement l'avenir de l'espèce et des autres formes de vie en fonction des seuls besoins des individus ou des différentes nations-États. La conscience de l'intérêt commun de la planète, la prise en compte de tous les systèmes qui en préservent l'intégrité et les possibilités d'évolution viennent de plus en plus au premier plan.

Les humains ont peut-être fini, tirant les leçons de l'histoire, par se rendre compte que toutes les luttes politiques et militaires ont toujours beaucoup moins apporté à l'humanité qu'une seule des conquêtes de l'esprit humain, qu'il s'agisse de l'invention de l'alphabet, de l'élaboration d'une nouvelle philosophie, de la création d'un meilleur système politique ou de la constitution d'une nouvelle cosmologie.

Il se pourrait, après tout, que l'esprit de l'homme soit plus puissant que toutes les armées et flottes qui ont bataillé pour imposer la volonté de leurs chefs à leurs rivaux. Si tel est bien le cas, quelle tâche plus passionnante que d'essayer de deviner à quels problèmes la civilisation sera confrontée au cours du prochain millénaire et comment elle pourra relever ces défis ?

7. Le prochain millénaire

Au-delà de 2000 ap. J.-C.

Nous avons vu défiler les millénaires l'un après l'autre, depuis les balbutiements de la civilisation jusqu'à notre époque. Et si nous tentions d'anticiper sur ce que réserve le prochain ?

Nous n'avons pas cette possibilité, et cela pour deux raisons.

Premièrement, le futur ne se lit pas à livre ouvert. Le devenir de l'humanité ne se décrète pas d'avance, il se construit dans les actes des générations successives. Les hommes d'aujourd'hui, par exemple, peuvent décider de déclencher une guerre nucléaire, d'inonder la Terre de déchets, de provoquer son réchauffement ou, au contraire, d'empêcher de telles catastrophes. Impossible de prévoir les choix de la communauté humaine.

En second lieu, à côté des décisions réfléchies, il existe les hasards de l'histoire, tout aussi imprévus. Que serait-il advenu si l'un des empereurs chinois avait eu le goût des explorations lointaines ? Si l'Empire romain avait introduit une méthode d'imposition plus équitable ? Si Gengis Khan était mort jeune et que l'empire mongol ne se soit pas constitué, comment l'Europe occidentale aurait-elle pu avoir connaissance, dès le 13e siècle, de l'imprimerie, de la boussole et de la poudre ?

Avec des « si »... Si les caravelles de Christophe Colomb, prises dans une tempête, avaient sombré, et que le hardi navigateur n'ait pu faire connaître au monde la découverte d'un nouveau continent ? Plus près de nous, si Mikhaïl Gorbatchev n'avait pas été nommé à la tête de l'Union soviétique ?

C'est en raison de cette part d'imprévu que les pronostics les plus logiques et les plus mûrement réfléchis paraissent toujours parfaitement ridicules à ceux qui les lisent une centaine d'années plus tard.

Et pourtant, notre survol du passé a dégagé certaines lignes directrices que l'on peut essayer de prolonger vers l'avenir. Lorsque nous nous tournons vers les millénaires écoulés, nous sommes tout d'abord frappés par l'immensité des changements, mais nous remarquons aussi une série d'autres tendances qui se sont manifestées à peu près en permanence.

La démographie

L'une de ces constantes fondamentales a été la croissance ininterrompue de la population. Croissance qui n'a cessé de s'accélérer pour devenir fulgurante au dernier millénaire. Nous devrons tenir compte de cette accélération pour l'avenir.

Nous ne connaissons pas avec certitude quel a pu être le nombre des habitants de la planète aux différentes périodes de l'histoire. La pratique des recensements est récente et, même aujourd'hui, la population totale de la Terre n'est connue qu'avec une certaine approximation. Il existe pourtant des recherches sérieuses dont les conclusions permettent de nous faire une idée de l'évolution de la population de millénaire en millénaire. Elle est estimée de la façon suivante :

Année	Estimation	Taux d'accroissement
-8000	4 millions	-
-7000	4,3 millions	7,5 %
-6000	4,6 millions	6,5 %
-5000	5 millions	8,7 %
-4000	7 millions	40 %
-3000	14 millions	100 %
-2000	27 millions	93 %
-1000	50 millions	85 %
1	170 millions	240 %
1000	265 millions	56 %
2000	6000 millions	2 165 %

Il y a donc toujours eu augmentation, mais celle-ci est restée longtemps assez lente. Pendant les trois premiers milliers d'années de la civilisation, quand l'agriculture tardait à se répandre et que les ressources de nourriture croissaient modérément, elle a été de moins de dix pour cent par millénaire.

À partir de 5000 av. J.-C., grâce à l'essor de l'agriculture, la population commence à doubler à peu près tous les mille ans. Mais au cours du dernier millénaire, le nombre des hommes a été multiplié à peu près par vingt-deux, ce qui représente un fantastique bond en avant.

Qu'est-il donc arrivé ? D'une part, un événement imprévu. L'âge des grandes découvertes a amené les Européens de l'Ouest en Amérique, en Afrique du Sud, en Australie, où ils ont introduit l'agriculture. Or nous avons vu que c'était la première étape vers l'instauration de la civilisation. La Russie, elle aussi, s'est étendue vers l'est, mettant en culture d'immenses espaces. Nous retrouvons ici la liaison entre croissance de la population et progrès de l'agriculture. À mesure que les modes de culture se perfectionnaient et que les agriculteurs apprenaient à tirer parti de chaque portion de sol, le nombre d'habitants s'est également accru dans des zones déjà fortement peuplées, comme en Chine ou en Inde.

Le véritable bond du dernier millénaire ne s'est pas produit de façon homogène. De l'an 1000 à l'an 1800, la population a été multipliée par 2,8, passant de 320 à 900 millions d'individus, ce qui n'était guère plus rapide qu'au cours des millénaires précédents.

Plus de 6 milliards d'habitants

En revanche, entre 1800 et 2000, la population croît de 900 millions à 6 milliards, ce qui représente une multiplication par 6,6 en à peine deux siècles. Il n'est pas exagéré de parler d'explosion démographique.

Ce phénomène déconcertant est à imputer à la révolution industrielle, qui est venue se superposer à la révolution agricole engagée des milliers d'années auparavant. Le machinisme a gagné les campagnes, entraînant une prodigieuse augmentation de l'offre de nourriture. Celle-ci a bénéficié, par ailleurs, de l'introduction des fertilisants chimiques, de nouveaux systèmes d'irrigation, de nouvelles variétés de plantes. Le spectre de la famine a ainsi nettement reculé.

Pour nous, la faim est une anomalie, une catastrophe à éviter ou à atténuer. Quoi de plus noble que de travailler à réduire ou à éliminer les famines sur la planète ? Mais, dans le monde animal, la faim est un moyen de limiter la croissance des espèces à ce que peut tolérer le milieu ambiant.

La maladie est une autre cause de mortalité que l'humanité a appris à contrôler dans une large mesure au cours des tout derniers siècles. Nous sommes en mesure de prévenir ou de soigner bien des infections, de traiter bien des problèmes de santé qui menacent la vie ; nous avons également appris à améliorer les modes de vie de façon à accroître la longévité. Le taux de mortalité dû à des infections ou des maladies de dégénérescence a diminué, et ce pour une part croissante de la population de la Terre.

L'amélioration des conditions de vie aboutit aussi à élever la natalité. Certes, il convient de noter le renversement récent de cette tendance dans les pays industrialisés. L'agriculture, largement mécanisée, y a moins besoin de bras, et les parents n'ont plus à compter sur leurs enfants pour les entretenir sur leurs vieux jours, comme cela se pratique couramment dans des pays moins riches.

Néanmoins, l'amélioration de la santé publique réduit la mortalité infantile, et une proportion croissante d'enfants, passant le cap des premiers mois, arrive à l'âge adulte.

L'explosion démographique témoigne ainsi de la maîtrise croissante de l'humanité sur sa vie et son environnement. Elle ne saurait pourtant se poursuivre indéfiniment. Supposons que l'espèce humaine désire continuer à croître en nombre au rythme de 6,6 fois tous les deux cents ans, comme ce fut le cas au cours des deux derniers siècles. Un tel rythme, maintenu durant tout le prochain millénaire, nous donnerait sur la Terre en l'an 3000 une population de 75 000 milliards de personnes. Notre planète n'est manifestement pas assez vaste pour les contenir tous.

Certes, de toute évidence, avant même l'an 3000, l'humanité se sera largement répandue en dehors de la Terre. Il y a bien des chances que, d'ici là, nous aurons colonisé la Lune et Mars et peut-être même créé des mondes entièrement artificiels capables d'abriter des milliers, voire des millions d'humains.

Mais la population de la Terre s'accroît actuellement de 60 à 70 millions par an. Pensons-nous vraiment que l'humanité finira par être en mesure d'envoyer dans l'espace 70 millions de personnes chaque année ? Les partisans les plus convaincus de la colonisation de l'espace n'espèrent pas tant pour un avenir prévisible.

En admettant même que nous puissions le faire, les Terriens ainsi transplantés continueront à se multiplier et à disputer l'espace qui leur est nécessaire à tous les nouveaux venus que la Terre leur enverra annuellement. De plus, la majorité des scénarios échafaudés tablent, pour les siècles à venir, sur un peuplement prioritaire du système solaire. Or celui-ci, si vaste soit-il, n'est pas infini et ne peut donner abri à un nombre illimité d'habitants.

En outre, un simple calcul nous montre qu'au taux actuel d'expansion, la masse de chair et de sang humains ainsi produite égalerait vers l'an 9000 la masse totale de l'Univers. Autrement dit, l'humanité serait à court de matière première !

Il s'ensuit que le taux de croissance doit être régulé ici sur la Terre et dès aujourd'hui. Il doit être ramené au niveau zéro, ou même, au cas où la croissance continuerait encore quelque temps, à une valeur négative. L'une des grandes tâches qui attend l'humanité après l'an 2000 est de parvenir à cet objectif.

Il n'existe que deux moyens de réduire ou d'arrêter l'augmentation d'une population. Ou bien accroître le taux de mortalité jusqu'à ce qu'il dépasse celui des naissances. Ou bien réduire le taux de natalité jusqu'à ce qu'il devienne inférieur à celui des décès.

C'est par le premier moyen, comme nous l'avons déjà indiqué, que la nature contrôle le développement des autres espèces. N'importe quel groupe animal, en présence de nourriture et en l'absence de prédateurs, connaît inévitablement une croissance rapide. Puis la nourriture finit par se raréfier, des prédateurs apparaissent, et c'est alors l'hécatombe.

Si on laisse les choses aller leur cours, c'est ce qui attend un jour l'humanité, et qui commence d'ailleurs déjà à se produire dans certaines régions du globe. La population terrestre n'atteindra donc jamais 75 000 milliards. À certaines périodes, la nourriture manquera, la maladie frappera les corps affaiblis par la malnutrition, les humains s'entre-tueront pour s'accaparer les rares aliments. La mortalité s'accroîtra à une vitesse terrifiante.

Nous retrouvons là, au fond, les quatre Cavaliers décrits dans le livre biblique de l'Apocalypse, et qui symbolisent la famine, la maladie, la guerre et la mort. Mais il s'agit là d'un scénario catastrophe qui signifierait l'anéantissement des acquis de plusieurs millénaires de civilisation. Nous serions ramenés à un nouvel âge de pierre, et cela, aucun homme ne peut le souhaiter.

Si l'humanité veut atteindre l'an 3000 dans un état de paix et de prospérité relatives, elle est absolument obligée de réduire la natalité. Comment peut-elle y parvenir ?

Il faut d'abord que, dans tous les pays, les gens désirent avoir moins d'enfants. Pendant toute la durée de l'histoire, la tendance était de procréer le plus possible. La mortalité infantile était élevée, l'espérance de vie faible, et seules de nombreuses naissances pouvaient garantir qu'il y aurait suffisamment d'adultes pour engendrer à leur tour de nouveaux enfants. Comme nous l'avons déjà noté, dans les pays pauvres sans protection sociale, une vaste descendance était pour les parents le seul moyen d'avoir une vieillesse assurée. Les besoins, aujourd'hui, sont exactement inverses, mais les vieilles habitudes et les modes de pensée traditionnels ont la vie dure. De plus, certaines autorités religieuses continuent, non sans succès, à combattre le contrôle des naissances et à encourager les familles nombreuses.

Une forte natalité réduit la femme au rôle de machine à procréer. Elle n'a que peu ou pas de possibilités d'acquérir une éducation, et le manque de temps l'empêche d'étendre ses activités en dehors de son foyer. Aujourd'hui encore, dans les sociétés où les femmes sont considérées comme des inférieures, le taux de natalité est élevé. Là où les femmes sont maintenues en marge, la maternité demeure pour elles la seule possibilité de s'affirmer.

Il s'ensuit que dans une société qui traite la femme, socialement, économiquement et politiquement, sur un pied d'égalité, la natalité ne pourra que décroître. Les femmes qui visent à la réussite professionnelle doivent trouver un délicat équilibre entre travail et famille, ce qui n'est possible que si elles ont peu d'enfants. Les hommes doivent alors s'impliquer davantage dans les tâches parentales et sont donc moins disponibles pour leur activité professionnelle. Une autre raison joue en faveur de la baisse de la natalité dans les sociétés industrielles : pour un niveau donné de revenus (même avec deux salaires dans la famille), plus la famille est nombreuse, plus le quotient familial est bas.

C'est donc dans ce qu'on appelle le tiers monde que se produit le gros de l'accroissement de la population. Les traditions y sont encore fortes et la femme s'y trouve dans une position subordonnée ; comme le niveau de vie y est peu élevé, il varie relativement moins avec l'augmentation des membres de la famille. Malheureusement, c'est aussi dans le tiers monde que l'accroissement de la population pose le plus de problèmes. D'ailleurs, certains pays particulièrement menacés par l'accroissement de la population ont déjà essayé différentes solutions visant à le limiter.

La démographie à la recherche d'un équilibre

Il faut donc espérer que, dans le monde d'après l'an 2000, les développements économiques s'harmoniseront et que les femmes occuperont dans la société la place qui leur revient. Nous devons croire aux chances d'une telle éventualité, car, autrement, notre civilisation ne pourrait survivre.

Supposons maintenant que les gens soient effectivement disposés à avoir moins d'enfants. Reste à savoir comment ils peuvent concrètement y parvenir. La continence totale ou partielle est, évidemment, un moyen radical, et les hommes sont passés par des alternances de libéralisme et de conservatisme en matière de pratique sexuelle. Parfois, le problème ne se pose pas, comme pour les prêtres catholiques. À certaines périodes, la pression sociale a joué contre les relations extraconjugales. Actuellement, la peur d'attraper le SIDA contribue à modifier le comportement sexuel dans un sens restrictif.

Il paraît néanmoins hautement improbable que la seule continence suffise à stopper l'explosion démographique au cours du prochain millénaire. Par contre, la contraception se développe de plus en plus de nos jours. Si elle a encore des adversaires, beaucoup y voient un moyen d'éviter l'avortement, l'infanticide et l'abandon d'enfant. De plus, elle permet de mettre la créativité technique propre à l'homme au service de la solution des problèmes sociaux. Son importance va donc vraisemblablement grandir au cours du prochain millénaire.

L'énergie

Nous avons déjà noté que c'est à la maîtrise de l'énergie, qu'elle provienne d'un feu de bois ou d'une centrale électrique, que l'on mesure le niveau d'une civilisation.

Évolution démographique et production de l'énergie sont intimement liées. À chaque être humain supplémentaire il faut assurer de la nourriture, un gîte, la sécurité et l'élimination des déchets qu'il produit.

L'espace nécessaire à un homme dépasse de beaucoup celui que remplit son corps. Il comprend celui qu'occupent les fermes, les mines, les habitations et autres bâtiments, sans parler des routes, des ponts, des infrastructures de transport et de communication. Même les sociétés relativement primitives ont besoin d'abattre les forêts pour obtenir du bois de chauffage et faire de la place pour les cultures. Que dire alors des sociétés industrielles ?

Dès l'origine, l'humanité a repoussé les autres espèces vivantes, sans se préoccuper de leur survie. L'extinction des mammouths et autres grands mammifères des ères glaciaires est très vraisemblablement due à l'action des chasseurs primitifs. De nos jours, les armes nouvelles mises au point par la civilisation menacent tous les grands fauves de disparition.

Et même sans chercher à détruire, les hommes ont besoin de tant de place qu'ils n'en laissent pas aux autres espèces. Jusqu'à présent, malgré toutes les mesures de protection adoptées, le taux d'extinction de celles-ci est extraordinairement élevé.

Par de tels agissements, nous portons gravement atteinte à l'équilibre écologique de notre planète. Tous les êtres vivants sont interdépendants, et nous ne pouvons supprimer une espèce après l'autre sans grave péril pour nous-mêmes.

La civilisation a toujours eu des effets nuisibles sur l'environnement. L'agriculture, pourtant si utile aux hommes, appauvrit les sols. L'irrigation fait baisser le niveau des nappes phréatiques, provoquant une infiltration d'eau salée qui endommage les récoltes. Avec l'élevage, des animaux toujours plus nombreux broutent l'herbe, transformant en désert des zones fertiles.

Cependant, avant l'industrialisation, les dommages causés à l'équilibre naturel demeuraient limités. Depuis, par contre, avec l'augmentation brutale de la consommation d'énergie, les effets néfastes de l'intervention humaine se sont considérablement amplifiés.

Les déchets ordinaires, tels que les rejets biologiques ou les détritus, pourrissent lentement et sont réintégrés dans le cycle de la nature. Le gaz carbonique rejeté par les animaux est réutilisé par les végétaux. Les déchets animaux fertilisent les plantes et servent d'aliments à des insectes et à des bactéries, parfois après un certain nombre de transformations.

Les techniques industrielles, par contre, produisent des déchets qui n'appartiennent pas au monde naturel. Les plastiques, par exemple, s'accumulent dans les décharges ; ils ne se décomposent pas et ne se recyclent pas. Pareillement, les couches jetables pour bébés, si commodes pour les parents pressés, sont nuisibles pour l'écosystème. De nombreux déchets industriels sont hautement toxiques : ils empoisonnent l'air, l'eau et le sol, entraînant la disparition des autres formes de vie.

Il existe des solutions techniques à tous ces problèmes, mais elles exigent de l'énergie, qui est toujours à utiliser avec prudence. Il paraît évident que l'énergie figurera au tout premier plan des préoccupations du millénaire à venir.

Cependant, pour bien résoudre un problème, il faut d'abord en comprendre la nature. À l'origine, les êtres humains ne disposaient que de la seule énergie de leurs muscles et des animaux domestiques. Ils apprirent à utiliser celle du vent et de l'eau, mais le vent ne souffle qu'épisodiquement, et la force de l'eau, ou énergie hydraulique, n'est pas disponible partout.

La combustion dégage certes de l'énergie, mais ce n'est qu'avec l'invention de la machine à vapeur que l'homme a pu la faire servir sans risque à des buts variés. Ce n'est qu'avec l'ère industrielle que commence vraiment l'âge de l'énergie.

Presque toute l'énergie consommée par les sociétés industrielles est produite par la combustion de matières contenant du carbone et de l'hydrogène. Les premiers combustibles furent, principalement, le bois et, accessoirement, les graisses animales, les huiles végétales et la cire. Avec la révolution industrielle vint le tour du charbon, du pétrole et du gaz naturel, produits de la fossilisation des plantes.

L'utilisation des combustibles présente un certain nombre d'inconvénients, à commencer par l'irritation causée par la fumée. Au début, il suffisait d'évacuer celle-ci par une cheminée, qui assurait sa dispersion dans l'atmosphère, mais aujourd'hui, il y a tant de sources de gaz de combustion que l'air devient difficilement respirable.

Les impuretés contenues dans le charbon et le pétrole introduisent dans l'atmosphère et l'ozone des oxydes de soufre et d'azote dangereux pour l'organisme. Ces oxydes, au contact de l'humidité atmosphérique, donnent les pluies acides, qui endommagent les forêts et les lacs. Les gaz d'échappement des innombrables véhicules automobiles aggravent fortement la pollution de l'air.

Le charbon et le pétrole donnent également du dioxyde de carbone, ou gaz carbonique, qui envahit l'atmosphère plus vite que les plantes ne peuvent l'absorber. Parallèlement, les forêts les plus aptes à l'éliminer sont l'objet d'une exploitation intensive. Certes, il est indispensable pour les végétaux et, par suite, pour les animaux également, que l'atmosphère contienne une certaine proportion de gaz carbonique. C'est pourquoi, malgré le rejet dans l'atmosphère de millions de tonnes de ce gaz, aucune gêne n'apparaît jusqu'à présent pour la respiration.

En revanche, le gaz carbonique, transparent à la lumière visible, a la propriété d'absorber les rayons infrarouges. La lumière du Soleil irradie la Terre pendant la journée, et notre planète doit se débarrasser de l'énergie en excès pendant la nuit, sous forme de radiation infrarouge. Le gaz carbonique fait obstacle à ce dégagement d'énergie, et la Terre a donc tendance à se réchauffer. C'est ce qu'on appelle l'effet de serre.

Si le gaz carbonique naturellement présent dans l'atmosphère empêche la Terre de se refroidir exagérément, les énormes quantités de gaz carbonique dégagées actuellement aboutissent à un réchauffement et risquent donc de modifier le climat.

De tous les combustibles fossiles, c'est le gaz naturel le plus pur, le moins susceptible de polluer l'atmosphère. Cependant, il produit lui aussi du gaz carbonique et renforce l'effet de serre. De toute façon, même si nous trouvons un moyen d'éliminer le gaz carbonique produit, les réserves de combustibles fossiles ne sont pas inépuisables : nous ne pourrons pas compter sur le pétrole et sur le gaz naturel bien longtemps après l'an 2000. La houille durera peut-être jusqu'à l'an 3000, mais sûrement guère au-delà.

Ce qu'il nous faut, ce sont des sources d'énergie non polluantes et durables. Dans l'immédiat après-guerre, beaucoup pensaient que la réponse serait fournie par la fission nucléaire. La plus grande partie de l'électricité consommée par certains pays, comme la France, provient de centrales atomiques. Malheureusement, la construction et l'exploitation de ces centrales sont plus coûteuses que prévu et présentent d'incontestables dangers. À côté des accidents graves, heureusement rarissimes, comme ceux de Three Mile Island aux États-Unis et surtout de Tchernobyl en Union soviétique, il y a le problème des déchets radioactifs. L'opinion est sans doute trop sensibilisée aux risques de la fission nucléaire pour que cette forme d'énergie devienne prépondérante au troisième millénaire.

Mais il n'y a pas que la fission. La fusion nucléaire dégage beaucoup plus d'énergie, et elle utilise de l'hydrogène lourd (ou deutérium), dont les quantités disponibles permettent de couvrir les besoins de la Terre jusqu'à la disparition de notre planète. En principe, la fusion émet nettement moins de radiations dangereuses que la fission.

Mais la fusion n'est toujours pas maîtrisée. Jusqu'à présent, des sommes considérables ont été dépensées sans que l'on puisse envisager son utilisation à grande échelle. Cela est dû, en partie, à ce que la fusion des atomes requiert un apport considérable d'énergie et de chaleur. La bombe à hydrogène, qui repose sur le principe de la fusion, ne peut être mise à feu que grâce à l'énergie dégagée par l'explosion d'une bombe atomique (à fission).

Récemment, des chercheurs ont prétendu avoir réalisé une « fusion froide » qui permettait d'obtenir tous les effets de la fusion sans les dépenses d'énergie qui paraissaient jusque-là indispensables. Cette nouvelle produisit une impression considérable, mais la communauté scientifique ne tarda pas à mettre en doute les résultats annoncés.

Tout cela, bien sûr, peut évoluer, et de nouveaux développements peuvent faire de la fusion froide, ou de phénomènes analogues, la solution à nos problèmes énergétiques. Mais, jusqu'à présent, rien ne nous permet d'affirmer que la fusion est plus apte que la fission à régler la crise de l'énergie.

Une autre voie à explorer est celle de l'énergie solaire, qui présente, par rapport à la combustion, l'avantage d'être rigoureusement non polluante et, par rapport à la fission, de ne pas produire de déchets difficiles à décontaminer. D'autre part, à la différence de la fusion, nous savons parfaitement l'utiliser, au moins sur une petite échelle.

Malheureusement, la captation du rayonnement solaire requiert l'installation d'une multitude de cellules photoélectriques, chères et encombrantes.

On a proposé également de mettre sur orbite des satellites chargés de recueillir l'énergie solaire, de la convertir en micro-ondes et de la diriger vers la Terre, où elle serait répartie entre ses utilisateurs. Certes, la traversée de l'atmosphère par les micro-ondes poserait des problèmes écologiques et, d'autre part, on n'échapperait pas à la nécessité de mettre en place d'énormes batteries de cellules. Mais les satellites à énergie solaire demeurent cependant une éventualité à prendre en considération.

Il existe bien d'autres sources d'énergie : les marées, les vagues, la chaleur interne de la Terre (géothermie) et, aussi, la force du vent (énergie éolienne). Toutes sont susceptibles de représenter un moyen de satisfaire nos besoins en énergie sans aggraver la pollution.

De nouvelles énergies mises en œuvre

L'énergie va demeurer l'une de nos principales préoccupations au cours du prochain millénaire, et il est impossible de prévoir la solution qui lui sera trouvée. Très vraisemblablement, on s'orientera vers une combinaison de différentes ressources, associant le rendement maximum aux nuisances minimales pour l'environnement. Il paraît exclu qu'au cours du prochain millénaire, l'humanité accepte de revenir à une forme de vie préindustrielle, tribale, moins gourmande en énergie, mais elle prêtera néanmoins une attention toujours plus soutenue aux aspects écologiques.

La guerre

L'humanité peut-elle espérer résoudre les énormes problèmes que posent la croissance de la population et l'effet nocif de la consommation d'énergie si les nations continuent à se combattre ?

Certains disent que les humains se sont toujours fait la guerre pendant toute leur histoire et qu'ils se la feront toujours. La lecture du présent livre tend à confirmer ce point de vue. Depuis l'an 8000 av. J.-C. jusqu'à l'an 2000 de notre ère, l'histoire présente l'aspect d'un enchaînement quasi incessant de luttes entre chefs et groupes pour la suprématie.

Mais, à côté de cette donnée incontestable, d'autres tendances sont à l'œuvre dans l'histoire humaine.

Tout au long des siècles, les sociétés ont eu deux façons d'obtenir plus que ce que pouvaient leur procurer leurs seules ressources matérielles et intellectuelles. L'une de ces deux façons est de commercer, d'échanger ce dont on regorge contre ce dont on manque. Le commerce est, pour les sociétés, un bon moyen de progresser, car il permet d'additionner les ressources et les savoir-faire.

L'autre moyen est de s'approprier de force les richesses d'autrui. Cette façon de faire a été très largement pratiquée dans l'histoire, le plus souvent sous la forme d'une lutte entre des peuplades « barbares » et l'empire plus prospère qu'elles bordaient.

Entre le commerce et la guerre, beaucoup trop souvent, dans le passé, les sociétés ont choisi cette dernière. La guerre paraît un moyen plus rapide et souvent moins coûteux d'arriver à ses fins. En effet, le vainqueur prend ce qu'il désire sans avoir rien à donner en échange. Certains peuples ont aussi considéré la guerre comme plus enivrante, plus noble aussi que les activités commerciales.

Néanmoins, guerre signifie destruction, et le vainqueur qui triomphe d'une autre civilisation ne tarde pas à s'apercevoir qu'il ne peut en tirer des avantages durables que s'il parvient à la préserver. Il est d'ailleurs arrivé souvent, dans l'histoire, que le vainqueur adopte la civilisation du vaincu, se transformant alors en une aristocratie qui dominait une classe paysanne subjuguée, mais indocile.

D'autre part, avec les progrès techniques, la guerre est devenue de plus en plus destructrice, et les dégâts causés de plus en plus difficiles à réparer.

Au 19e siècle, la Prusse a livré une série de guerres courtes et victorieuses, qui ont fait d'elle pour un temps le leader de l'Europe et lui ont permis d'unifier l'Allemagne autour d'elle. Le bilan comparé du commerce et de la guerre penchait encore en faveur de cette dernière.

Le second conflit mondial lui-même, pourtant terriblement destructeur, n'a pas mis les pays vaincus hors d'état de se relever. Les États-Unis, pratiquement épargnés, ont aidé à la reconstruction de l'Europe occidentale dévastée et du Japon, qui avait pourtant subi l'horreur d'une attaque nucléaire.

Mais depuis l'invention de l'arme nucléaire, tout le monde voit bien qu'une guerre de grande envergure ramènerait les civilisations loin en arrière, à un niveau peut-être même inférieur à celui de l'an 8000 av. J.-C. Si les États-Unis et l'Union soviétique avaient utilisé leurs arsenaux nucléaires, ils se seraient anéantis l'un l'autre, mais ils auraient aussi exposé le monde entier à d'intenses retombées radioactives. Personne n'aurait été à l'abri des conséquences du conflit, pas plus que les dinosaures n'ont pu échapper aux effets de la chute de comète qui semble avoir eu lieu il y a 65 millions d'années.

Désormais, une guerre totale est exclue, et les gouvernements des grands pays le savent bien. Depuis 1945, ils sont intervenus dans plusieurs conflits limités entre puissances non nucléaires. En 1962, au moment de la crise des missiles de Cuba, le monde se crut à deux doigts de la destruction, mais chacun recula à temps, prenant enfin pleinement conscience, pour la première fois, des implications de l'ère nucléaire.

On assistera encore sans doute à des conflits entre pays moins développés ou à

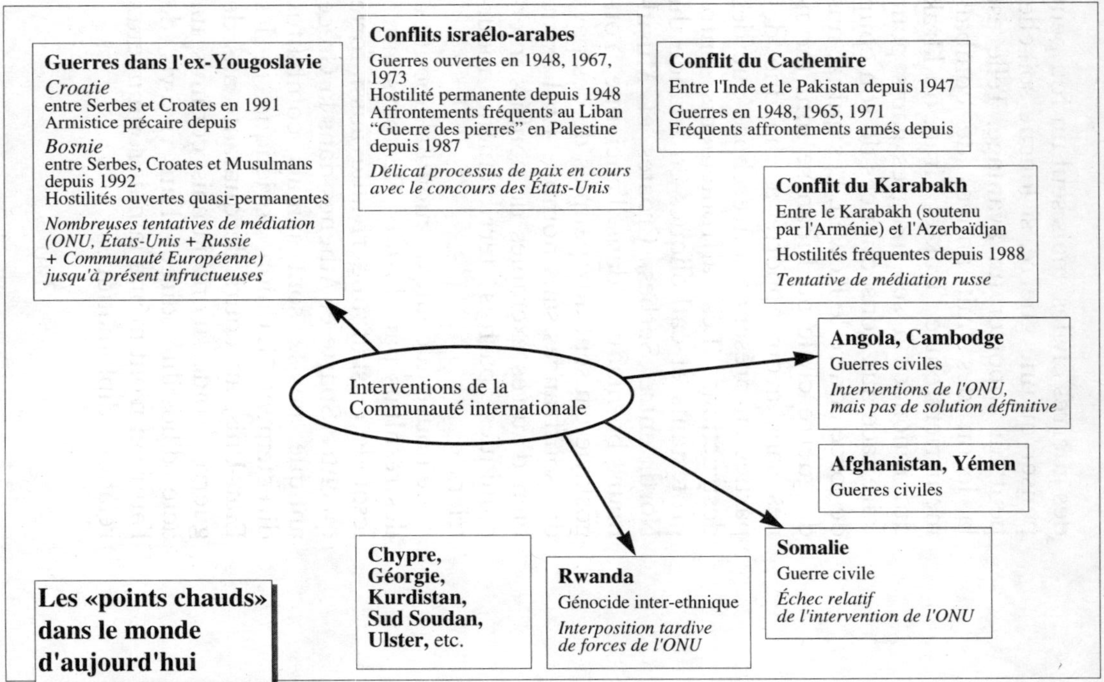
Guerres dans l'ex-Yougoslavie
Croatie
entre Serbes et Croates en 1991
Armistice précaire depuis
Bosnie
entre Serbes, Croates et Musulmans depuis 1992
Hostilités ouvertes quasi-permanentes
Nombreuses tentatives de médiation (ONU, États-Unis + Russie + Communauté Européenne) jusqu'à présent infructueuses
Conflits israélo-arabes
Guerres ouvertes en 1948, 1967, 1973
Hostilité permanente depuis 1948
Affrontements fréquents au Liban
"Guerre des pierres" en Palestine depuis 1987
Délicat processus de paix en cours avec le concours des États-Unis
Conflit du Cachemire
Entre l'Inde et le Pakistan depuis 1947
Guerres en 1948, 1965, 1971
Fréquents affrontements armés depuis
Conflit du Karabakh
Entre le Karabakh (soutenu par l'Arménie) et l'Azerbaïdjan
Hostilités fréquentes depuis 1988
Tentative de médiation russe
Interventions de la Communauté internationale
Angola, Cambodge
Guerres civiles
Interventions de l'ONU, mais pas de solution définitive
Afghanistan, Yémen
Guerres civiles
Somalie
Guerre civile
Échec relatif de l'intervention de l'ONU
Rwanda
Génocide inter-ethnique
Interposition tardive de forces de l'ONU
Chypre, Géorgie, Kurdistan, Sud Soudan, Ulster, etc.
Les «points chauds» dans le monde d'aujourd'hui

des guerres civiles, mais seul un fou peut penser qu'une guerre, si longue soit-elle, peut lui apporter un avantage. Telle est la leçon des huit années de combats meurtriers entre l'Irak et l'Iran, où l'Irak dut renoncer à ses maigres gains pour faire face aux conséquences de son coup de force contre le Koweit. Les quinze ans de guerre civile au Liban se sont terminés sans avoir apporté à chacune des parties en présence autre chose que des destructions. Les affrontements entre protestants et catholiques en Irlande du Nord, entre Serbes, Croates et Musulmans bosniaques dans l'ancienne Yougoslavie causent aux peuples de ces pays des souffrances sans nombre. Et il existe bien d'autres exemples de conflits interethniques parfois terriblement meurtriers.

Le nouveau contexte mondial aboutit à des résultats paradoxaux. Des pays entre lesquels existait une rivalité aussi forte qu'entre Sparte et Athènes dans la Grèce antique ne se sont jamais combattus directement. L'Union soviétique et les États-Unis, au cours de quarante ans de guerre froide, n'ont jamais commis un acte d'hostilité direct l'un vis-à-vis de l'autre et n'ont même jamais rompu leurs relations diplomatiques.

La guerre froide s'est terminée avec la réforme, puis la disparition de l'Union soviétique. La Russie coopère désormais étroitement avec le reste du monde, au sein des institutions internationales et, en particulier, aux Nations Unies, qui jouent un rôle de plus en plus actif dans le règlement des tensions. En sera-t-il toujours ainsi ? La disparition des deux blocs signifie-t-elle la fin des grands affrontements planétaires ? La réponse à cette question dépend de ce que pourra donner l'autre forme d'enrichissement des sociétés, à savoir le commerce.

Demandons-nous donc si les échanges permettent aux nations, mieux que la guerre, d'atteindre leurs objectifs. Incontestablement, la réponse est oui. Les deux nations qui ont le plus souffert de la Seconde Guerre mondiale, à savoir l'Allemagne et le Japon, se sont vu interdire toute activité militaire. Pendant de longues années, le Japon s'est même retrouvé totalement dépourvu de forces armées, et l'Allemagne coupée en deux.

L'Allemagne de l'Est, appartenant au bloc communiste, n'a pu jouer pleinement le jeu de la compétition économique. En revanche, le Japon et l'Allemagne fédérale ne pouvaient restaurer leur influence dans le monde que par le commerce. Les résultats ont été surprenants, et ces pays sont devenus des géants économiques prospères.

Par ailleurs, à l'approche du 21e siècle, l'interdépendance des économies se renforce, et les différents pays sont enserrés dans un étroit réseau d'échanges. La coopération devient une caractéristique fondamentale de notre époque. Les grandes puissances industrielles tiennent des réunions annuelles pour coordonner leurs politiques économiques, et l'Europe occidentale a créé un marché unique en 1992 et elle s'emploie à mettre en place une union économique et monétaire.

Ce n'est pas parce qu'ils ont été vaincus dans un conflit que les pays de l'Est ont entrepris de passer d'une économie planifiée et centralisée au système libéral en vigueur dans le reste du monde, ce n'est pas parce qu'ils y ont été contraints par la force des armes, c'est parce qu'ils se sont convaincus que tel était leur intérêt.

Jusque-là, la mise hors la loi de la guerre était un but généreux que se fixaient des individus ou des associations idéalistes. Désormais, c'est l'intérêt égoïste des nations qui les poussera à éviter les conflits armés.

Le resserrement de la coopération économique débouchera inévitablement sur un renforcement des solidarités politiques. En Europe, par exemple, en plaçant pendant une quarantaine d'années la construction européenne sur un plan principalement économique, on a fait avancer l'idée de l'union politique. Le Parlement européen, qui n'a eu longtemps qu'un rôle surtout symbolique, exerce désormais une influence réelle sur les affaires de l'Union, préfigurant ainsi peut-être ce qui se passera un jour au plan mondial.

On est en droit de penser que la nature des problèmes globaux auxquels l'humanité sera confrontée entre les années 2000 et 3000 et la conscience des bienfaits qu'apporte l'imbrication toujours plus poussée des différentes économies aboutiront à la disparition de la guerre. La tendance sera alors à une coopération toujours plus étroite entre les nations, même si celles-ci voudront conserver, parfois avec un zèle farouche, leur individualité et leur identité culturelle. La diversité des cultures s'épanouira dans un monde toujours plus solidaire. L'inventivité et la création artistique en seront favorisées, la vie humaine y gagnera en intérêt.

Vers un recul de la guerre ?

Mais nous devons être réalistes et nous demander s'il sera vraiment possible de surmonter ou de canaliser les haines et les suspicions accumulées depuis des millénaires et qui se manifestent encore parfois de nos jours avec une telle violence dans les affrontements entre communautés ethniques et religieuses. Un des meilleurs moyens d'y parvenir est de mettre en place une organisation mondiale de la coopération.

L'exploration de l'espace

Depuis longtemps, nous l'avons vu, les hommes ont le goût des projets grandioses. Les premiers Égyptiens ont fait du delta du Nil un jardin florissant et dressé leurs pyramides avec guère plus que la force de leurs muscles. Christophe Colomb a traversé l'Atlantique et atteint l'Amérique sur trois petits navires, et il a suffi de deux siècles à l'Europe occidentale pour réaliser la révolution industrielle et l'étendre à l'ensemble du monde.

Et pourtant, l'exploit le plus sensationnel des êtres humains a été de se projeter eux-mêmes dans l'espace et d'atteindre la

Lune. Entre 1969 et 1972, six missions américaines ont touché notre satellite, et douze hommes en ont foulé la surface. Et le projet Apollo, qui dépassait de si loin toutes les possibilités des générations antérieures, a été mené à bien par un seul pays en à peine huit ans.

Bien sûr, l'exploration de l'espace a comporté d'autres étapes importantes. Depuis le lancement par l'Union soviétique en 1957 du premier satellite artificiel de la Terre, le Spoutnik, l'humanité a exploré une grande partie du système solaire grâce à des sondes automatiques, placé de nombreux satellites en orbite autour de la Terre et construit des stations orbitales habitées.

On aurait peut-être pu faire encore beaucoup plus. La conquête de l'espace ne dépend pas seulement, en effet, des capacités technologiques, mais aussi du contexte économique et politique. Elle coûte fort cher, et les deux super-grands consacraient une part importante de leurs ressources à d'autres objectifs. Il faut pourtant reconnaître, objectivement, que sans la rivalité entre les États-Unis et l'Union soviétique, les expéditions sur la Lune n'auraient peut-être jamais eu lieu.

Avec la possibilité réelle qu'a l'humanité, au troisième millénaire, de juguler les conflits et de favoriser la coopération internationale, l'argent économisé sur les fabrications militaires (ou la préparation des guerres) pourra être consacré à l'exploration spatiale.

Si les choses se passent ainsi, l'humanité en tirera un avantage considérable. On a trop souvent tendance à affirmer que l'exploration spatiale est un caprice, qui n'apporte rien de plus à l'humanité que la construction des pyramides.

En fait, la comparaison est boiteuse. Les pyramides ne servent en fait à rien, si ce n'est à montrer de quoi les hommes étaient capables avec des techniques fort primitives. Alors que les retombées de l'exploration spatiale sont déjà considérables.

Quand nous avons parlé, au chapitre précédent, de l'idée de solidarité entre les hommes, nous avons relevé que la prise de conscience de cette solidarité avait été favorisée, en particulier, par la vision globale de la Terre que nous fournissent les missions spatiales. Sur les photos de notre planète prises depuis l'espace, les frontières artificielles tracées entre les nations n'apparaissent pas et ne peuvent pas apparaître.

De plus, les satellites de télécommunication ont tissé sur l'ensemble des continents un réseau qui nous permet d'assister aux événements à peu près au moment même où ils se produisent. Le peuple américain a perdu ses illusions sur la guerre du Viêt-nam parce qu'il l'a vue en direct. Les gouvernements, agissant au vu et au su de l'humanité entière, ont les coudées moins franches pour aller impunément à l'encontre de l'intérêt général.

Les satellites de navigation ont dressé des cartes plus précises et accru la sécurité des voyages par mer. Grâce aux satellites météorologiques, on peut prévoir les cyclones et, en prenant à temps les précautions voulues, épargner des centaines ou même des milliers de vies humaines chaque année. Les satellites de télédétection nous révèlent les ressources cachées de la Terre, l'état de ses forêts, de ses cultures et des bancs de poissons. Les satellites-espions eux-mêmes ont une utilité, car ils permettent de contrôler le respect des accords de désarmement. Ils empêchent également les différents États de réaliser des manœuvres ou des préparatifs militaires en cachette.

Jusqu'à présent, beaucoup des missions spatiales ont été réalisées avec des engins automatiques, sans la participation d'êtres humains. Quand, enfin, nous aurons construit une station spatiale et d'autres implantations permanentes, nous aurons fait un pas décisif dans l'utilisation de l'espace cosmique. Le système solaire regorge de ressources, et l'accès aux matériaux extraterrestres sera d'une importance considérable. Après la mise en place d'une base sur la Lune, les métaux que contient le sol de notre satellite pourront en être extraits par fusion. Le sol lunaire nous fournira de l'oxygène et des matériaux pour fabriquer du béton et du verre. Nous pourrons ainsi édifier d'importantes structures, jusques et y compris des colonies spatiales, sans mettre à contribution les ressources terrestres.

L'humanité appelée à se répandre dans le système solaire

Des satellites en orbite autour de la Terre recueilleront l'énergie solaire sans être gênés par l'atmosphère terrestre, le temps ou la tombée de la nuit. Un même ensemble de cellules photoélectriques produira six fois plus d'électricité dans l'espace que sur la surface de notre planète.

Les laboratoires et observatoires que nous installerons dans l'espace élargiront considérablement nos connaissances. Les usines que nous créerons en orbite nous permettront de bénéficier de certains avantages de l'espace cosmique, tels que l'impesanteur (ou microgravité), l'intensité du rayonnement solaire, des températures très hautes et très basses et un vide poussé. Des appareils et des matériaux pourront être fabriqués en orbite dans des conditions difficilement réalisables ou tout à fait irréalisables sur la Terre.

Des fabrications dangereuses pour la biosphère seront déplacées vers la proche banlieue terrestre, où elles seront encore suffisamment proches de nous pour nous être utiles, mais assez éloignées pour ne pas polluer notre planète.

Tous ces projets peuvent être accomplis sans sortir d'une zone que nous connaissons déjà relativement bien, c'est-à-dire le système formé par la Terre et la Lune. La mise en valeur de la région Terre-Lune aura un certain nombre d'avantages immédiats et bien d'autres retombées indirectes également.

En premier lieu, elle mobilisera les ressources de l'ensemble de la Terre pour un projet qui profitera à toute notre planète. Pour la première fois dans son histoire, l'humanité s'attellera à une entreprise véritablement commune. En particulier, l'exploitation de centrales solaires sur orbite contraindra les nations à mettre de l'ordre ici-bas, car le déclenchement de troubles perturberait le fonctionnement du réseau d'alimentation électrique et priverait d'énergie l'ensemble des Terriens. Si la coopération internationale facilite l'exploration de l'espace, celle-ci, à son tour, favorisera le resserrement de la coopération entre les peuples. Les inimitiés et les griefs traditionnels entre les nations commenceront à se dissiper face à la nécessité d'assurer le fonctionnement de la société spatiale.

Par ailleurs, la mise en valeur de l'espace exigera la présence permanente d'humains en dehors de la Terre. On édifiera des colonies capables d'abriter des milliers d'individus qui y passeront toute leur vie sans jamais revenir sur la planète mère. Ces habitants de l'espace auront une existence aussi différente de celle des Terriens que les cultivateurs des chasseurs primitifs ou les ouvriers d'usine des bergers. Ils seront habitués à vivre à l'intérieur d'un volume fermé, qui sera la plupart du temps un vaisseau spatial de grandes dimensions, et non, comme nous, au grand air.

Ces hommes auront parfaitement assimilé toute l'expérience précédente des voyages dans l'espace et ils auront un mode de pensée écologique, puisque, dans leur habitat restreint, ils seront amenés à recycler leur air, leur eau et leur nourriture. Ils connaîtront également des degrés différents de gravité, chose dont il nous est quasiment impossible de faire l'expérience sur la Terre.

Plus encore, ils seront psychologiquement mieux préparés que nous à des voyages cosmiques de longue durée. C'est sans doute, en effet, aux premiers habitants du système Terre-Lune et à leurs descendants qu'il reviendra de tenter l'exploration et la colonisation de régions éloignées du système solaire, telles que Mars, les astéroïdes ou les satellites de Jupiter et de Saturne.

Le survol de l'histoire nous a appris que l'espèce humaine avait la bougeotte. Les espaces nouveaux l'ont toujours attirée. De ce point de vue, l'exploration du cosmos ne marque donc nullement une rupture. Elle s'inscrit au contraire dans le droit fil des comportements traditionnels de l'homme.

Il n'est donc nullement à exclure que, vers l'an 3000, la Terre ne soit plus qu'une petite partie de l'habitat humain. Cette partie demeurera sans doute la plus peuplée de toutes et conservera l'honneur d'être le berceau de l'espèce, mais elle aura semé dans tout le système solaire des colonies d'êtres humains, chacune avec son monde animal et végétal propre, calculé de façon à assurer un équilibre écologique.

Il est d'autant plus facile d'énoncer de telles prédictions qu'elles correspondent à des orientations déjà prises par l'humanité et à des tendances enracinées dans les millénaires précédents. Nous ne nous risquerons pas à en dire plus, car trop d'événements impossibles à prévoir peuvent se répercuter sur le mouvement des humains vers une mise en valeur poussée de l'espace environnant.

Prenons un exemple. Si la colonisation du système solaire est à la portée de nos possibilités techniques actuelles, on ne saurait en dire autant des voyages interstellaires. L'étoile la plus proche est à quatre années-lumière de nous, ce qui signifie qu'il nous faudrait quatre ans, en nous déplaçant à la vitesse de la lumière, pour y parvenir. Et pourtant, il paraît certain qu'il se trouvera des pionniers de l'espace décidés à se diriger vers d'autres étoiles, et peut-être commenceront-ils avant l'an 3000.

La réflexion sur les voyages interstellaires nous amène à une autre idée, encore plus riche d'implications pour l'avenir de l'humanité : c'est celle des contacts avec des intelligences extraterrestres. Si notre Galaxie compte entre 200 et 400 milliards d'étoiles, et l'Univers de nombreux milliards de galaxies, ce ne sont pas les sites qui manquent pour donner naissance à une vie intelligente.

La NASA à la recherche d'intelligences extraterrestres

Dès maintenant, des efforts sont faits pour déceler des signaux en provenance de civilisations perdues dans l'immensité de l'Univers. La NASA (Agence nationale de l'aéronautique et de l'espace des États-Unis) a démarré en octobre 1992, juste pour le 500e anniversaire de la découverte de l'Amérique, un programme de dix ans destiné à repérer d'autres planètes habitées. Il s'intitule Seti, des mots anglais « Search for Extra-Terrestrial Intelligence » (« recherche d'une intelligence extraterrestre »).

Au cours de notre analyse des millénaires passés du développement de l'humanité, nous avons vu se produire bien des événements imprévisibles, mais aucun ne faisait intervenir des êtres venus d'en dehors de la Terre. Une rencontre avec des extraterrestres, si elle venait à se produire avant l'an 3000, serait sûrement l'un des faits les plus marquants du millénaire à venir.

Que ce genre de contacts ait lieu ou non, il n'en demeure pas moins que l'exploration par l'homme des régions environnantes de l'espace cosmique occupera une place décisive dans la vie de nos descendants du troisième millénaire. Mais leur existence présentera aussi d'autres aspects que nous allons maintenant examiner.

L'informatique

Le développement de l'agriculture et de l'élevage il y a une dizaine de milliers d'années a eu un inconvénient dont on ne parle pas souvent, celui de transformer les humains, de chasseurs actifs qui opposaient leur intelligence et leur astuce aux autres animaux, en gardiens passifs de troupeaux et de champs. L'agriculture, en particulier, requérait constamment de l'homme un dur labeur, mais elle ne lui donnait guère l'occasion de manifester les extraordinaires capacités de son cerveau. Or, jusqu'au 18e siècle, l'écrasante majorité de l'humanité a été occupée à cultiver la terre.

Jusqu'aux trois derniers siècles, donc, la plupart des êtres humains faisaient travailler sans trêve leurs muscles, mais beaucoup moins leur matière grise. Or, si un muscle inactif s'atrophie, il en est de même de l'intellect. Partout dans le monde, les paysans étaient méprisés par ceux qui exerçaient une autre activité. Les aristocrates ne les considéraient guère mieux que le bétail.

Les campagnards avaient pourtant un type de savoir à eux, mais il était limité aux tâches immédiates qu'ils avaient à remplir. Leur travail les spécialisait à un point tel qu'ils auraient eu du mal, même s'ils l'avaient voulu, à exercer leur esprit dans des domaines qui n'étaient pas les leurs.

La révolution industrielle amorça un processus qui finit par libérer la plupart des humains des travaux manuels élémentaires, et elle donna à une partie importante de la population une chance de s'instruire. Cependant, jusqu'au milieu du 20e siècle, le travail industriel demeura trop souvent répétitif et abrutissant, n'offrant guère à la plupart de ceux qui l'exerçaient l'occasion de faire fonctionner leur cerveau. Leur intellect à eux aussi s'atrophiait, et notre système d'éducation n'était pas capable d'y faire obstacle.

Pourquoi faut-il donc que l'homme ait nécessairement à accomplir des tâches, que ce soit de creuser des trous ou de taper indéfiniment sur des touches, qui laissent inutilisées les énormes possibilités de son cerveau ? La réponse est que seul le cerveau humain est capable de s'acquitter de ces tâches, malgré leur peu de complexité. Les hommes ne pouvaient s'en décharger ni sur les animaux, ni sur aucune des machines imaginées avant les années 50 de notre siècle. Ils n'avaient d'autre choix que de les exécuter eux-mêmes. Il arrive, faute d'autre combustible, que l'on ait à démolir des meubles en acajou pour faire du feu. On ne le fait jamais de gaieté de cœur, mais poussé par la nécessité.

Il y a toujours eu, à chaque époque, des personnalités d'exception pour produire des chefs-d'œuvre de l'art et de la littérature, de la science et de la philosophie, ainsi également que des hommes d'État et des chefs politiques, mais ils n'étaient pas représentatifs de l'ensemble de l'humanité.

Nous avons également vu, en feuilletant le passé, que les innovations techniques transformaient souvent la société et la conception qu'elle se faisait de ses possibilités. Dans les années 40 de notre siècle, une mutation de ce genre a eu lieu avec l'invention du calculateur électronique et du transistor. Avec le temps, ces calculateurs, appelés désormais ordinateurs, sont devenus plus compacts, moins chers et incomparablement plus performants. Vers le milieu des années 70, avec la miniaturisation des composants, les micro-ordinateurs qui se placent sur un bureau ont pris la place des énormes machines qui, auparavant, remplissaient des pièces entières. C'est avec un micro de ce type, d'ailleurs, qu'a été écrit* le présent livre.

Il y a une vingtaine d'années, l'ordinateur a pu équiper aux moindres frais de nombreux postes de travail, reproduisant le fonctionnement du cerveau humain beaucoup plus fidèlement que n'importe quel autre appareil plus ancien et permettant d'exécuter valablement des tâches réservées auparavant aux hommes. Les ordinateurs sont désormais utilisés pour piloter ces machines adaptables que nous appelons des robots.

En bref, nous sommes actuellement à une époque où informatique et robotique déchargent les humains des tâches fastidieuses qui transformaient en esclaves ceux qui avaient à les accomplir.

Cependant, cette époque n'en est qu'à ses débuts. Ordinateurs et robots vont être appelés à faire toujours plus, en particulier grâce au développement de l'intelligence artificielle et de machines de plus en plus futées.

* Et traduit. *(N.d.T.)*

Oui, mais si nous confions aux ordinateurs et aux robots les innombrables tâches considérées comme prosaïques, que restera-t-il à faire aux hommes ?

Tout simplement : des travaux qui vont mettre pleinement à contribution leur cerveau, des tâches qui étaient autrefois réservées aux seules personnalités d'exception et qui seront, à l'avenir, accessibles à tout le monde. Désormais, les hommes pourront largement contribuer au progrès des arts et des lettres, des sciences et des techniques, de la philosophie et de la conduite de la société. Ils définiront les méthodes de pilotage des robots, proposeront de nouvelles utilisations des ordinateurs et des robots pour reculer les limites du savoir, s'établir plus rapidement dans l'espace et y constituer de nouveaux types de civilisation.

Mais, va-t-on m'objecter, comment la masse des humains peut-elle pratiquer toutes ces activités, alors que bien peu d'entre eux ont les aptitudes mentales pour le faire ?

Cette objection est justement tributaire des situations passées dans lesquelles il était réservé à une petite minorité de pouvoir exprimer pleinement ses talents. Elle jauge l'humanité, dans son ensemble et définitivement, à l'aune des conditions dans lesquelles les êtres humains ont été amenés, jusqu'à présent, à subsister.

Ces conditions, certes, ont réellement existé. À l'ère préindustrielle, seuls connaissaient l'écriture un nombre restreint de clercs, de marchands et d'artisans. Cela ne veut pas dire que les autres n'avaient pas les capacités d'apprendre à lire et à écrire, mais simplement qu'ils n'en avaient pas besoin.

Il était facile d'admettre, alors, que l'art de convertir la parole en formes visuelles, puis de la reconstituer à partir de ces formes exigeait des talents exceptionnels, à la portée seulement d'un petit nombre d'esprits.

La situation changea radicalement avec l'apparition de l'imprimerie au milieu du 15e siècle. Les livres se multiplièrent, et il devint de plus en plus utile de savoir lire. Ensuite, la révolution industrielle fit venir dans les usines des masses de campagnards. Des hommes qui avaient surveillé la croissance des céréales se voyaient désormais confier le fonctionnement de machines coûteuses. Les ouvriers d'usine devaient absolument savoir lire et écrire, ne serait-ce que pour déchiffrer les instructions et rédiger des rapports élémentaires. C'est alors que les pays industriels introduisirent l'instruction publique et la rendirent obligatoire.

On vit bien alors que tout enfant, à condition qu'on lui en donne les moyens, pouvait maîtriser la lecture et l'écriture. C'est pourquoi, de nos jours, le pourcentage de lettrés est incomparablement plus élevé qu'à l'ère préindustrielle. Les esprits éclairés des temps anciens, et même ceux du milieu du 18e siècle, seraient stupéfaits d'apprendre que, deux siècles plus tard, l'alphabétisation est aussi répandue.

De la même façon, ce que nous appelons la créativité est en passe, avec l'évolution du contexte social, de s'étendre à toute l'humanité. Mais il faut pour cela, maintenant que nous disposons de l'ordinateur et du robot, revoir profondément le système d'éducation.

Actuellement, un même enseignant a la charge d'un grand nombre d'étudiants, ce qui l'oblige à faire le même cours pour tous. Or chaque étudiant est un cas particulier, et un cours unique n'est pas le moyen de tirer le meilleur parti des richesses individuelles de chacun.

Le rythme de l'enseignement ne convient pas à beaucoup, soit qu'ils le trouvent trop lent et s'ennuient, soit qu'ils le trouvent trop rapide et perdent pied.

Certains trouvent que l'orientation des cours n'est pas bonne, et ils s'en irritent. Le système est bâti de façon à ne pouvoir donner entièrement satisfaction à personne.

Voyons ce qui se passerait s'il y avait un ordinateur dans chaque foyer et que les informations de toutes les bibliothèques du monde soient accessibles à l'utilisateur de cet ordinateur.

Les enfants sont curieux, comme d'ailleurs tous les adultes dont le cerveau n'a pas été engourdi par le manque d'usage. Les hommes ont soif de savoir, car ils ont dans le crâne un kilo et demi de matière extraordinairement complexe, dont la créativité représente la raison d'être ultime.

On a parfois l'impression que les gens n'aiment pas apprendre. Mais c'est là le résultat d'un enseignement banalisé et d'une activité professionnelle sans intérêt. Si l'acquisition des connaissances est synonyme de corvée, elle rebutera au lieu d'attirer. Mais demandons-nous donc ce qui se passerait si l'on trouvait un moyen nouveau et agréable de dispenser le savoir, et nous aurons l'une des questions les plus passionnantes auxquelles le prochain millénaire aura à répondre.

Qu'adviendrait-il, par ailleurs, si, à côté

de la scolarité institutionnalisée, durant laquelle l'élève se forme au sein d'une communauté constituée de camarades de son âge et d'adultes, il existait une possibilité d'exercer sa curiosité, de formuler des questions et d'obtenir des réponses avec l'aide d'un ordinateur personnel compétent et jamais fatigué ? Et qu'en plus, cet ordinateur, plus performant que ceux qui existent aujourd'hui, ait à sa disposition l'ensemble du savoir de la civilisation humaine ?

L'élève qui apprend ce qu'il a envie d'apprendre, à son rythme, trouvera sûrement à une telle occupation beaucoup d'agrément. Plus on fera confiance au jeune, mieux il réussira. L'autoéducation commencera peut-être à un niveau plus élémentaire, mais les objectifs recherchés finiront par être plus élevés. Une fois qu'un enfant a découvert les joies et la liberté de la découverte, il n'y a pas de raison qu'il s'arrête en chemin. Un amateur de golf ou de tennis y joue tant qu'il a les forces physiques pour le faire. Les joies de la connaissance durent encore plus longtemps, puisqu'un cerveau convenablement exercé demeure en état de bon fonctionnement beaucoup plus longtemps que les muscles.

L'informatique révolutionne l'enseignement et bien d'autres aspects de la vie humaine

Des enfants aimant apprendre donneront des adultes aimant apprendre. Si les ordinateurs et les robots sont correctement employés dans le domaine de l'instruction, le monde du troisième millénaire sera un lieu où la créativité sera beaucoup plus répandue qu'à toute autre époque du passé.

Les réflexions qui précèdent représentent-elles une vision exagérément idéaliste de ce qui peut arriver demain, ou plutôt une possibilité effective ? Nous avons déjà vu qu'à chaque apparition d'une nouvelle technique ses potentialités se réalisaient d'une façon qui paraît souvent miraculeuse, en raison non d'aspirations idéalistes, mais du bénéfice qu'en retire la société. Il est donc tout à fait possible que l'aptitude de l'ordinateur à impulser la créativité humaine soit utilisée à plein, non point pour le plaisir, mais parce que cela répondra à d'importants objectifs sociaux.

Actuellement, nous en sommes déjà à entrevoir le moment où chacun aura chez lui un ordinateur à sa disposition et pourra engranger le maximum de connaissances dans des bases de données facilement accessibles. Les ordinateurs commencent déjà à pénétrer dans les établissements d'enseignement.

Ce qui importe maintenant, c'est de trouver le moyen de faire déboucher toutes ces avancées sur une véritable révolution de l'enseignement. Son promoteur se manifestera peut-être au cours du prochain millénaire. Qui sait s'il n'est pas déjà en train de lire ce livre ?

Bien sûr, il est des esprits chagrins qui redoutent que les ordinateurs et les robots supplantent la pensée humaine. Cette vieille crainte de voir la machine remplacer l'homme sous-estime complètement la complexité du cerveau humain. Le cerveau compte 10 milliards de neurones et 90 milliards de cellules satellites. Ces neurones s'enchevêtrent d'une façon extrêmement complexe, chaque cellule venant s'accrocher à un nombre d'autres cellules compris entre dix et mille. De plus, ces cellules ne sont pas de simples interrupteurs à deux positions, ouvert ou fermé, mais représentent un entrelacs de millions de molécules complexes dont nous sommes loin actuellement d'avoir tiré au clair toutes les fonctions.

Il faudra très longtemps pour que les ordinateurs atteignent à une fraction seulement de la complexité du cerveau humain, et même s'ils arrivent à égaler cette complexité, le style de leurs performances demeurera bien différent de celui du cerveau. Les ordinateurs pourront faire des choses dont les hommes sont incapables, mais l'inverse demeurera vrai. La relation homme-ordinateur débouchera donc sur une association de deux formes d'intelligences, qui, en travaillant de concert, pourront accomplir beaucoup plus que chacune d'elles prise isolément.

Un avenir positif

Dans l'introduction à ce livre, il était suggéré qu'une meilleure compréhension du déroulement des millénaires passés pourrait nous aider à bâtir un avenir favorable pour nous-mêmes et nos descendants qui vivront après l'an 2000. Mais, pour cela, quel usage devons-nous faire de notre connaissance du passé ?

En premier lieu, nous devons nous rendre compte que les cinq thèmes dégagés ci-dessus (population, énergie, guerre, espace et informatique) ne sont que des exemples des questions qui seront à l'ordre du jour au troisième millénaire. Les hommes du 21e siècle et de ceux qui suivront en poseront bien d'autres.

Un exemple pour illustrer notre propos. Tout ce qui a été dit ici jusqu'à présent conduit inévitablement à la conclusion que l'écologie doit continuer à retenir toute notre attention. Tous les sujets du présent chapitre, y compris l'informatique, si utile pour trouver des solutions à nos problèmes, ont un impact sur l'environnement et, si nous savons les traiter intelligemment, nous contribuerons à résoudre la crise actuelle.

En fait, tous les développements importants de la civilisation humaine ont des implications écologiques. Comme nous l'avons déjà noté, la nature, au cours des millénaires précédents, ne s'apercevait guère de la présence de l'homme sur la Terre. Mais, grâce à un usage judicieux de leur cerveau et de la créativité qu'il leur assure, les hommes sont devenus la force dominante de la planète. Et le progrès de la civilisation, s'il a grandement profité à l'humanité, a coûté cher à l'environnement naturel.

L'expansion dans le cosmos ne doit pas être comprise comme un moyen d'échapper aux contraintes écologiques sur la Terre. Les hommes ont déjà accumulé sur les orbites circumterrestres d'incroyables quantités de débris, qu'il faudra bien déblayer un jour. Il est hautement souhaitable d'éviter de répéter les mêmes erreurs à l'échelle du système solaire.

Un autre sujet qui doit retenir notre attention est celui de la politique et de l'économie. Les millénaires écoulés nous apprennent que l'un des plus grands combats de l'histoire humaine est celui qui oppose les systèmes politiques qui mettent l'accent sur le contrôle autoritaire de la vie des peuples (les dictatures) et ceux qui ont pour fondement premier la liberté des hommes (les démocraties).

Après des siècles d'affrontements à l'issue toujours douteuse, il semble aujourd'hui que les peuples, dans le monde entier, aient opté pour la démocratie. Dans la plupart des cas, cela semble impliquer, dans le domaine économique, l'existence d'un marché libre.

Cependant, il existe une autre fracture que ne suffit pas à réduire le choix en faveur d'un gouvernement démocratique et de la libre entreprise. Il s'agit du conflit entre riches et pauvres, possédants et non-possédants.

Au moment où l'humanité s'apprête à entrer dans le troisième millénaire, elle continue à souffrir d'oppositions raciales et ethniques, qui recoupent souvent les clivages sociaux, et nous devrons bien, au nom d'un avenir plus favorable, trouver un moyen d'éliminer ces tensions ou de les gérer plus efficacement.

Mais comment s'attaquer à la solution de ces différents problèmes, séparément ou bien tous ensemble ? Autrement dit, et ce sera là un autre choix décisif à faire au troisième millénaire : ou bien instaurer un gouvernement unique du monde, ou bien conserver le partage des fonctions gouvernementales entre les différentes entités nationales et régionales, comme c'est le cas aujourd'hui. Les arguments abondent pour et contre chacune de ces options, mais il convient d'abord de bien poser le problème.

Il est peut-être moins important de savoir ce que nous allons faire que par quoi nos actions sont déterminées. L'étude du passé nous montre que l'histoire est marquée par les fortes personnalités, mais celles-ci ne sont pas forcément les conducteurs d'hommes. Les philosophes, les maîtres spirituels, les inventeurs et même les écrivains ont souvent eu un pouvoir bien supérieur à celui des empereurs, des rois et des présidents.

Nous avons noté plus haut que l'un des avantages de l'augmentation de la population est d'accroître la probabilité de l'apparition d'idées géniales et utiles. Actuellement, il y a déjà plus de cinq milliards d'êtres humains sur la planète, et il y en aura encore davantage par la suite. Chaque personne a le pouvoir de créer et de communiquer au monde des idées ou des inventions capables de changer le cours de l'histoire.

Cependant, cela n'aura lieu que si nous apprenons à nos enfants, qui seront les adultes du troisième millénaire, à penser large, à partager leurs idées avec les autres. Préparer un avenir favorable, cela suppose d'abord que l'on croie à sa possibilité. Cela veut dire que l'on se rend compte que l'humanité, malgré toutes les fautes commises, a beaucoup progressé depuis l'aube de la civilisation et qu'elle a encore une longue route devant elle.

Si nous savons aborder nos problèmes avec intelligence et détermination, l'an 3000 pourra se lever sur un monde à la population stabilisée et à l'équilibre écologique respecté, qui aura créé dans les étendues du système solaire des colonies disposant chacune de sa culture propre. La civilisation humaine présentera alors une richesse et une diversité sans commune mesure avec celles d'aujourd'hui.

S'il en est bien ainsi, les gens de l'an 3000 auront à leur disposition des sources fiables et non polluantes d'énergie, capables de durer des milliards d'années (c'est-à-dire autant que le Soleil lui-même), et ils vivront enfin dans la paix. Les travaux les plus rebutants seront effectués par des machines, laissant à l'homme le loisir de se consacrer à la création à un niveau et avec une intensité inimaginables de nos jours.

Aux humains de la fin du troisième millénaire, l'an 2000 apparaîtra alors comme le moment où notre espèce est sortie de l'enfance pour aborder l'adolescence et préparer l'âge adulte.

Repères chronologiques

-8000 *4 millions d'habitants sur la Terre*
Invention de l'agriculture
Début de l'organisation militaire
Apparition des villes
Éveil de la civilisation

-7000 L'irrigation démarre

-6000 Travail de la céramique
Fabrication des tissus

-5000 Arrivée des Sumériens entre le Tigre et l'Euphrate
La cité-État, forme principale de l'organisation politique
Les prêtres-rois à la tête des cités-États
5 millions d'habitants sur la Terre

-4000 Fondation d'Our
Invention de la métallurgie
7 millions d'habitants sur la Terre

-3000 L'ÂGE DU BRONZE
Utilisation de la roue pour les transports
L'écriture est inventée par les Sumériens
L'Égypte unifiée devient la première nation-État
14 millions d'habitants sur la Terre

-2800 Le Déluge en Mésopotamie

-2530 Construction de la Grande Pyramide de Chéops

-2340 Arrivée des Akkadiens en Mésopotamie
Sargon crée le premier empire

-2000 La civilisation de l'Indus à son apogée
27 millions d'habitants sur la Terre

-1728 Règne d'Hammourabi, qui rédige le premier code de lois

-1720 Les chars de guerre à l'assaut de l'Égypte

-1500 La Chine aborde l'âge du bronze
Les Aryens envahissent l'Inde
Éruption de Théra et déclin de la civilisation crétoise

-1379 Début du règne d'Akhenaton en Égypte

-1300 L'ÂGE DU FER
Les Hittites inaugurent l'âge du fer

-1200 Siège de Troie

-1000 La Grèce et la Mésopotamie plongent dans la nuit
La Chine compte 5 millions d'habitants

-962 Début du règne de Salomon

-753 Fondation de Rome

-680 Les Lydiens inventent la monnaie

-670 Naissance de Solon, premier législateur et promoteur de la démocratie

-630 Début du règne de Nabuchodonosor en Chaldée

-628 Naissance de Zarathoustra, fondateur du zoroastrisme

-625 Naissance de Thalès de Milet, premier philosophe de la nature

-586 Destruction du Temple de Jérusalem

-585 Le 28 mai, éclipse. Premier événement de l'histoire dont la date exacte est connue

-565 Apparition du taoïsme en Chine

-563 Naissance en Inde de Siddharta Gautama (le Bouddha)

-550 Cyrus crée un nouvel empire perse

-509 Les Romains renversent la monarchie étrusque

-490 Les Grecs battent les Perses à Marathon

-460 L'ÂGE D'OR
Le gouvernement de Périclès à Athènes

-431 Déclenchement de la guerre du Péloponnèse

-428 Naissance de Platon

–384 Naissance d'Aristote

–334 Début des conquêtes d'Alexandre le Grand

–323 Mort d'Alexandre le Grand

–321 L'Inde unifiée

–312 L'ÈRE SÉLEUCIDE

–250 La Bible traduite en grec

–146 Rome détruit Carthage

–130 Rome première puissance méditerranéenne

–44 Assassinat de Jules César

–27 Auguste (Octave) empereur de Rome

–4 (au plus tard) Naissance de Jésus

1 *170 millions d'habitants sur la Terre*

9 La défaite des Romains à Teutoberg arrête l'expansion de l'Empire

70 Écrasement de la révolte des Juifs contre Rome ; destruction du Temple

135 Dispersion des Juifs

306 Constantin Ier devient empereur romain et christianise l'Empire

410 Sac de Rome par les Wisigoths

451 Défaite d'Attila

476 Chute de l'Empire d'Occident ; l'Europe aborde les « siècles obscurs »

540 Grégoire Ier fonde la papauté moderne

570 Naissance de Mahomet, fondateur de l'Islam

732 Charles Martel bat les Arabes à Poitiers

800 Charlemagne couronné empereur

1000 Otton Ier à la tête du Saint Empire romain
Byzance à son apogée
La Chine à la pointe du progrès, avec 60 millions d'habitants
265 millions d'habitants sur la Terre

1054 La rupture entre l'Église catholique et l'Église orthodoxe

1066 Conquête de l'Angleterre par Guillaume Ier de Normandie

1096 Début des croisades. L'Europe entre en contact avec d'autres cultures et redécouvre l'héritage de l'Antiquité

1204 Sac de Constantinople par les croisés

1210 Koubilaï Khan s'impose en Chine

1240 Les Mongols envahissent l'Europe

1300 Les Européens apprennent des Chinois l'usage de la poudre et de la boussole

1338 Début de la guerre de Cent Ans

1400 LA RENAISSANCE
Début approximatif de la Renaissance en Italie

1403 Période des explorations en Chine

1450 Gutenberg invente l'imprimerie

1453 Prise de Constantinople par les Turcs

1492 Colomb atteint le Nouveau Monde

1498 Des navires portugais atteignent l'Inde en contournant l'Afrique

1519 Soumission des Aztèques

1526 Baber établit la domination mogole en Inde

1533 Soumission des Incas
Début du règne d'Ivan le Terrible en Russie

1543 La révolution copernicienne place le Soleil au centre du système des planètes

1603 Instauration du shogunat au Japon

1609 Galilée, grâce à sa lunette, découvre les lunes de Jupiter

1620 Fondation de la colonie de Plymouth aux États-Unis

1643 Début du règne de Louis XIV

1666 Isaac Newton formule la théorie de la gravitation universelle

1688 Limitation du pouvoir royal en Angleterre par la Glorieuse Révolution

1689 Pierre le Grand entreprend d'occidentaliser la Russie

1765 LA RÉVOLUTION INDUSTRIELLE
Invention de la machine à vapeur par James Watt

1776 Déclaration d'indépendance de l'Amérique

1783 Victoire des colonies américaines sur les Anglais

1789 La Révolution française
Adoption de la Constitution des États-Unis ; George Washington élu premier président

1812 Napoléon envahit la Russie

1854 Le Japon s'ouvre à l'Occident

1861 Déclenchement de la guerre de Sécession

1865 Achèvement de la guerre de Sécession

1914 Début de la Première Guerre mondiale

1917 La Révolution russe

1918 Fin de la Première Guerre mondiale

1933 Adolf Hitler prend le pouvoir en Allemagne

1939 L'invasion de la Pologne par l'Allemagne déclenche la Seconde Guerre mondiale

1941 L'Allemagne envahit l'Union soviétique

Le Japon attaque les États-Unis à Pearl Harbor

1945 Première utilisation de la bombe atomique

Fin de la Seconde Guerre mondiale

1947 Indépendance et partage de l'Inde

1948 Création d'Israël

1949 Les communistes chinois établissent leur contrôle sur la Chine continentale

1950 Début de la guerre de Corée

1957 Lancement du premier satellite artificiel de la Terre

1961 Youri Gagarine, premier homme dans l'espace

1969 Neil Armstrong débarque sur la Lune

1970 Première « Journée de la Terre »

1975 Fin de la guerre du Viêt-nam

1991 Disparition de l'Union soviétique

2000 Année considérée couramment comme la première du troisième millénaire

6 milliards d'habitants sur la Terre

Table des cartes

INDEX

Castor Poche

Des livres pour toutes les envies de lire,
envie de rire, de frissonner, envie
de partir loin ou de se pelotonner dans un coin.

Des livres pour ceux qui dévorent.
Des livres pour ceux qui grignotent.
Des livres pour ceux qui croient ne pas aimer lire.
Des livres pour ouvrir l'appétit de lire et de grandir.

Castor Poche rassemble des textes du monde entier ; des récits qui parlent de vous mais aussi d'ailleurs, de pays lointains ou plus proches, de cultures différentes ; des romans, des récits, des témoignages, des documents écrits avec passion par des auteurs qui aiment la vie, qui défendent et respectent les différences. Des livres qui abordent les questions que vous vous posez.

Les auteurs, les illustrateurs, les traducteurs vous invitent à communiquer, à correspondre avec eux.

Castor Poche
Atelier du Père Castor
4, rue Casimir-Delavigne
75006 PARIS

Castor Poche

A chacun ses intérêts, à chacun ses lectures.

9 séries à découvrir :
Aventures
Contes et Fables
Connaissances
Fantastique et Science-fiction
Histoires d'Animaux
Humour
Le monde d'Autrefois
Mystère et Policier
Vivre Aujourd'hui

Castor Poche
Une collection qui s'adresse à tous les enfants
Benjamin : dès 3/4 ans
Cadet : dès 5/6 ans
Junior : dès 7/8 ans
Senior : dès 11/12 ans

C1 Bon pied, bon œil ! (Junior)

Notre santé

par Lesley Newson

Quels sont les moyens de défense et de reconstruction de notre organisme ? Que se passe-t-il à l'intérieur de notre corps lorsque nous avons la varicelle ? Ce guide concis et vivant nous permet d'en savoir plus sur les microbes, les virus, les bactéries et... sur nous-mêmes.

C 2 Comme un sou neuf ! (Junior)

La bataille contre la saleté

par Lesley Newson

Qu'est-ce que la saleté ? Comment agissent le savon, les détergents ? Une approche, à la fois scientifique et vivante des questions d'hygiène, qui nous informe avec précision et humour, et nous aide à combattre la saleté sur notre corps, sur nos vêtements, dans nos maisons et dans nos villes.

C 3 La marche des millénaires (Senior)

A l'écoute de l'Histoire

par Isaac Asimov & Franck White

Parce qu'il traîte autant des modes de vie et de l'évolution des techniques que des faits dits historiques, ce livre transforme le domaine parfois rebutant de l'Histoire en une matière vivante et attrayante. Les connaissances historiques sont mises en relation avec les grandes préoccupations d'aujourd'hui, et deviennent du coup captivantes.

C 4 Sale temps pour un dinosaure ! (Junior)

Les caprices de la météo

par Barbara Seuling

Comment se forme un grêlon ? En quoi une tornade diffère d'un cyclone ? Quelle est la température la plus chaude jamais enregistrée sur terre ? Qu'est-ce que la foudre ? Mille informations sur le temps et la météorologie sont regroupées dans ce petit livre, qui dissipent les interrogations et ...éclaircissent notre ciel !

C 5 Les coulisses du zoo (Junior)
Carnets d'un vétérinaire
par Sheldon L. Gerstenfeld

Comment les kangourous montrent-ils leur colère ? Comment faire une prise de sang à une tortue ? Comment administrer un médicament à un hippopotame ? Comment prendre la température d'un éléphant ? Ecrit par un vétérinaire, un guide présentant avec humour une foule d'informations sur les animaux du zoo.

C 6 Les dieux s'amusent (Senior)
La mythologie
par Denis Lindon

Un précis de mythologie aussi savant que souriant. Un livre passionnant, drôle et instructif, qui nous permet de (re)découvrir les plus belles histoires du monde : les amours de jupiters, les facéties de Mercure, les complexes d'Œdipe, les colères d'Achille, les ruses d'Ulysse...

Castor Poche

Des romans du monde entier.

Castor Poche, des livres pour toutes les envies de lire : pour ceux qui aiment les romans qui parlent d'autrefois, voici une sélection de titres dont l'action est située dans le passé.

4 **La gloire** **Junior**
par Janusz Korczak

Dans la Pologne du début du siècle, Marie, Olek et Jean vivent une enfance difficile. Très tôt, ils sont confrontés à des problèmes graves : la pauvreté, la mort, le chômage...
Cela ne les empêche pas de faire de grands projets d'avenir.
Comment, chacun à sa manière, les réalisera-t-il ?

19 **Fabrice et Berger** **Junior**
par Jean Cazalbou

La guerre, l'exode, les files de réfugiés. Fabrice a perdu sa mère dans la foule. Il erre dans le sud-ouest de la France... Une femme, restée seule à la ferme, l'accueille. Fabrice fait connaissance de Berger, un chien perdu lui aussi.
Comment Fabrice et Berger vont découvrir un nouvel univers et vivre une grande amitié...

29 **Le mystère des grottes oubliées** **Junior**
par Hans Baumann

Lascaux, 1940 : quatre garçons découvrent une grotte aux parois couvertes de mystérieuses peintures. Ils guident dans « leur » grotte l'abbé Breuil, le spécialiste de la préhistoire, qui examine les bouquetins, les chevaux, les taureaux et s'écrie : « Votre grotte est la plus belle de toute la France et peut-être même du monde. » Et le savant commence son récit...

35 Une enfance en Sibérie **Junior**
par Victor Astafiev

La vie est si dure que les rapports se détériorent entre Ilia, onze ans, et sa belle-mère. Après une scène violente, Ilia quitte la maison. Il est accueilli par des flotteurs de bois avec lesquels il descend le fleuve pour rejoindre le village de ses grands-parents. Auprès d'eux, Ilia se sent à la fois aimé, protégé et responsable...

42 L'injure au soleil **Senior**
par Joyce Rockwood

Colombe-de-pluie, la jeune Indienne Cherokee, a neuf ans lorsque apparaît le tout premier des quatre présages annonçant des événements sinistres. Colombe-de-pluie grandit, et la vie s'écoule avec ses joies et ses rudesses. Mais l'anxiété croît, les interrogations se multiplient...

69 Le douze juillet **Junior**
par Joan Lingard

Sadie et Tommy sont protestants, Kevin et Brede catholiques. Ils vivent à Belfast, en Irlande du Nord, dans deux rues proches. Mais les enfants sont ennemis parce que leurs parents le sont et il en est ainsi depuis trois siècles... La tension monte et, le soir où la violence éclate, le drame qui en découle conduit les enfants à se poser la question : « Pourquoi se détestent-ils ? »

71 Perle et les ménestrels **Junior**
par Dorothy Van Woerkom

En Angleterre, au XIIIe siècle, Perle et Gauvin, deux enfants de serfs, s'enfuient des terres du seigneur auquel ils appartiennent. S'ils échappent aux recherches durant un an et un jour, ils seront libres : c'est la loi. Ils sont recueillis par des ménestrels et Perle révèle ses dons de musicienne. Mais l'un des archers du seigneur semble l'avoir repérée. La fuite éperdue reprend...

Le monde d'autrefois

216 Complainte de la lune basse **Senior**
par Scott O'Dell

L'arrivée des soldats blancs, les Longs Couteaux, dans le cañon de Chelly, bouleverse la vie paisible des Indiens Navahos. Ils saccagent le village et brûlent les récoltes. À demi morts de faim, Matin Ensoleillé et les siens doivent se rendre aux soldats. La tribu entière entre en captivité. Mais Matin Ensoleillé garde l'espoir d'une vie meilleure...

227 Mon pays sous les eaux **Junior**
par Jean-Côme Noguès

Juillet 1672. Peet quitte la maison familiale pour se placer comme garçon d'auberge. La Hollande est paisible quand tout à coup, c'est la nouvelle : Louis XIV envahit le pays... Un soir, Peet monte un pot de bière à un étrange voyageur ? Qui est-il ? Quel est son secret ? Quand le jeune homme l'apprendra, il en frémira...

257 Diatorix et Marcus **Junior**
par Bertrand Solet

Il y a soixante-treize ans que Vercingétorix s'est rendu à Jules César ; nous sommes en l'an 21 de notre ère. Diatorix, fils d'un grand chef gaulois, a été élevé par Titus Prolimus le Romain. Mais aujourd'hui, Diatorix doit choisir son camp car le pays s'agite. Les peuples celtes se soulèvent contre l'occupation romaine.

271 Les étoiles cachées **Junior**
par Régine Soszewicz

Juillet 1939. Régine, huit ans, vit heureuse à Paris avec sa petite sœur. Mais la déclaration de guerre bouleverse son horizon et lui fait comprendre qu'elle est différente des autres enfants. Fuyant les persécutions, ses parents sont venus de Pologne il y a quelques années et pensaient trouver la sécurité en France. Mais les rafles se multiplient et l'inquiétude grandit...

288 **L'apprenti amoureux** **Junior**
par Marie-Christine Helgerson

Lyon, 1542. Anne est l'aînée de la famille. Son père imprimeur a deux apprentis, Nicolas et Gilles, qui ont quinze ans. Gilles et Anne sont amoureux. Mais une simple parole de la célèbre poétesse Louise Labé suffit à semer le trouble dans le cœur de Gilles... À ses yeux, Anne n'est plus qu'une petite fille...

289 **Touchons du bois** **Senior**
par Renée Roth-Hano

Les Allemands occupent l'Alsace. La famille Roth va chercher refuge à Paris. Devant la montée du nazisme, les parents décident de mettre leurs trois filles dans une institution catholique en Normandie. Renée, neuf ans en l'été 1940, raconte au jour le jour sa vie et celle de ses jeunes sœurs durant ces quatre années de guerre.

290 **La ballade des Lackawanna** **Junior**
par Chester Aaron

1931, aux États-Unis. Pendant la grande crise économique, Willy, quinze ans, se retrouve à la rue. Avec Carl, Slezak, Norman, Deirdre et son frère Herbie, Willy forme une famille. Ils se surnomment les Lackawanna. Mais Herbie, neuf ans, disparaît, les Lackawanna partent à sa recherche en s'embarquant clandestinement dans les trains de marchandises...

292 **Papa Longues-Jambes** **Junior**
par Jean Webster

À dix-sept ans, Judy fait connaissance avec la vie universitaire grâce à la générosité d'un bienfaiteur anonyme. Mais Judy, qui est orpheline, devra lui rendre compte à travers ses lettres des événements marquants de sa vie nouvelle. Judy ne sait rien de cet homme. « Papa Longues-Jambes », comme elle le surnomme dans sa correspondance à sens unique, répond... à sa manière.

Le monde d'autrefois

295 Le jardin secret **Junior**
par Frances Hodgson Burnett

Seule survivante d'une épidémie de choléra dans un petit village des Indes, Mary arrive en Angleterre pour vivre chez son oncle dans un immense manoir isolé. L'oncle Archibald est un homme étrange et dans cette demeure emplie de mystères, Mary va de surprise en surprise...

307 José du Brésil **Senior**
par Aurélia Montel

Au début du siècle, au Brésil, la vie est rude pour les paysans du Ceara. Quand le jeune José découvre le vieil homme qui l'a recueilli mortellement blessé, c'en est trop pour lui. José entame alors une longue marche vers la côte qui le conduit jusqu'en Amazonie. Cependant, l'adversité, sous l'inquiétant visage d'un aventurier redoutable, s'attache aux pas de José...

320 Vie et mort d'un cochon **Senior**
par Robert-Newton Peck

Quand Robert trouve la vache du voisin en train de s'étouffer et le veau qui n'arrive pas à naître, il réussit à les tirer d'affaire comme un homme. En récompense, il recevra un cochon qui sera sa grande richesse. Mais, dans une ferme si pauvre, peut-on garder une bête seulement pour le plaisir ?

328 Petit-Jean d'Angoulême **Junior**
par Chantal Crétois

Au début du XIIe siècle, Gianbatista, le sculpteur italien, arrive à Angoulême après un long voyage à cheval depuis Toulouse. À l'entrée de la ville, un jeune garçon, Petit-Jean, se propose de le guider jusqu'au chantier de la cathédrale et de lui trouver un logement. Mais la profonde affection qui les unit bientôt suscite bien des conflits avec leur entourage.

329 Un creux dans le mur **Junior**
par Anne-Marie Chapouton

Parce que son père n'est pas revenu de la guerre, une fillette refuse d'apprendre à lire. Recueillie à la mort de sa mère par son oncle et sa tante, elle n'a pas une vie facile. Un jour, un homme s'arrête à la ferme. Aïna est certaine qu'il s'agit du voleur de troupeaux dont on parle tant. Malgré sa méfiance, une étrange relation s'instaure entre eux...

333 Dans l'officine de maître Arnaud **Junior**
par Marie-Christine Helgerson

À Reims, au Moyen Âge, Thierry, fils d'un sculpteur, veut être médecin pour guérir les lépreux. Il aime Margotte, une jongleuse acrobate. Les recherches de maître Arnaud, son professeur, progressent mal. Vivre avec Margotte ? Poursuivre ses études ailleurs ? Thierry devra choisir.

343 La pierre d'ambre **Senior**
par Patrick Vendamme

Par monts et par vaux, par pechs et par combles, Guérin-le-Berger garde les moutons avec la petite Fanette. « Il a des pouvoirs, dit-on de lui au village, qu'il tient de la Jeannette ou du Malin. » Guérin ne craint rien ni personne, mais survient la variole, châtiment divin, assurément, pour punir ceux qui ont écouté Guérin-le-Sorcier...

352 Pas sous le même toit ! **Junior**
par Chantal Crétois

François Clérac découvre dans une grotte une protestante blessée et son bébé. Or François déteste les protestants depuis que ses parents ont été massacrés par eux. L'oncle Antoine, qui a recueilli le garçon, décide de soigner l'hérétique, François quitte la maison. Bientôt, il accompagne un colporteur dans sa tournée. Mais celui-ci est-il catholique ?

Le monde d'autrefois

364 **Maître Martin le tonnelier...** **Senior**
par Theodor Hoffmann

Maître Martin, le tonnelier, est un père possessif qui a juré de ne donner sa ravissante fille qu'à un artisan de sa confrérie. Pour gagner l'agrément du père, deux jeunes hommes sont prêts à renoncer l'un à son rang, l'autre à son art. Pourtant la raison l'emportera finalement.

368 **La Gouvernante française** **Senior**
par Henri Troyat

À la veille de la révolution d'Octobre, Geneviève arrive à Saint-Pétersbourg. Elle est française, gouvernante des enfants Borissov. Elle découvre, à travers ses yeux d'étrangère, l'insurrection bolchevique, le dénuement soudain des familles bourgeoises, le danger, mais aussi la fougue. Elle va tomber amoureuse de la Russie.

377 **Le rosier blanc d'Aurélie** **Senior**
par Anne Pierjean

Eulalie, la jeune belle-fille de la ferme des Ronciers, a bien du mérite de supporter avec le sourire son beau-père, l'Alexandre, veuf acariâtre, à moitité paralysé de surcroît. Mais pourquoi est-il ainsi, quels regrets le taraudent-ils à ce point ? Eulalie, avec amour et patience, ramènera la joie de vivre à la ferme.

378 **La cadillac d'or** **Senior**
par Mildred D. Taylor

Trois nouvelles qui font renaître de façon très vivante la vie des enfants noirs du sud des États-Unis aux alentours de la Seconde Guerre mondiale. Comment faire reculer l'intolérance ? Comment vivre sa différence ? Ces trois nouvelles sont écrites dans la langue de tous les jours, simplement, sincèrement.

381 Aliocha **Senior**

par Henri Troyat

1924. Élève de troisième dans un lycée de Neuilly, Aliocha n'est pas un enfant comme les autres. Fils d'émigrés russes, fuyant la Révolution, il est élevé dans le souvenir de sa patrie natale. Aliocha rêve d'être français, l'amitié qui le lie à Thierry est le premier pas vers l'intégration...

388 Le trésor de Mazan **Junior**

par Anne-Marie Desplat-Duc

En juin 1562, dans le Vivarais, Estienne découvre la dure vie d'ouvrier agricole. Un soir, il surprend une conversation : l'abbaye de Mazan va être attaquée ! Comment faire pour sauver les moines ? Estienne arrivera juste à temps pour recueillir les dernières paroles du père supérieur qui lui confie le secret du trésor de Mazan. Que décidera Estienne, porteur d'un si lourd secret ?

389 Le révolté de Savines **Junior**

par Alain Surget

En 1960, le barrage de Serre-Ponçon fait disparaître Savines sous les flots. Anselme ne peut se résoudre à quitter les lieux qui l'ont vu naître. Alors il prend le maquis. Dans la montagne, il trouve Sarithe. Elle aussi fuit, elle ne veut pas devenir écuyère dans le cirque familial. Anselme deviendra le protecteur de la fillette. Mais, en bas dans la vallée, tout le monde pense que Sarithe a été kidnappée.

392 Grandes vacances 14/18 **Junior**

par Jeanne Lebrun

Jeanne Lebrun a onze ans en 1914, lorsque éclate la Première Guerre mondiale. Après la destruction de leur maison, Jeanne, son frère et sa mère se réfugient dans un village épargné... Bientôt, le village est occupé par l'armée ennemie, la vie s'organise à l'heure allemande. Chacun est réquisitionné et doit participer aux travaux des champs. Pour les enfants cela ressemble à de longues vacances.

Le monde d'autrefois

394 **Poil de Carotte** **Senior**

par Jules Renard

Poil de Carotte, c'est le surnom que lui a donné sa mère. Pour elle, il a tous les défauts. Toutes les brimades sont pour lui, il les subit sans protester même si, tout au fond de lui, la blessure est vive. Pourtant, la vie n'est pas si noire pour Poil de Carotte, il partage des parties de pêche et de chasse avec son père et son parrain, il se fiance avec Mathilde...

400 **Jean de Bise** **Senior**

par Anne Pierjean

Le curé Gaudier règne sur sa paroisse en cet été 1770. Mathilda Delauze dite la Thilda est espiègle et s'amuse à composer des chansons impertinentes. Cette fois, elle a pris pour cible Jean de Bise, bûcheron de son état. Oui, mais la Thilda a seize ans et ses gamineries, aux yeux de Jean de Bise, sont des provocations.

406 **La promesse sacrée** **Junior**

par Concha Lopez Narvaez

Juan a quinze ans en 1492, il vit à Vitoria en Espagne. Un soir, son père lui avoue qu'il n'est pas catholique mais juif. Juan est effondré, pourquoi ses parents lui ont-ils menti, et comment peuvent-ils vivre dans ce que Juan considère comme un mensonge, car toute la famille vit officiellement au rythme des sacrements catholiques ?

409 **Aura dans l'arène** **Junior**

par Pilar Molina Llorente

Aura est romaine, son père est un riche joaillier. Elle vit dans un palais auprès d'une grand-mère autoritaire, entourée d'esclaves. Cette existence bien réglée va basculer le jour où elle suit un jeune garçon dans la rue. Il la mènera dans un quartier inconnu, auprès des premiers chrétiens.

418 Le dernier sultan de Grenade **Senior**
par Vicente Escriva

Pendant sept cents ans, l'Espagne islamique rivalise avec la Grèce, l'Égypte et Rome dans tous les domaines. Mais la splendeur du royaume de Grenade est fauchée par les armées d'Isabel la Catholique, en 1492. Boabdil est le dernier sultan de Grenade. Il voulait faire de son royaume une oasis de paix et de beauté. L'histoire en a décidé autrement.

428 Au nom du roi **Junior**
par Rosemary Sutcliff

Damaris a grandi au pays de la contrebande, elle en connaît tous les signes. Cette nuit-là, un homme blessé fait partie du chargement, il fuit la gendarmerie. Qui est-il ? Damaris a-t-elle raison de lui porter secours en secret ?

432 La vie aventureuse de Laura Ingalls Wilder **Junior**
par William Anderson

Laura Ingalls Wilder a charmé des générations de lecteurs avec sa chronique de *La petite maison dans la prairie*. Dans cette biographie détaillée, ses admirateurs vont enfin trouver les réponses à toutes leurs questions. Des photos de l'époque, le plus souvent extraites de l'album de famille, accompagnent ce récit.

433 Pour dix dollars **Senior**
par Mel Ellis

Ham a volé dix dollars pour s'acheter un vélo. Sitôt acheté, le vélo a été volé... et toute l'horreur de son forfait apparaît au garçon. Impossible d'avouer sa faute. Une seule solution : rendre les dix dollars. Mais chaque tentative pour gagner cet argent se solde par une catastrophe. Ham se souviendra longtemps de cet été-là...

Cet
ouvrage,
le quatrième
de la collection
CASTOR POCHE,
a été achevé d'imprimer
sur les presses de l'imprimerie
Maury Eurolivres SA
45300 Manchecourt
en avril
1995

Dépôt légal : mai 1995.
N° d'Édition : 17899. Imprimé en France.
ISBN : 2-08-163805-3
ISSN : 0763-4544
Loi n° 49-956 du 16 juillet 1949
sur les publications destinées à la jeunesse